K-water
(한국수자원공사)

기출동형 모의고사

KB084378

영 역	문제해결능력, 의사소통능력, 수리능력, 자원관리능력
제 1 회 문항수	80문항
시 간	80분
비 고	객관식 4지선다형

SEOWONGAK
(주)서원각

제1회 기출동형 모의고사

1. 김 사원, 이 사원, 박 사원, 정 사원, 최 사원은 신입사원 오리엔테이션을 받으며 왼쪽부터 순서대로 앉아 강의를 들었다. 각기 다른 부서로 배치된 이들은 4년 후 신규 대리 진급자 시험을 보기 위해 다시 같은 강의실에 모이게 되었다. 다음의 〈조건〉을 모두 만족할 때, 어떤 경우에도 바로 옆에 앉는 두 사람은 누구인가?

〈조건〉
A. 신규 대리 진급자 시험에 응시하는 사람은 김 사원, 이 사원, 박 사원, 정 사원, 최 사원뿐이다.
B. 오리엔테이션 당시 앉았던 위치와 같은 위치에 앉아서 시험을 보는 직원은 아무도 없다.
C. 김 사원과 박 사원 사이에는 1명이 앉아 있다.
D. 이 사원과 정 사원 사이에는 2명이 앉아 있다.

① 김 사원, 최 사원
② 이 사원, 박 사원
③ 김 사원, 이 사원
④ 정 사원, 최 사원

2. 다음 조건을 바탕으로 할 때, 김 교수의 연구실 위치한 건물과 오늘 갔던 서점이 위치한 건물을 순서대로 올바르게 짝지은 것은?

• 최 교수, 김 교수, 정 교수의 연구실은 경영관, 문학관, 홍보관 중 한 곳에 있으며 서로 같은 건물에 있지 않다.
• 이들은 오늘 각각 자신의 연구실이 있는 건물이 아닌 다른 건물에 있는 서점에 갔었으며, 서로 같은 건물의 서점에 가지 않았다.
• 정 교수는 홍보관에 연구실이 있으며, 최 교수와 김 교수는 오늘 문학관 서점에 가지 않았다.
• 김 교수는 정 교수가 오늘 갔던 서점이 있는 건물에 연구실이 있다.

① 문학관, 경영관
② 경영관, 경영관
③ 홍보관, 홍보관
④ 문학관, 홍보관

3. 다음 명제가 참일 때, 항상 참인 것을 고르시오.

• 오 대리가 출장을 가면 정 사원은 야근을 해야 한다.
• 남 대리가 교육을 받지 못하면 진급 시험 자격을 얻지 못한다.
• 정 사원이 야근을 하면 남 대리가 교육을 받으러 가지 못한다.

① 남 대리가 교육을 받지 못하면 오 대리가 출장을 가야 한다.
② 정 사원가 야근을 하면 오 대리가 출장을 가야 한다.
③ 남 대리가 진급 시험 자격을 얻으려면 오 대리가 출장을 가면 안 된다.
④ 남 대리가 진급 시험 자격을 얻지 못하면 오 대리가 출장을 가지 않은 것이다.

4. 가영, 나리, 다솜, 라임, 마야, 바울, 사랑 7명은 구슬치기를 하기 위해 모였다. 다음 조건에 따라 각각의 사람이 구슬을 가지고 있을 때, 다음 중 반드시 거짓인 것은?

• 다솜이 가지고 있는 구슬의 수는 마야, 바울, 사랑이 가지고 있는 구슬의 합보다 많다.
• 마야와 바울이 가지고 있는 구슬의 합은 사랑이 가지고 있는 구슬의 수와 같다.
• 바울이 가지고 있는 구슬의 수는 가영과 라임이 가지고 있는 구슬의 합보다 많다.
• 나리는 가영보다 구슬을 적게 가지고 있다.
• 가영과 라임이 가지고 있는 구슬의 수는 같다.
• 마야와 바울이 가지고 있는 구슬의 수는 같다.

① 사랑이 가지고 있는 구슬의 수는 바울이 가지고 있는 구슬의 수보다 더 많다.
② 가영이 가지고 있는 구슬의 수는 나리와 라임이 가지고 있는 구슬의 합보다 더 적다.
③ 사랑이 가지고 있는 구슬의 수는 가영, 라임, 마야가 가지고 있는 구슬의 합보다 더 적다.
④ 바울이 가지고 있는 구슬의 수는 가영, 나리, 라임이 가지고 있는 구슬의 합보다 더 많다.

5. 다음 글의 내용이 참일 때 반드시 참인 것은?

A국은 B국의 동태를 살피도록 세 명의 사절을 파견하였다. 세 명의 사절은 각각 세 가지 주장을 했는데, 각 사절들의 주장 중 둘은 참이고 나머지 하나는 거짓이다.

사절 1
• B국은 군수물자를 확보할 수 있다면 전쟁을 일으킬 것이다.
• B국은 문화적으로 미개하지만 우리나라의 문화에 관심을 많이 갖고 있다.
• B국은 종래의 봉건적인 지배권이 약화되어 있고 정치적으로도 무척 혼란스러운 상황이다.

사절 2
• B국이 전쟁을 일으킨다면 약하지 않았던 종래의 봉건적인 지배권이 한층 더 강화될 것이다.
• B국은 우리나라의 문화에 관심을 많이 갖고 있을 뿐만 아니라 독창적이고 훌륭한 문화를 발전시켜 왔다.
• B국에는 서양 상인들이 많이 들어와 활동하고 있으며 신흥 상업 도시가 발전되어 있지만, 종래의 봉건적인 지배권이 약화되었다고 보기 어렵다.

사절 3
• B국은 약하지 않았던 종래의 봉건적인 지배권을 한층 더 강화하고 있다.
• B국은 군수물자를 확보하고 있기는 하지만 전쟁을 일으킬 생각은 없는 것이 분명하다.
• B국의 신흥 상업 도시가 더욱 발전한다면 우리나라의 문화에도 더욱 큰 관심을 갖게 될 것이다.

① B국은 문화적으로 미개하다.
② B국은 정치적으로 안정되어 있다.
③ B국은 군수물자를 확보하고 있다.
④ B국은 A국의 문화에 관심이 없다.

6. 다음은 무농약농산물과 저농약농산물 인증기준에 대한 자료이다. 자신이 신청한 인증을 받을 수 있는 사람을 모두 고르면?

무농약농산물과 저농약농산물의 재배방법은 각각 다음과 같다.
1) 무농약농산물의 경우 농약을 사용하지 않고, 화학비료는 권장량의 2분의 1 이하로 사용하여 재배한다.
2) 저농약농산물의 경우 화학비료는 권장량의 2분의 1 이하로 사용하고, 농약은 살포시기를 지켜 살포 최대횟수의 2분의 1 이하로 사용하여 재배한다.

〈농산물별 관련 기준〉

종류	재배기간 내 화학비료 권장량(kg/ha)	재배기간 내 농약살포 최대횟수	농약 살포시기
사과	100	4	수확 30일 전까지
감	120	4	수확 14일 전까지
복숭아	50	5	수확 14일 전까지

甲 : 5km²의 면적에서 재배기간 동안 농약을 전혀 사용하지 않고 20t의 화학비료를 사용하여 사과를 재배하였으며, 이 사과를 수확하여 무농약농산물 인증신청을 하였다.

乙 : 3ha의 면적에서 재배기간 동안 농약을 1회 살포하고 50kg의 화학비료를 사용하여 복숭아를 재배하였다. 하지만 수확시기가 다가오면서 병충해 피해가 나타나자 농약을 추가로 1회 살포하였고, 열흘 뒤 수확하여 저농약농산물 인증신청을 하였다.

丙 : 가로와 세로가 각각 100m, 500m인 과수원에서 감을 재배하였다. 재배기간 동안 총 2회(올해 4월 말과 8월 초) 화학비료 100kg씩을 뿌리면서 병충해 방지를 위해 농약도 함께 살포하였다. 추석을 맞아 9월 말에 감을 수확하여 저농약농산물 인증신청을 하였다.

※ 1ha＝10,000㎡, 1t＝1,000kg

① 甲, 乙
② 甲, 丙
③ 乙, 丙
④ 甲, 乙, 丙

7.

- A기업에 다니는 사람은 모두 영어를 잘 한다.
- B어학원에 다니는 사람 중 일부는 A기업에 취직했다.
- 미정이는 B학원에 다녔다.
- 그러므로 _____

① B어학원에 다니는 어떤 사람은 영어를 잘 한다.
② 미정이는 A기업에 취직했다.
③ A기업에 다니는 사람은 모두 B어학원을 다닌다.
④ 미정이는 영어를 잘 한다.

8.

- 어떤 창의적인 사람은 융통성이 없다.
- 어떤 우유부단한 사람은 융통성이 없다.
- 창의적인 사람은 우유부단하지 않다.
- 그러므로 _____

① 융통성이 없는 사람은 창의적이거나 우유부단하다.
② 창의적이지 않은 사람은 우유부단하다.
③ 창의적이면서 동시에 우유부단한 사람은 없다.
④ 우유부단한 사람은 모두 융통성이 없다.

9. S사 사원 A, B, C, D, E, F, G 7명은 일요일부터 토요일까지 일주일에 1명씩 자재구매를 실시한다. 아래의 조건을 만족시키고, A가 월요일에 구매를 한다면, 다음 중 항상 거짓인 것은 무엇인가?

- C는 화요일에 구매한다.
- B 또는 F는 D가 구매한 다음 날 구매를 한다.
- G는 A가 구매한 다음날 구매할 수 없다.
- E는 B가 구매한 다음날 구매한다.

① G는 일요일에 구매할 수 있다.
② E가 토요일에 구매를 하면 G는 일요일에만 구매를 한다.
③ F가 일요일에 구매를 하면 G는 토요일에 구매를 한다.
④ D는 수, 목, 금 중에 구매를 한다.

10. A구와 B구로 이루어진 신도시 '가' 시에는 어린이집과 복지회관이 없다. 이에 '가' 시는 60억 원의 건축 예산을 사용하여 '건축비와 만족도'와 '조건'하에서 시민 만족도가 가장 높도록 어린이집과 복지회관을 신축하려고 한다. 다음을 근거로 판단할 때 옳지 않은 것은?

〈건축비와 만족도〉

지역	시설 종류	건축비(억 원)	만족도
A구	어린이집	20	35
A구	복지회관	15	30
B구	어린이집	15	40
B구	복지회관	20	50

〈조건〉
1) 예산 범위 내에서 시설을 신축한다.
2) 시민 만족도는 각 시설에 대한 만족도의 합으로 계산한다.
3) 각 구에는 최소 1개의 시설을 신축해야 한다.
4) 하나의 구에 동일 종류의 시설을 3개 이상 신축할 수 없다.
5) 하나의 구에 동일 종류의 시설을 2개 신축할 경우, 그 시설 중 한 시설에 대한 만족도는 20% 하락한다.

① '가' 시에 신축되는 시설의 수는 4개일 것이다.
② A구에는 어린이집이 신축될 것이다.
③ B구에는 2개의 시설이 신축될 것이다.
④ '조건 5'가 없더라도 신축되는 시설의 수는 달라지지 않을 것이다.

11. 다음은 이야기 내용과 그에 관한 설명이다. 이야기에 관한 설명 중 이야기 내용과 일치하는 것은 모두 몇 개인가?

[이야기 내용]

A국의 역사를 보면 갑, 을, 병, 정의 네 나라가 시대 순으로 연이어 존재했다. 네 나라의 수도는 각각 달랐는데 관주, 금주, 평주 한주 중 하나였다. 한주가 수도인 나라는 평주가 수도인 나라의 바로 전 시기에 있었고, 금주가 수도인 나라는 관주가 수도인 나라의 바로 다음 시기에 있었으나, 정보다는 이전 시기에 있었다. 병은 가장 먼저 있었던 나라는 아니지만, 갑보다 이전 시기에 있었다. 병과 정은 시대 순으로 볼 때 연이어 존재하지 않았다.

[이야기에 관한 설명]

1. 금주는 갑의 수도이다.
2. 관주는 병의 수도이다.
3. 평주는 정의 수도이다.
4. 을은 갑의 다음 시기에 존재하였다.
5. 평주는 가장 마지막에 존재한 나라의 수도이다.
6. 을과 병은 연이어 존재했다.

① 0개   ② 1개
③ 2개   ④ 3개

12. 수덕, 원태, 광수는 임의의 순서로 빨간색, 파란색, 노란색 지붕을 가진 집에 나란히 이웃하여 살고, 개, 고양이, 원숭이라는 서로 다른 애완동물을 기르며, 광부·농부·의사라는 서로 다른 직업을 갖는다. 알려진 정보가 다음과 같을 때, 옳은 것은?

- 광수는 광부이다.
- 가운데 집에 사는 사람은 개를 키우지 않는다.
- 농부와 의사의 집은 서로 이웃해 있지 않다.
- 노란 지붕 집은 의사의 집과 이웃해 있다.
- 파란 지붕 집에 사는 사람은 고양이를 키운다.
- 원태는 빨간 지붕 집에 산다.

① 수덕은 빨간 지붕 집에 살지 않고, 원태는 개를 키우지 않는다.
② 노란 지붕 집에 사는 사람은 원숭이를 키우지 않는다.
③ 원태는 고양이를 키운다.
④ 수덕은 개를 키우지 않는다.

13. 다음 글을 근거로 유추할 경우 옳은 내용만을 바르게 짝지은 것은?

- 9명의 참가자는 1번부터 9번까지의 번호 중 하나를 부여 받고, 동시에 제비를 뽑아 3명은 범인, 6명은 시민이 된다.
- 1번의 오른쪽은 2번, 2번의 오른쪽은 3번, …, 8번의 오른쪽은 9번, 9번의 오른쪽은 1번과 같이 번호 순서대로 동그랗게 앉는다.
- 참가자는 본인과 바로 양 옆에 앉은 사람이 범인인지 시민인지 알 수 있다.
- "옆에 범인이 있다."라는 말은 바로 양 옆에 앉은 2명 중 1명 혹은 2명이 범인이라는 뜻이다.
- "옆에 범인이 없다."라는 말은 바로 양 옆에 앉은 2명 모두 범인이 아니라는 뜻이다.
- 범인은 거짓말만 하고, 시민은 참말만 한다.

ㄱ. 1, 4, 6, 7, 8번의 진술이 "옆에 범인이 있다."이고, 2, 3, 5, 9번의 진술이 "옆에 범인이 없다."일 때, 8번이 시민임을 알면 범인들을 모두 찾아낼 수 있다.
ㄴ. 만약 모두가 "옆에 범인이 있다."라고 진술한 경우, 범인이 부여받은 번호의 조합은 (1, 4, 7) / (2, 5, 8) / (3, 6, 9) 3가지이다.
ㄷ. 한 명만이 "옆에 범인이 없다."라고 진술한 경우는 없다.

① ㄴ   ② ㄷ
③ ㄱㄴ   ④ ㄱㄷ

┃14~15┃ 다음은 블루투스 이어폰을 구매하기 위하여 전자제품 매장을 찾은 K씨가 제품 설명서를 보고 점원과 나눈 대화와 설명서 내용의 일부이다. 다음을 보고 이어지는 물음에 답하시오.

> K씨 : "블루투스 이어폰을 좀 사려고 합니다."
> 점원 : "네 고객님, 어떤 조건을 원하시나요?"
> K씨 : "제 것과 친구에게 선물할 것 두 개를 사려고 하는데요, 두 개 모두 가볍고 배터리 사용시간이 좀 길었으면 합니다. 무게는 42g까지가 적당할 거 같고요, 저는 충전시간이 짧으면서도 통화시간이 긴 제품을 원해요. 선물하려는 제품은요, 일주일에 한 번만 충전해도 통화시간이 16시간은 되어야 하고, 음악은 운동하면서 매일 하루 1시간씩만 들을 수 있으면 돼요. 스피커는 고감도인 게 더 낫겠죠."
> 점원 : "그럼 고객님께는 (   )모델을, 친구 분께 드릴 선물로는 (   )모델을 추천해 드립니다."

〈제품 사양서〉

구분	무게	충전시간	통화시간	음악재생시간	스피커감도
A모델	40.0g	2.2H	15H	17H	92db
B모델	43.5g	2.5H	12H	14H	96db
C모델	38.4g	3.0H	12H	15H	94db
D모델	42.0g	2.2H	13H	18H	85db

※ A, B모델 : 통화시간 1시간 감소 시 음악재생시간 30분 증가
※ C, D모델 : 음악재생시간 1시간 감소 시 통화시간 30분 증가

14. 다음 중 위 네 가지 모델에 대한 설명으로 옳은 것을 〈보기〉에서 모두 고르면?

〈보기〉
㉮ 충전시간당 통화시간이 긴 제품일수록 음악재생시간이 길다.
㉯ 충전시간당 통화시간이 5시간 이상인 것은 A, D모델이다.
㉰ A모델은 통화에, C모델은 음악재생에 더 많은 배터리가 사용된다.
㉱ B모델의 통화시간을 10시간으로 제한하면 음악재생시간을 C모델과 동일하게 유지할 수 있다.

① ㉮, ㉯ ② ㉯, ㉱
③ ㉰, ㉱ ④ ㉮, ㉰

15. 다음 중 점원이 K씨에게 추천한 빈칸의 제품이 순서대로 올바르게 짝지어진 것은 어느 것인가?

	K씨	선물
①	C모델	A모델
②	C모델	D모델
③	A모델	C모델
④	A모델	B모델

16. 신입사원 A는 상사로부터 아직까지 '올해의 K인상' 투표에 참여하지 않은 사원들에게 투표 참여 안내 문자를 발송하라는 지시를 받았다. 다음에 제시된 내용을 바탕으로 할 때, A가 문자를 보내야 하는 사원은 몇 명인가?

> '올해의 K인상' 후보에 총 5명(甲~戊)이 올랐다. 수상자는 120명의 신입사원 투표에 의해 결정되며 투표규칙은 다음과 같다.
> • 투표권자는 한 명당 한 장의 투표용지를 받고, 그 투표용지에 1순위와 2순위 각 한 명의 후보자를 적어야 한다.
> • 투표권자는 1순위와 2순위로 동일한 후보자를 적을 수 없다.
> • 투표용지에 1순위로 적힌 후보자에게는 5점이, 2순위로 적힌 후보자에게는 3점이 부여된다.
> • '올해의 K인상은 개표 완료 후, 총 점수가 가장 높은 후보자가 수상하게 된다.
> • 기권표와 무효표는 없다.
> 현재 투표까지 중간집계 점수는 다음과 같다.

후보자	중간집계 점수
甲	360점
乙	15점
丙	170점
丁	70점
戊	25점

① 50명 ② 45명
③ 40명 ④ 35명

17. H공사에 다니는 乙 대리는 우리나라 근로자의 근로 시간에 관한 다음의 보고서를 작성하였는데 이 보고서를 검토한 甲 국장이 〈보기〉와 같은 추가사항을 요청하였다. 乙 대리가 추가로 작성해야 할 자료로 적절한 것은?

우리나라의 법정근로시간은 1953년 제정된 근로기준법에서는 주당 48시간이었지만, 이후 1989년 44시간으로, 그리고 2003년에는 40시간으로 단축되었다. 주당 40시간의 법정근로시간은 산업 및 근로자 규모별로 경과규정을 두어 연차적으로 실시하였지만, 2011년 7월 1일 이후는 모든 산업의 5인 이상 근로자에게로 확대되었다. 실제 근로시간은 법정근로시간에 주당 12시간까지 가능한 초과근로시간을 더한 시간을 의미한다.

2000년 이후 우리나라 근로자의 근로시간은 지속적으로 감소되어 2016년 5인 이상 임금근로자의 주당 근로시간이 40.6시간으로 감소했다. 이 기간 동안 2004년, 2009년, 2015년 비교적 큰 폭으로 증가했으나 전체적으로는 뚜렷한 감소세를 보인다. 사업체규모별·근로시간별로 살펴보면, 정규직인 경우 5~29인, 300인 이상 사업장의 근로시간이 42.0시간으로 가장 짧고, 비정규직의 경우 시간제 근로자의 비중의 영향으로 5인 미만 사업장의 근로시간이 24.8시간으로 가장 짧다. 산업별로는 광업, 제조업, 부동산업 및 임대업의 순으로 근로시간이 길고, 건설업과 교육서비스업의 근로시간이 가장 짧다.

국제비교에 따르면 널리 알려진 바와 같이 한국의 연간 근로시간은 2,113시간으로 멕시코의 2,246시간 다음으로 길다. 이는 OECD 평균의 1.2배, 근로시간이 가장 짧은 독일의 1.54배에 달한다.

〈보기〉

"乙 대리, 보고서가 너무 개괄적이군. 이번 안내 자료 작성을 위해서는 2016년 사업장 규모에 따른 정규직과 비정규직 근로자의 주당 근로시간을 비교할 수 있는 자료가 필요한데, 쉽게 알아볼 수 있는 별도 자료를 도표로 좀 작성해 주겠나?"

① (단위 : 시간)

구분	근로형태(2016년)			
	정규직	비정규직	재택	파견
주당 근로시간	42.5	29.8	26.5	42.7

② (단위 : 시간)

구분	2012	2013	2014	2015	2016
주당 근로시간	42.0	40.6	40.5	42.4	40.6

③ (단위 : 시간)

구분	산업별 근로시간(2016년)			
	광업	제조업	부동산업	운수업
주당 근로시간	43.8	43.6	43.4	41.8

④ (단위 : 시간)

구분		사업장 규모(2016년)			
		5인 미만	5~29인	30~299인	300인 이상
주당 근로 시간	정규직	42.8	42.0	43.2	42.0
	비정규직	24.8	30.2	34.7	35.8

18. 다음 글과 〈선거 결과〉를 근거로 판단할 때 옳은 것은?

○○국 의회의원은 총 8명이며, 4개의 선거구에서 한 선거구당 2명씩 선출된다. 선거제도는 다음과 같이 운용된다.

각 정당은 선거구별로 두 명의 후보 이름이 적힌 명부를 작성한다. 유권자는 해당 선거구에서 모든 정당의 후보 중 한 명에게만 1표를 행사하며, 이를 통해 개별 후보자의 득표율이 집계된다.

특정 선거구에서 각 정당의 득표율은 그 정당의 해당 선거구 후보자 2명의 득표율의 합이다. 예를 들어 한 정당의 명부에 있는 두 후보가 각각 30%, 20% 득표를 했다면 해당 선거구에서 그 정당의 득표율은 50%가 된다. 그리고 각 후보의 득표율에 따라 소속 정당 명부에서의 순위(1번, 2번)가 결정된다.

다음으로 선거구별 2개의 의석은 다음과 같이 배분한다. 먼저 해당 선거구에서 득표율 1위 정당의 1번 후보에게 1석이 배분된다. 그리고 만약 1위 정당의 정당 득표율이 2위 정당의 정당 득표율의 2배 이상이라면, 정당 득표율 1위 정당의 2번 후보에게 나머지 1석이 돌아간다. 그러나 1위 정당의 정당 득표율이 2위 정당의 정당 득표율의 2배 미만이라면 정당 득표율 2위 정당의 1번 후보에게 나머지 1석을 배분한다.

〈선거 결과〉

○○국의 의회의원선거 제1~4선거구의 선거 결과를 요약하면 다음과 같다. 수치는 선거구별 득표율(%)이다.

구분	제1선거구	제2선거구	제3선거구	제4선거구
A정당	41	50	16	39
1번 후보	30	30	12	20
2번 후보	11	20	4	19
B정당	39	30	57	28
1번 후보	22	18	40	26
2번 후보	17	12	17	2
C정당	20	20	27	33
1번 후보	11	11	20	18
2번 후보	9	9	7	15

① A정당은 모든 선거구에서 최소 1석을 차지했다.
② B정당은 모든 선거구에서 최소 1석을 차지했다.
③ C정당 후보가 당선된 곳은 제3선거구이다.
④ 가장 많은 당선자를 낸 정당은 B정당이다.

19. 甲 공단 시설팀에 근무하는 乙은 공공시설물을 대상으로 내진보강대책을 평가하고 보고서를 작성하고 있다. 보고서에 따라 A~D 평가대상기관 중 최상위기관과 최하위기관을 고르면?

☐ 공공시설물 내진보강대책 추진실적 평가기준
• 평가요소 및 점수부여

– 내진성능평가지수 = $\dfrac{\text{내진성능평가실적건수}}{\text{내진보강대상건수}} \times 100$

– 내진보강공사지수 = $\dfrac{\text{내진보강공사실적건수}}{\text{내진보강대상건수}} \times 100$

– 산출된 지수 값에 따른 점수는 아래 표와 같이 부여한다.

구분	지수 값 최상위 1개 기관	지수 값 중위 2개 기관	지수 값 최하위 1개 기관
내진성능평가 점수	5점	3점	1점
내진보강공사 점수	5점	3점	1점

• 최종순위 결정
– 내진성능평가점수와 내진보강공사점수의 합이 큰 기관에 높은 순위를 부여한다.
– 합산 점수가 동점인 경우에는 내진보강대상건수가 많은 기관을 높은 순위로 한다.

☐ 평가대상기관의 실적

(단위 : 건)

구분	A	B	C	D
내진성능평가실적	82	72	72	83
내진보강공사실적	91	76	81	96
내진보강대상	100	80	90	100

	최상위기관	최하위기관
①	A	B
②	B	C
③	B	D
④	D	C

20. 甲 공단 재무부에서 근무하는 乙은 2018년도 예산을 편성하기 위해 2017년에 시행되었던 정책 A~F에 대한 평가를 실시하였다. 평가 결과가 다음과 같을 때 乙이 분석한 내용으로 잘못된 것은?

☐ 정책 평가 결과

(단위 : 점)

정책	계획의 충실성	계획 대비 실적	성과지표 달성도
A	96	95	76
B	93	83	81
C	94	96	82
D	98	82	75
E	95	92	79
F	95	90	85

• 정책 평가 영역과 각 영역별 기준 점수는 다음과 같다.
– 계획의 충실성 : 기준 점수 90점
– 계획 대비 실적 : 기준 점수 85점
– 성과지표 달성도 : 기준 점수 80점
• 평가 점수가 해당 영역의 기준 점수 이상인 경우 '통과'로 판단하고 기준 점수 미만인 경우 '미통과'로 판단한다.
• 모든 영역이 통과로 판단된 정책에는 전년과 동일한 금액을 편성하며, 2개 영역이 통과로 판단된 정책에는 전년 대비 10% 감액, 1개 영역만 통과로 판단된 정책에는 15% 감액하여 편성한다. 다만 '계획 대비 실적' 영역이 미통과인 경우 위 기준과 상관없이 15% 감액하여 편성한다.
• 2017년도 재무부의 A~F 정책 예산은 각각 20억 원으로 총 120억 원이었다.

① 전년과 동일한 금액의 예산을 편성해야 하는 정책은 총 2개이다.
② 재무부의 2018년도 A~F 정책 예산은 전년 대비 9억 원이 줄어들 것이다.
③ '성과지표 달성도' 영역에서 '통과'로 판단된 경우에도 예산을 감액해야 하는 정책이 있다.
④ 예산을 전년 대비 15% 감액하여 편성하는 정책들은 모두 '계획 대비 실적' 영역이 '미통과'로 판단되었을 것이다.

21. 다음 글의 제목으로 가장 적절한 것은?

프랑스는 1999년 고용상의 남녀평등을 강조한 암스테르담 조약을 인준하고 국내법에 도입하여 시행하였으며, 2006년에는 양성 간 임금 격차축소와 일·가정 양립을 주요한 목표로 삼는 '남녀 임금평등에 관한 법률'을 제정하였다. 이 법에서는 기업별, 산업별 교섭에서 남녀 임금격차 축소에 대한 내용을 포함하도록 의무화하고, 출산휴가 및 입양휴가 이후 임금 미상승분을 보충하도록 하고 있다. 스웨덴은 사회 전반에서 기회·권리 균등을 촉진하고 각종 차별을 방지하기 위한 '차별법(The Discrimination Act)' 시행을 통해 남녀의 차별을 시정하였다. 또한 신축적인 파트타임과 출퇴근시간 자유화, 출산 후 직장복귀 등을 법제화하였다. 나아가 공공보육시설 무상 이용(평균보육료부담 4%)을 실시하고 보편적 아동수당과 저소득층에 대한 주택보조금 지원 정책도 시행하고 있다. 노르웨이 역시 특정 정책보다는 남녀평등 분위기 조성과 일과 양육을 병행할 수 있는 사회적 환경 조성이 출산율을 제고하는 데 기여하였다. 한편 일본은 2005년 신신(新新)엔젤플랜을 발족하여 보육환경을 개선함으로써 여성의 경제활동을 늘리고, 남성의 육아휴직, 기업의 가족지원 등을 장려하여 저출산 문제의 극복을 위해 노력하고 있다.

① 각 국의 근로정책 소개
② 선진국의 남녀 평등문화
③ 남녀평등에 관한 국가별 법률 현황
④ 남녀가 평등한 문화 및 근로정책

22. 다음은 사학연금제도를 설명한 글이다. 각 단락의 제목으로 가장 적절하지 않은 것은?

㈎ 사립학교 교직원들도 국·공립학교 교직원들과 마찬가지로 처우에 대한 형평성을 유지하고 교직생활의 안정을 기할 목적으로 1975년에 도입한 사학연금제도는 사회연대성의 원칙과 보험의 원칙을 적용하여 사회정책을 수행하기 위한 사회경제 제도로서 사회보험의 성격을 가진다. 사학연금이 사회보험인 이유는 가입자와 사용자의 보험료 수입을 근간으로 재정을 운영하고 있고, 연금급여의 본질이 보험급여로서의 성격을 가지고 있으며, 급여수준은 보험료 납부기간과 납부수준에 연계되기 때문이다.

㈏ 사학연금제도를 운영하기 위하여 소요되는 비용은 그 비용의 예상액과 개인부담금·국가부담금·법인부담금·재해보상부담금 및 그 예정운용 수익금의 합계액이 장래에 있어 균형이 유지되도록 하여야 한다. 이는 연금급여에 소요되는 비용의 조달계획을 설명하는 것으로, 사학연금 재정이 단기보다는 장기적 차원에서 수지균형이 이루어지도록 비용부담률을 결정해야 함을 의미한다.

㈐ 사학연금의 경우 갹출형 제도를 채택하여 가입자인 사학교직원과 사용자인 법인 및 국가가 공동으로 비용을 부담한다. 급여에 소요되는 비용을 수익자 부담원칙에 입각하여 가입자가 필요재원의 일정 부분을 담당할 목적으로 갹출금의 일정액을 납입하는 방식을 '갹출형 제도(Contributory Pension Scheme)'라고 한다. 다만, 재해보상급여와 퇴직수당에 소요되는 비용은 재정부담 전액을 고용주가 부담하는 방식인 '비갹출형 제도(Non-Contributory Pension Scheme)' 방식을 취하고 있다.

㈑ 연금급여 수준이 사전적으로 결정되는지 혹은 사후적으로 결정되는지에 따라 확정급부형 제도와 확정갹출형 제도로 구분된다. 확정갹출형 제도는 기본적으로 갹출금이 사전에 결정되고 갹출원금과 갹출금 적립 기간 동안에 발생한 투자수익에 기초하여 급여 수준이 사후적으로 결정되는 방식이며, 확정급부형 제도는 연금급여 수준이 법령에서 정한 급여산식에 따라 사전적으로 결정되고 급여지출을 충당하기 위한 재원조달이 사후적으로 결정되는 방식이다. 우리나라 공적연금 중 하나인 사학연금도 전형적인 확정급부형 제도를 취하고 있다.

① ㈎ – 사학연금제도의 성격
② ㈏ – 재정운영 체계
③ ㈐ – 갹출형 제도와 비갹출형 제도
④ ㈑ – 연금급여 설계방식

23. 다음은 행복 아파트의 애완동물 사육규정의 일부이다. 다음과 같은 규정을 참고할 때, 거주자들에게 안내되어야 할 사항으로 적절하지 않은 것은?

제4조 (애완동물 사육 시 준수사항)
① 애완동물은 훈련을 철저히 하며 항상 청결상태를 유지하고, 소음발생 등으로 입주자 등에게 피해를 주지 않아야 한다.
② 애완동물의 사육은 규정된 종류의 동물에 한하며, 년 ○회 이상 정기검진을 실시하고 진드기 및 해충기생 등의 예방을 철저히 하여야 한다.
③ 애완동물을 동반하여 승강기에 탑승할 경우 반드시 안고 탑승, 타인에게 공포감을 주지 말아야 한다.
④ 애완동물과 함께 산책할 경우 반드시 목줄을 사용하여야 하며, 배설물을 수거할 수 있는 장비를 지참하여 즉시 수거하여야 한다.
⑤ 애완동물을 동반한 야간 외출 시 손전등을 휴대하여 타인에게 공포감을 주지 않도록 하여야 한다.
⑥ 앞, 뒤 베란다 배수관 및 베란다 밖으로 배변처리를 금지한다.
⑦ 애완동물과 함께 체육시설, 화단 등 공공시설의 출입은 금지한다.

제5조 (애완동물 사육에 대한 동의)
① 애완견동물을 사육하고자 하는 세대에서는 단지 내 애완동물 동호회를 만들거나 가입하여 공공의 이익을 위하여 활동할 수 있다.
② 애완동물을 사육하는 세대는 사육 동물의 종류와 마리 수를 관리실에 고지해야 하며 애완동물을 제외한 기타 가축을 사육하고자 하는 세대에서는 반드시 관리실의 동의를 구하여야 한다.
③ 애완동물 사육 시 해당동의 라인에서 입주민 다수의 민원(반상회 건의 등)이 있는 세대에는 재발방지를 위하여 서약서를 징구할 수 있으며, 이후 재민원이 발생할 경우 관리규약에 의거하여 애완동물을 사육할 수 없도록 한다.
④ 세대당 애완동물의 사육두수는 ○마리로 제한한다.

제6조 (환경보호)
① 애완동물을 사육하는 세대는 동호회에서 정기적으로 실시하는 단지 내 공용부분의 청소에 참여하여야 한다.
② 청소는 동호회에서 관리하며, 청소에 참석하지 않는 세대는 동호회 회칙으로 정한 청소비를 납부하여야 한다.

---

① "애완동물 동호회에 가입하지 않으신 애완동물 사육 세대에서도 공용부분 청소에 참여하셔야 합니다."
② "애완동물을 사육하는 세대는 사육 동물의 종류와 마리 수를 관리실에 반드시 고지하셔야 합니다."
③ "단지 내 주민 체육관에는 애완동물을 데리고 입장하실 수 없으니 착오 없으시기 바랍니다."
④ "애완동물을 동반하고 이동하실 경우, 승강기 이용이 제한되오니 반드시 계단을 이용해 주시기 바랍니다."

24. 다음 글의 주제로 가장 적절한 것은?

여성은 단일한 집단이 아니다. 한국 경제활동인구의 40% 이상을 차지하는 여성 집단 내부의 다양성은 남성 집단 일반과 비교하여도 적지 않다. 그럼에도 불구하고 '여성'을 대상으로 하는 정책은 여성이기에 공통적으로 직면하는 실질적 위험이 존재한다는 사회적 공감대를 바탕으로 만들어지고 운용된다. 노동 분야를 관통하는 여성정책이 해결하고자 하는 여성의 위험이란 무엇인가.

노동시장에서 여성과 남성의 구별을 발생시키는 위험이란 결국 '일·가정 양립'이라는 익숙한 슬로건이 드러내듯 출산과 육아라는 생애사적 사건과 이에 부과되는 책임에서 기인한다고 할 수 있다.

출산과 육아는 노동시장에 참가하고 있는 여성이 노동시장으로부터 이탈을 선택하고 이후 노동시장에 재진입하려고 할 때 좋은 일자리를 갖기 어렵게 만든다. 즉, 출산과 육아라는 생애사적 사건은 노동시장에서 여성을 취약하게 만든다.

하지만 다양한 여성이 직면하는 공통의 위험에 집중하는 여성정책은 여성 각자가 처한 상이한 상황과 경험을 간과함으로써 또 다른 배제를 발생시킬 가능성이 있다. 노동시장에서 여성과 남성의 구별을 발생시키는 생애사적 사건은 사전적으로 통계적 차별을 발생시키는 원인으로 작동하기도 한다. 그러나 출산과 육아라는 여성의 생애사적 사건에 집중하는 여성정책은 사전적으로 작동하는 통계적 차별과 사후적 어려움을 모두 해결하지 못한다. 나아가 여성을 출산과 육아라는 생애사적 사건을 갖는 단일 집단으로 환원시킨다. 결과적으로는 출산과 육아를 선택하지 않지만 통계적 차별을 동일하게 경험하는 여성은 정책으로부터 체계적으로 배제될 수 있다.

---

① 노동시장에 존재하는 정책은 남성을 위주로 실시되고 있다.
② 여성은 출산과 육아에 의해 생애사적인 경력단절을 경험하고 있다.
③ 다양성을 외면하는 노동 정책에 의해 여성의 노동력이 부당한 처우를 받을 수 있다.
④ 출산과 육아를 경험하지 않은 여성도 노동시장에서 부당한 대우를 받고 있다.

25. 다음 글을 통해 알 수 없는 것은?

동아시아 삼국에 외국인이 집단적으로 장기 거주함에 따라 생활의 편의와 교통통신을 위한 근대적 편의시설이 갖춰지기 시작하였다. 이른바 문명의 이기로 불린 전신, 우편, 신문, 전차, 기차 등이 그것이다. 민간인을 독자로 하는 신문은 개항 이후 새롭게 나타난 신문들 가운데 하나이다. 신문(新聞) 혹은 신보(新報)라는 이름부터가 그렇다. 물론 그 전에도 정부 차원에서 관료들에게 소식을 전하는 관보가 있었지만 오늘날 우리가 사용하는 의미에서의 신문은 여기서부터 비롯된다.

1882년 서양 선교사가 창간한 「The Universal Gazette」의 한자 표현이 '천하신문'인 데서 알 수 있듯, 선교사들은 가제트를 '신문'으로 번역했다. 이후 신문이란 말은 "마카오의 신문지를 창조하라."거나 "신문관을 설립하자"는 식으로 중국인들이 자발적으로 활발하게 사용하기 시작했다.

상업이 발달한 중국 상하이와 일본 요코하마에서는 각각 1851년과 1861년 영국인에 의해 영자신문이 창간되어 유럽과 미국 회사들에 필요한 정보를 제공했고, 이윽고 이를 모델로 하는 중국어, 일본어 신문이 창간되었다. 상하이 최초의 중국어 신문은 영국의 민간회사 자림양행에 의해 1861년 창간된 「상하이신보」다. 거기에는 선박의 출입일정, 물가정보, 각종 광고 등이 게재되어 중국인의 필요에 부응했다. 이 신문은 '○○신보'라는 용어의 유래가 된 신문이다. 중국에서 자국인에 의해 발행된 신문은 1874년 상인 황타오에 의해 창간된 중국어 신문 「순후안일보」가 최초이다. 이것은 오늘날 '△△일보'라는 용어의 유래가 된 신문이다.

한편 요코하마에서는 1864년 미국 영사관 통역관이 최초의 일본어 신문 「카이가이신문」을 창간하면서 일본 국내외 뉴스와 광고를 게재했다. 1871년 처음으로 일본인에 의해 일본어 신문인 「요코하마마이니치신문」이 창간되었고, 이후 일본어 신문 창간의 붐이 있었다.

개항 자체가 늦었던 조선에서는 정부 주도하에 1883년 외교를 담당하던 통리아문박문국에서 최초의 근대적 신문 「한성순보」를 창간했다. 그러나 한문으로 쓰인 「한성순보」와는 달리 그 후속으로 1886년 발행된 「한성주보」는 국한문혼용을 표방했다. 한글로 된 최초의 신문은 1896년 독립협회가 창간한 「독립신문」이다. 1904년 영국인 베델과 양기탁 등에 의해 「대한매일신보」가 영문판 외에 국한문 혼용판과 한글전용판을 발간했다. 그밖에 인천에서 상업에 종사하는 사람들을 위한 정보를 알려주는 신문 등 다양한 종류의 신문이 등장했다.

① 중국 상하이와 일본 요코하마에서 창간된 영자신문은 서양 선교사들이 주도적으로 참여하였다.

② 개항 이전에는 관료를 위한 관보는 있었지만, 민간인 독자를 대상으로 하는 신문은 없었다.

③ '○○신보'나 '△△일보'란 용어는 민간이 만든 신문들의 이름에서 기인한다.

④ 일본은 중국보다 자국인에 의한 자국어 신문을 먼저 발행하였다.

26. 다음 글의 제목으로 가장 적절한 것은?

현재 하천수 사용료는 국가 및 지방하천에서 생활·공업·농업·환경개선·발전 등의 목적으로 하천수를 취수할 때 허가를 받고 사용료를 납부하도록 하고 있다. 또한 사용료 징수주체를 과거에는 국가하천은 국가, 지방하천은 지자체에서 허가하던 것을 2008년부터 하천수 사용의 허가 체계를 국토교통부로 일원화하여 관리하고 있다.

이를 위하여 크게 두 가지, 즉 하천 점용료 및 사용료 징수의 강화 및 현실화와 친수구역개발에 따른 개발이익의 환수와 활용에 대하여 보다 구체적인 실현방안을 추진하여 안정적이고 합리적 물 관리 재원 조성 기반을 확보하여야 한다. 하천시설이나 점용 시설에 대한 국가 관리기능 강화와 이에 의거한 점·사용료 부과·징수 기능을 확대하여야 한다. 그리고 실질적인 편익을 기준으로 하는 점·사용료 부과 등을 추진하는 것이 주효할 것이다. 국가하천정비사업 등을 통하여 조성·정비된 각종 친수시설이나 공간 등에 대한 국가 관리 권한의 확대를 통해 하천 관리의 체계성·계획성을 제고하여 나가야 한다.

다음으로 친수 구역에 대한 개발이익을 환수하여 하천구역 및 친수관리구역의 통합적 관리·이용을 위한 재원으로의 활용을 추진할 필요가 있으며, 하천구역 정비·관리에 의한 편익을 향유하는 하천연접지역에서의 개발행위에 대해 수익자 부담원칙을 적용할 필요가 있다. 국민생활 밀착 공간, 환경오염 민감지역, 국토방재 공간이라는 다면적 특성을 지닌 하천연접지역의 체계적이고 계획적인 관리와 이를 위한 재원 마련이 하천관리의 핵심적인 이슈이기 때문이다.

① 하천수 사용자에 대한 이익 환수 강화

② 하천수 사용료 제도의 실효성 확보

③ 국가의 하천 관리 개선 방안 제시

④ 현실적인 하천수 요금체계로의 전환

27. 다음 글에 나타난 아리스토텔레스의 견해에 대한 이해로 가장 적절한 것은?

자연에서 발생하는 모든 일은 목적 지향적인가? 자기 몸통보다 더 큰 나뭇가지나 잎사귀를 허둥대며 운반하는 개미들은 분명히 목적을 가진 듯이 보인다. 그런데 가을에 지는 낙엽이나 한밤중에 쏟아지는 우박도 목적을 가질까? 아리스토텔레스는 모든 자연물이 목적을 추구하는 본성을 타고나며, 외적 원인이 아니라 내재적 본성에 따른 운동을 한다는 목적론을 제시한다. 그는 자연물이 단순히 목적을 갖는 데 그치는 것이 아니라 목적을 실현할 능력도 타고나며, 그 목적은 방해받지 않는 한 반드시 실현될 것이고, 그 본성적 목적의 실현은 운동 주체에 항상 바람직한 결과를 가져온다고 믿는다. 아리스토텔레스는 이러한 자신의 견해를 "자연은 헛된 일을 하지 않는다!"라는 말로 요약한다.

근대에 접어들어 모든 사물이 생명력을 갖지 않는 일종의 기계라는 견해가 강조되면서, 아리스토텔레스의 목적론은 비과학적이라는 이유로 많은 비판에 직면한다. 갈릴레이는 목적론적 설명이 과학적 설명으로 사용될 수 없다고 주장하며, 베이컨은 목적에 대한 탐구가 과학에 무익하다고 평가하고, 스피노자는 목적론이 자연에 대한 이해를 왜곡한다고 비판한다. 이들의 비판은 목적론이 인간 이외의 자연물도 이성을 갖는 것으로 의인화한다는 것이다. 그러나 이런 비판과는 달리 아리스토텔레스는 자연물을 생물과 무생물로, 생물을 식물·동물·인간으로 나누고, 인간만이 이성을 지닌다고 생각했다.

일부 현대 학자들은, 근대 사상가들이 당시 과학에 기초한 기계론적 모형이 더 설득력을 갖는다는 일종의 교조적 믿음에 의존했을 뿐, 아리스토텔레스의 목적론을 거부할 충분한 근거를 제시하지 못했다고 비판한다. 이런 맥락에서 볼로틴은 근대 과학이 자연에 목적이 없음을 보이지도 못했고 그렇게 하려는 시도조차 하지 않았다고 지적한다. 또한 우드필드는 목적론적 설명이 과학적 설명은 아니지만, 목적론의 옳고 그름을 확인할 수 없기 때문에 목적론이 거짓이라 할 수도 없다고 지적한다.

17세기의 과학은 실험을 통해 과학적 설명의 참·거짓을 확인할 것을 요구했고, 그런 경향은 생명체를 비롯한 세상의 모든 것이 물질로만 구성된다는 물질론으로 이어졌으며, 물질론 가운데 일부는 모든 생물학적 과정이 물리·화학 법칙으로 설명된다는 환원론으로 이어졌다. 이런 환원론은 살아 있는 생명체가 죽은 물질과 다르지 않음을 함축한다. 하지만 아리스토텔레스는 자연물의 물질적 구성 요소를 알면 그것의 본성을 모두 설명할 수 있다는 엠페도클레스의 견해를 반박했다. 이 반박은 자연물이 단순히 물질로만 이루어진 것이 아니며, 또한 그것의 본성이 단순히 물리·화학적으로 환원되지도 않는다는 주장을 내포한다.

첨단 과학의 발전에도 불구하고 생명체의 존재 원리와 이유를 정확히 규명하는 과제는 아직 진행 중이다. 자연물의 구성 요소에 대한 아리스토텔레스의 탐구는 자연물이 존재하고 운동하는 원리와 이유를 밝히려는 것이었고, 그의 목적론은 지금까지 이어지는 그러한 탐구의 출발점이라 할 수 있다.

① 자연물의 본성적 운동은 외적 원인에 의해 야기되기도 한다.
② 낙엽의 운동은 본성적 목적 개념으로는 설명되지 않는다.
③ 본성적 운동의 주체는 본성을 실현할 능력을 갖고 있다.
④ 자연물의 목적 실현은 때로는 그 자연물에 해가 된다.

28. 다음은 수자원공사의 서비스이행표준 중 물 공급 서비스에 대한 내용이다. 이를 통해 알 수 없는 것은?

〈물 공급 서비스 공통〉

1. 수질정보 제공
① 수돗물 및 댐 용수 수질에 대한 신뢰도를 높이기 위하여 K-water가 운영하는 생활 및 공업용수 정수장과 댐에 대한 주요 수질정보(탁도, pH(수소이온농도), 잔류염소 등)를 실시간으로 홈페이지에 공개하겠습니다.
② 수돗물의 수질검사 결과는 매월 요금고지서, 홈페이지, 지역 언론 등 2가지 매체 이상을 통해 안내하고, 정수장별 품질에 대한 자세한 내용을 담은 수돗물 품질보고서를 연 1회 이상 발간하여 홈페이지에 게시하겠습니다.

2. 수질변화 예고
K-water가 관리하는 댐 저수지의 조류 및 탁수발생, 광역상수도 정수장의 이취미 발생 등 수질에 커다란 변화가 있을 경우 고객에게 전화, E-mail, SMS 등을 통해 현황, 대책, 주의사항 등에 대한 내용으로 즉시 알려드리겠습니다.

3. 검침 및 요금 사전정보 제공
고객이 요청할 경우 검침 후 전화, E-mail, SMS 등을 통해 사용량과 예상요금을 3일 이내에 통보해 드리겠습니다.

4. 단수안내 및 복구
① 계획단수가 필요한 경우 7일전까지 공문, 방송, 신문 등을 통해 안내하고 단수예고시간을 준수하겠습니다.
② 수도시설 개/대체, 점검, 돌발사고 등으로 단수된 경우 단수시간, 지역 등을 사고발생 1시간 이내에 방송, SMS, 전화 등을 통해 알려드리고, 천재지변 등 불가항력적인 경우를 제외하고는 사고발생 24시간 이내에 복구를 완료하겠습니다.
③ 단수 후 통수 시 흐린 물 등 수질이상현상이 발생할 우려가 있는 경우 탁도, 잔류염소 등의 수질검사를 강화하겠습니다.

5. 시설물 기술진단 및 안전점검
K-water에서 관리중인 수도시설의 기술진단과 수도 및 댐 시설물의 안전점검을 정기적으로 실시하고, 물 생산 및 공급시설을 정상적으로 운영하여 양질의 물을 안정적으로 공급하겠습니다.

진단(점검)주기
• 정기점검 : 1회/6월
• 정밀점검 : 1회/1~3년
• 정밀안전진단 : 1회/4~6년
• 기술진단(수도시설) : 1회/5년

① 사용량과 예상요금에 대하여 궁금한 고객이 요청할 경우 검침 후 전화, E-mail, SMS 등을 통해 3일 이내에 통보받을 수 있다.
② 계획단수의 경우 7일 전까지 방송, 신문 등을 통해 단수계획과 단수예고시간을 안내한다.
③ 수돗물의 수질검사 결과는 매월 요금고지서를 통해 안내받을 수 있다.
④ 수도시설의 기술진단과 수도 및 댐 시설물의 정기점검은 '1회/1~3년'에 한하여 실시한다.

29. 아래의 글을 읽고 컨스터블의 풍경화에 대한 내용으로 가장 적절한 것을 고르면?

건초 더미를 가득 싣고 졸졸 흐르는 개울물을 건너는 마차, 수확을 앞둔 밀밭 사이로 양떼를 몰고 가는 양치기 소년과 개, 이른 아침 농가의 이층 창밖으로 펼쳐진 청록의 들녘 등, 이런 평범한 시골 풍경을 그린 컨스터블(1776~1837)은 오늘날 영국인들에게 사랑을 받는 영국의 국민 화가이다. 현대인들은 그의 풍경화를 통해 영국의 전형적인 농촌 풍경을 떠올리지만, 사실 컨스터블이 활동하던 19세기 초반까지 이와 같은 소재는 풍경화의 묘사 대상이 아니었다. 그렇다면 평범한 농촌의 일상 정경을 그린 컨스터블은 왜 영국의 국민 화가가 되었을까?

컨스터블의 그림은 당시 풍경화의 주요 구매자였던 영국 귀족의 취향에서 어긋나 그다지 인기를 끌지 못했다. 당시 유행하던 픽처레스크 풍경화는 도식적이고 이상화된 풍경 묘사에 치중했지만, 컨스터블의 그림은 평범한 시골의 전원 풍경을 사실적으로 묘사한 것처럼 보인다. 이 때문에 그의 풍경화는 자연에 대한 과학적이고 객관적인 관찰을 바탕으로, 아무도 눈여겨보지 않았던 평범한 농촌의 아름다운 풍경을 포착하여 표현해 낸 결과물로 여겨져 왔다. 객관적 관찰과 사실적 묘사를 중시하는 관점에서 보면 컨스터블은 당대 유행하던 화풍과 타협하지 않고 독창적인 화풍을 추구한 화가이다.

그러나 1980년대에 들어서면서 이와 같은 관점에 대해 의문을 제기하는 비판적 해석이 등장한다. 새로운 해석은 작품이 제작 될 당시의 구체적인 사회적 상황을 중시하며 작품에서 지배 계급의 왜곡된 이데올로기를 읽어내는 데 중점을 둔다. 이 해석에 따르면 컨스터블의 풍경화는 당시 농촌의 모습을 있는 그대로 전달해 주지 않는다. 사실 컨스터블이 활동하던 19세기 전반 영국은 산업혁명과 더불어 도시화가 급속히 진행되어 전통적 농촌 사회가 와해되면서 농민 봉기가 급증하였다.

그런데 그의 풍경화에 등장하는 인물들은 거의 예외 없이 원경으로 포착되어 얼굴이나 표정을 알아보기 어렵다. 시골에서 나고 자라 복잡한 농기구까지 세밀하게 그릴 줄 알았던 컨스터블이 있는 그대로의 자연을 포착하려 했다면 왜 농민들의 모습을 구체적으로 표현하지 않았을까? 이는 풍경의 관찰자인 컨스터블과 풍경 속 인물들 간에는 항상 일정한 심리적 거리가 유지되고 있기 때문이다. 수정주의 미술 사학자들은 컨스터블의 풍경화에 나타나는 인물과 풍경의 불편한 동거는 바로 이러한 거리 두기에서 비롯한다고 주장하면서, 이 거리는 계급 간의 거리라고 해석한다. 지주의 아들이었던 그는 19세기 전반 영국 농촌 사회의 불안한 모습을 애써 외면했고, 그 결과 농민들은 적당히 화면에서 떨어져 있도록 배치하여 결코 그들의 일그러지고 힘든 얼굴을 볼 수 없게 하였다는 것이다.

여기서 우리는 위의 두 견해가 암암리에 공유하는 기본 전제에 주목할 필요가 있다. 두 견해는 모두 작품이 가진 의미의 생산자를 작가로 보고 있다. 유행을 거부하고 남들이 보지 못한 평범한 농촌의 아름다움을 발견한 '천재' 컨스터블이나 지주 계급 출신으로 불안한 농촌 현실을 직시하지 않으려 한 '반동적' 컨스터블은 결국 동일한 인물로서 작품의 제작자이자 의미의 궁극적 생산자로 간주된다. 그러나 생산자가 있으면 소비자가 있게 마련이다. 기존의 견해는 소비자의 역할에 주목하지 않았다. 하지만 소비자는 생산자가 만들어낸 작품을 수동적으로 수용하는 존재가 아니다. 미술 작품을 포함한 문화적 텍스트의 의미는 그 텍스트를 만들어 낸 생산자나 텍스트 자체에 내재하는 것이 아니라 텍스트를 수용하는 소비자와의 상호 작용에 의해 결정된다. 다시 말해 수용자는 이해와 수용의 과정을 통해 특정 작품의 의미를 끊임없이 재생산하는 능동적 존재인 것이다. 따라서 앞에서 언급한 해석들은 컨스터블 풍경화가 함축한 의미의 일부만 드러낸 것이고 나머지 의미는 그것을 바라보는 감상자의 경험과 기대가 투사되어 채워지는 것이라고 할 수 있다. 즉 컨스터블의 풍경화가 지니는 가치는 풍경화 그 자체가 아니라 감상자의 의미 부여에 의해 완성되는 것이다. 이런 관점에서 보면 컨스터블의 풍경화에 담긴 풍경이 실재와 얼마나 일치하는가는 크게 문제가 되지 않는다.

① 객관적인 관찰에 입각하여 19세기 전반 영국 농촌의 현실을 가감 없이 그려 냈다.

② 목가적 전원을 그려서 당대에 그에게 커다란 명성을 안겨 주었다.

③ 세부적인 묘사가 결여되어 있어 그가 인물 표현에는 재능이 없었음을 보여준다.

④ 사실적인 화풍으로 제작되어 당시에 영국 귀족들로부터 선호되지 못했다.

30. 다음의 글을 읽고 미국 경제에 대한 이해로 가장 적절하지 않은 것을 고르면?

지난 세기 미국 경제는 확연히 다른 시기들로 나눌 수 있다. 1930년대 이후 1970년대 말까지는 소득 불평등이 완화되었다. 특히 제2차 세계 대전 직후 30년 가까이는 성장과 분배 문제가 동시에 해결된 황금기로 기록되었다. 그러나 1980년 이후로는 소득 불평등이 급속히 심화되었고, 경제 성장률도 하락했다. 이러한 변화와 관련해 많은 경제학자들은 기술 진보에 주목했다. 기술 진보는 성장과 분배의 두 마리 토끼를 한꺼번에 잡을 수 있는 만병통치약으로 칭송되기도 하지만, 소득 분배를 악화시키고 사회적 안정성을 저해하는 위협 요인으로 비난받기도 한다. 그러나 어느 쪽을 선택한 연구든 20세기 미국 경제의 역사적 현실을 통합적으로 해명하는 데는 한계가 있다.

기술 진보의 중요성을 놓치지 않으면서도 기존 연구의 한계를 뛰어넘는 대표적인 연구로는 골딘과 카츠가 제시한 '교육과 기술의 경주 이론'이 있다. 이들에 따르면, 기술이 중요한 것은 맞지만 교육은 더 중요하며, 불평등의 추이를 볼 때는 더욱 그렇다. 이들은 우선 신기술 도입이 생산성 상승과 경제 성장으로 이어지려면 노동자들에게 새로운 기계를 익숙하게 다룰 능력이 있어야 하는데, 이를 가능케 하는 것이 바로 정규 교육기관 곧 학교에서 보낸 수년간의 교육 시간들이라는 점을 강조한다. 이때 학교를 졸업한 노동자는 그렇지 않은 노동자에 비해 생산성이 더 높으며 그로 인해 상대적으로 더 높은 임금, 곧 숙련 프리미엄을 얻게 된다. 그런데 학교가 제공하는 숙련의 내용은 신기술의 종류에 따라 다르다. 20세기 초반에는 기본적인 계산을 할 줄 알고 기계 설명서와 도면을 읽어내는 능력이 요구되었고, 이를 위한 교육은 주로 중·고등학교에서 제공되었다. 기계가 한층 복잡해지고 IT 기술의 응용이 중요해진 20세기 후반부터는 추상적으로 판단하고 분석할 수 있는 능력의 함양과 함께, 과학, 공학, 수학 등의 분야에 대한 학위 취득이 요구되고 있다.

골딘과 카츠는 기술을 숙련 노동자에 대한 수요로, 교육을 숙련 노동자의 공급으로 규정하고, 기술의 진보에 따른 숙련 노동자에 대한 수요의 증가 속도와 교육의 대응에 따른 숙련 노동자 공급의 증가 속도를 '경주'라는 비유로 비교함으로써, 소득 불평등과 경제 성장의 역사적 추이를 해명한다. 이들에 따르면, 기술은 숙련 노동자들에 대한 상대적 수요를 늘리는 방향으로 변화했고, 숙련 노동자에 대한 수요의 증가율 곧 증가 속도는 20세기 내내 대체로 일정하게 유지된 반면, 숙련 노동자의 공급 측면은 부침을 보였다. 숙련 노동자의 공급은 전반부에는 크게 늘어나 그 증가율이 수요 증가율을 상회했지만, 1980년부터는 증가 속도가 크게 둔화됨으로써 대졸 노동자의 공급 증가율이 숙련 노동자에 대한 수요 증가율을 하회하게 되었다. 이들은 기술과 교육, 양쪽의 증가 속도를 비교함으로써 1915년부터 1980년까지 진행되었던 숙련 프리미엄의 축소는 숙련 노동자들의 공급이 더 빠르게 늘어난 결과, 곧 교육이 기술을 앞선 결과임을 밝혔다.

이에 비해 1980년 이후에 나타난 숙련 프리미엄의 확대, 곧 교육에 따른 임금 격차의 확대는 대졸 노동자의 공급 증가율 하락에 의한 것으로 보았다. 이러한 분석 결과에 소득 불평등의 많은 부분이 교육에 따른 임금 격차에 의해 설명되었다는 역사적 연구가 결합됨으로써, 미국의 경제 성장과 소득 불평등은 교육과 기술의 '경주'에 의해 설명될 수 있었다.

그렇다면 교육을 결정하는 힘은 어디에서 나왔을까? 특히 양질의 숙련 노동력이 생산 현장의 수요에 부응해 빠른 속도로 늘어나도록 한 힘은 어디에서 나왔을까? 골딘과 카츠는 이와 관련해 1910년대를 기점으로 본격화되었던 중·고등학교 교육 대중화 운동에 주목한다. 19세기 말 경쟁의 사다리 하단에 머물러 있던 많은 사람들은 교육이 자식들에게 새로운 기회를 제공해 주기를 희망했다. 이러한 염원이 '풀뿌리 운동'으로 확산되고 마침내 정책으로 반영되면서 변화가 시작되었다. 지방 정부가 독자적으로 재산세를 거둬 공립 중등 교육기관을 신설하고 교사를 채용해 양질의 일자리를 얻는 데 필요한 교육을 무상으로 제공하게 된 것이다. 이들의 논의는 새로운 대중 교육 시스템의 확립에 힘입어 신생 국가인 미국이 부자 나라로 성장하고, 수많은 빈곤층 젊은이들이 경제 성장의 열매를 향유했던 과정을 잘 보여 준다.

교육과 기술의 경주 이론은 신기술의 출현과 노동 수요의 변화, 생산 현장의 필요에 부응하는 교육기관의 숙련 노동력 양성, 이를 뒷받침하는 제도와 정책의 대응, 더 새로운 신기술의 출현이라는 동태적 상호 작용 속에서 성장과 분배의 양상이 어떻게 달라질 수 있는가에 관한 중요한 이론적 준거를 제공해 준다. 그러나 이 이론은 한계도 적지 않아 성장과 분배에 대한 다양한 논쟁을 촉발하고 있다.

① 20세기 초에는 숙련에 대한 요구가 계산 및 독해 능력 등에 맞춰졌다.

② 20세기 초에는 미숙련 노동자가, 말에 가서는 숙련 노동자가 선호되었다.

③ 20세기 말에는 소득 분배의 악화 및 경제 성장의 둔화 현상 등이 동시에 발생했다.

④ 20세기 말에는 숙련 노동자의 공급이 대학 이상의 고등 교육에 의해 주도되었다.

31. 다음 제시된 글에 이어질 내용으로 알맞은 것은?

한 기업이 여러 분야에 걸쳐서 사업을 확장하는 것을 다각화라고 한다. 우리는 흔히 한 기업이 무분별하게 다각화를 많이 전개하는 경우를 문어발식 확장이라고 비난한다. 그렇다면 기업들은 왜 다각화를 하는 것일까?

기업이 다각화를 하는 이유에 대해서는 여러 가지 설명들이 제시되었는데 크게 보자면 주주들의 이익에서 그 이유를 찾는 설명들과 경영자들의 이익에서 그 이유를 찾는 설명들로 나눌 수 있다. 주주들의 이익을 위해 다각화를 한다는 설명들은 하나의 기업이 동시에 복수의 사업 활동을 하는 것이 지출되는 총비용을 줄이고 기업의 효율성을 높일 수 있다는 범위의 경제에 바탕을 두고 있다.

이와 관련된 설명으로는, 첫째, 다양한 제품들을 생산하는 기술들이나 그 제품들을 구매하는 소비자들 사이의 공통성을 활용함으로써 범위의 경제가 발생한다고 보는 견해가 있다. 각각의 제품을 생산하여 판매하는 일을 서로 다른 기업들이 따로 하는 것보다 한 기업이 전담하는 방법을 통해 비용의 효율성을 높일 수 있다는 것이다. 둘째, 기업이 충분히 활용하지 못하고 있는 인적·물적 자원을 새로운 영역에 확대 사용함으로써 범위의 경제가 발생한다고 보는 견해가 있다. 예를 들어 경영자가 가지고 있는 경영 재능이나 기업의 생산 및 유통 시스템을 여러 사업 분야에 확산시키는 방법을 통해 자원을 보다 효율적으로 활용할 수 있다고 보는 것이다. 셋째, 기업 내부의 자본 운용 효율성을 높임으로써 범위의 경제가 발생한다고 보는 견해가 있다. 여유 자금이 있는 사업 부문에서 벌어들인 돈을 이용하여 새로운 사업 부문의 투자 기회를 잘 살리는 방법을 통해 수익성을 높일 수 있다는 것이다.

이러한 설명들은 다각화를 통해 효율성을 높이며 기업의 수익 구조가 개선되어 주주들의 이익이 증진된다고 본다.

① 다각화를 전개하는 방법
② 다각화를 통해 이익을 얻는 주체
③ 경영자들의 이익 추구가 다각화의 목적이라는 입장
④ 소비자의 이익 추구가 다각화의 목적이라는 입장

32. 다음 글을 읽고 옳게 추론한 것을 모두 고르면?

기후변화란 자연적인 요인과 인위적인 요인에 의해 기후계가 점차 변화하는 것을 의미한다. IPCC(Intergovernmental Panel on Climate Change : 기후변화에 관한 정부간협의체)는 최근의 기후변화가 인간 활동에 의한 지구온난화 때문에 발생했을 가능성이 90%이며, 그 주요 원인은 화석연료의 과도한 사용으로 인한 온실가스 농도의 증가라고 밝히고 있다. 지구온난화에 가장 큰 영향을 미치는 6대 온실가스로는 이산화탄소(CO_2), 메탄(CH_4), 아산화질소(N_2O), 과불화탄소(PFCS), 수불화탄소(HFCS), 육불화황(SF_6)이 있다. 이 중 이산화탄소의 평균 농도는 산업혁명 전에는 약 280ppm이었으나, 2005년에는 379ppm으로 약 35.4%가 증가하였다.

한편 인공위성 관측자료(1979~2005년)에 의하면, 남극해 및 남극대륙 일부를 제외하고 전 지표면에서 온난화가 나타나고 있으며, 지난 20년 동안 육지의 온난화가 해양보다 빠르게 진행되어 왔다. 특히 온난화의 진행 정도는 북반구가 남반구에 비하여 훨씬 심하며, 북극지방의 평균온도 증가율은 지구 평균온도 증가율의 약 2배에 이르고 있다. 지난 43년간(1961~2003년) 해수면은 연평균 0.17±0.05m, 해수온은 약 0.1℃ 상승한 것으로 관측되었다. 해수면 상승의 주요 원인으로는 해수 열팽창과 빙하 해빙을 들 수 있다. 강수의 경우 눈보다는 비가 많으며 폭우가 전 지역에서 증가하였고, 가뭄과 홍수 발생지역도 증가하는 추세이다.

㉠ 현재와 같은 온난화 추세가 지속되는 한, 북반구의 평균 온도변화는 남반구의 평균온도변화보다 더 클 수 있다.
㉡ 기후변화로 인한 육지의 생태계 변화는 해양의 생태계 변화보다 심하지 않을 것이다.
㉢ 산업혁명 이후 6대 온실가스 중에서 이산화탄소 농도의 증가율이 가장 크다.
㉣ 남극해의 평균온도 증가율은 지구 평균온도 증가율의 약 2배에 이르고 있다.

① ㉠
② ㉠, ㉢
③ ㉡, ㉣
④ ㉢, ㉣

33. 다음은 가족제도의 붕괴, 비혼, 저출산 등 사회적인 이슈에 대해 자유롭게 의견을 나누는 자리에서 직원들 간에 나눈 대화의 일부분이다. 이를 바탕으로 옳게 추론한 것을 모두 고르면?

남1 : 가족은 혼인제도에 의해 성립된 집단으로 두 명의 성인 남녀와 그들이 출산한 자녀 또는 입양한 자녀로 이루어져야만 해. 이러한 가족은 공동의 거주, 생식 및 경제적 협력이라는 특성을 갖고 있어.

여1 : 가족은 둘 이상의 사람들이 함께 거주하면서 지속적인 관계를 유지하는 집단을 말해. 이들은 친밀감과 자원을 서로 나누고 공동의 의사결정을 하며 가치관을 공유하는 등의 특성이 있지.

남2 : 핵가족은 전통적인 성역할에 기초하여 아동양육, 사회화, 노동력 재생산 등의 기능을 가장 이상적으로 수행할 수 있는 가족 구조야. 그런데 최근 우리사회에서 발생하는 출산율 저하, 이혼율 증가, 여성의 경제활동 참여율 증가 등은 전통적인 가족 기능의 위기를 가져오는 아주 심각한 사회문제야. 그래서 핵가족 구조와 기능을 유지할 수 있는 정책이 필요해.

여2 : 전통적인 가족 개념은 가부장적 위계질서를 가지고 있었어. 하지만 최근에는 민주적인 가족관계를 형성하고자 하는 의지가 가족 구조를 변화시키고 있지. 게다가 여성의 자아실현 욕구가 증대하고 사회·경제적 구조의 변화에 따라 남성 혼자서 가족을 부양하기 어려운 것이 현실이야. 그래서 한 가정 내에서 남성과 여성이 모두 경제활동에 참여할 수 있도록 지원하는 국가의 정책이 필요하다고 생각해.

㉠ 남1에 의하면 민족과 국적이 서로 다른 두 남녀가 결혼하여 자녀를 입양한 가정은 가족으로 인정하기 어렵다.
㉡ 여1과 남2는 동성(同性) 간의 결합을 가족으로 인정하고 지지할 것이다.
㉢ 남2는 아동보육시설의 확대정책보다는 아동을 돌보는 어머니에게 매월 일정액을 지급하는 아동수당 정책을 더 선호할 것이다.
㉣ 여2는 무급의 육아휴직 확대정책보다는 육아도우미의 가정 파견을 전액 지원하는 국가정책을 더 선호할 것이다.

① ㉠, ㉢
② ㉡, ㉣
③ ㉢, ㉣
④ ㉠, ㉡, ㉢

34. 다음 글에서 추론할 수 있는 내용만을 모두 고른 것은?

'도박사의 오류'라고 불리는 것은 특정 사건과 관련 없는 사건을 관련 있는 것으로 간주했을 때 발생하는 오류이다. 예를 들어, 주사위 세 개를 동시에 던지는 게임을 생각해 보자. 첫 번째 던지기 결과는 두 번째 던지기 결과에 어떤 영향도 미치지 않으며, 이런 의미에서 두 사건은 서로 상관이 없다. 마찬가지로 10번의 던지기에서 한 번도 6의 눈이 나오지 않았다는 것은 11번째 던지기에서 6의 눈이 나온다는 것과 아무런 상관이 없다. 그럼에도 불구하고, 우리는 "10번 던질 동안 한 번도 6의 눈이 나오지 않았으니, 이번 11번째 던지기에는 6의 눈이 나올 확률이 무척 높다."라고 말하는 경우를 종종 본다. 이런 오류를 '도박사의 오류 A'라고 하자. 이 오류는 지금까지 일어난 사건을 통해 미래에 일어날 특정 사건을 예측할 때 일어난다.

하지만 반대 방향도 가능하다. 즉, 지금 일어난 특정 사건을 바탕으로 과거를 추측하는 경우에도 오류가 발생한다. 다음 사례를 생각해보자. 당신은 친구의 집을 방문했다. 친구의 방에 들어가는 순간, 친구는 주사위 세 개를 던지고 있었으며 그 결과 세 개의 주사위에서 모두 6의 눈이 나왔다. 이를 본 당신은 "방금 6의 눈이 세 개가 나온 놀라운 사건이 일어났다는 것에 비춰볼 때, 내가 오기 전에 너는 주사위 던지기를 무척 많이 했음에 틀림없다."라고 말한다. 당신은 방금 놀라운 사건이 일어났다는 것을 바탕으로 당신 친구가 과거에 주사위 던지기를 많이 했다는 것을 추론한 것이다. 하지만 이것도 오류이다. 당신이 방문을 여는 순간 친구가 던진 주사위들에서 모두 6의 눈이 나올 확률은 매우 낮다. 하지만 이 사건은 당신 친구가 과거에 주사위 던지기를 많이 했다는 것에 영향을 받은 것이 아니다. 왜냐하면 문을 열었을 때 처음으로 주사위 던지기를 했을 경우에 문제의 사건이 일어날 확률과, 문을 열기 전 오랫동안 주사위 던지기를 했을 경우에 해당 사건이 일어날 확률은 동일하기 때문이다. 이 오류는 현재에 일어난 특정 사건을 통해 과거를 추측할 때 일어난다. 이를 '도박사의 오류 B'라고 하자.

㉠ 인태가 당첨 확률이 매우 낮은 복권을 구입했다는 사실로부터 그가 구입한 그 복권은 당첨되지 않을 것이라고 추론하는 것은 도박사의 오류 A이다.
㉡ 은희가 오늘 구입한 복권에 당첨되었다는 사실로부터 그녀가 오랫동안 꽤 많은 복권을 구입했을 것이라고 추론하는 것은 도박사의 오류 B이다.
㉢ 승민이가 어제 구입한 복권에 당첨되었다는 사실로부터 그가 구입했던 그 복권의 당첨 확률이 매우 높았을 것이라고 추론하는 것은 도박사의 오류 A가 아니며 도박사의 오류 B도 아니다.

① ㉠
② ㉡
③ ㉠, ㉢
④ ㉡, ㉢

35. 다음 글을 통해 추론할 수 있는 것은?

'핸드오버'란 이동단말기가 이동함에 따라 기존 기지국에서 이탈하여 새로운 기지국으로 넘어갈 때 통화가 끊기지 않도록 통화 신호를 새로운 기지국으로 넘겨주는 것을 말한다. 이런 핸드오버는 이동단말기, 기지국, 이동전화교환국 사이의 유무선 연결을 바탕으로 실행된다. 이동단말기가 기지국에 가까워지면 그 둘 사이의 신호가 점점 강해지는 데 반해, 이동단말기와 기지국이 멀어지면 그 둘 사이의 신호는 점점 약해진다. 이 신호의 세기가 특정 값 이하로 떨어지게 되면 핸드오버가 명령되어 이동단말기와 새로운 기지국 간의 통화 채널이 형성된다. 이 과정에서 이동전화교환국과 기지국 간 연결에 문제가 발생하면 핸드오버가 실패하게 된다.

핸드오버는 이동단말기와 기지국 간 통화 채널 형성 순서에 따라 '형성 전 단절 방식'과 '단절 전 형성 방식'으로 구분될 수 있다. FDMA와 TDMA에서는 형성 전 단절 방식을, CDMA에서는 단절 전 형성 방식을 사용한다. 형성 전 단절 방식은 이동단말기와 새로운 기지국 간의 통화 채널이 형성되기 전에 기존 기지국과의 통화 채널을 단절하는 것을 말한다. 이와 반대로 단절 전 형성방식은 이동단말기와 기존 기지국 간의 통화 채널이 단절되기 전에 새로운 기지국과의 통화 채널을 형성하는 방식이다. 이런 핸드오버 방식의 차이는 각 기지국이 사용하는 주파수 간 차이에서 비롯된다.

만약 각 기지국이 다른 주파수를 사용하고 있다면, 이동단말기는 기존 기지국과의 통화 채널을 미리 단절한 뒤 새로운 기지국에 맞는 주파수를 할당 받은 후 통화 채널을 형성해야 한다. 그러나 각 기지국이 같은 주파수를 사용하고 있다면, 그런 주파수 조정이 필요 없으며 새로운 통화 채널을 형성하고 나서 기존 통화 채널을 단절할 수 있다.

① 단절 전 형성 방식의 각 기지국은 서로 다른 주파수를 사용한다.
② 형성 전 단절 방식은 단절 전 형성 방식보다 더 빨리 핸드오버를 명령할 수 있다.
③ 이동단말기와 기존 기지국 간의 통화 채널이 단절되면 핸드오버가 성공한다.
④ CDMA에서는 하나의 이동단말기가 두 기지국과 동시에 통화 채널을 형성할 수 있지만 FDMA에서는 그렇지 않다.

36. 다음은 유인입국심사에 대한 설명이다. 옳지 않은 것은?

◆ 유인입국심사 안내
• 입국심사는 국경에서 허가받는 행위로 내외국인 분리심사를 원칙으로 하고 있습니다.
• 외국인(등록외국인 제외)은 입국신고서를 작성하여야 하며, 등록대상인 외국인은 입국일로부터 90일 이내 관할 출입국관리사무소에 외국인 등록을 하여야 합니다.
• 단체사증을 소지한 중국 단체여행객은 입국신고서를 작성하지 않으셔도 됩니다.(청소년 수학여행객은 제외)
• 대한민국 여권을 위·변조하여 입국을 시도하는 외국인이 급증하고 있으므로 다소 불편하시더라도 입국심사관의 얼굴 대조, 질문 등에 적극 협조하여 주시기 바랍니다.
• 외국인 사증(비자) 관련 사항은 법무부 출입국 관리국으로 문의하시기 바랍니다.

◆ 입국신고서 제출 생략
내국인과 90일 이상 장기체류 할 목적으로 출입국사무소에 외국인 등록을 마친 외국인의 경우 입국신고서를 작성하실 필요가 없습니다.

◆ 심사절차

STEP 01	기내에서 입국신고서를 작성하지 않은 외국인은 심사 전 입국신고서를 작성해 주세요.
STEP 02	내국인과 외국인 심사 대기공간이 분리되어 있으니, 줄을 설 때 주의해 주세요. ※ 내국인은 파란선, 외국인은 빨간선으로 입장
STEP 03	심사대 앞 차단문이 열리면 입장해 주세요.
STEP 04	내국인은 여권을, 외국인은 입국신고서와 여권을 심사관에게 제시하고, 심사가 끝나면 심사대를 통과해 주세요. ※ 17세 이상의 외국인은 지문 및 얼굴 정보를 제공해야 합니다.

① 등록대상인 외국인은 입국일로부터 90일 이내 관할 출입국관리사무소에 외국인 등록을 하여야 한다.
② 중국 청소년 수학여행객은 단체사증을 소지하였더라도 입국신고서를 작성해야 한다.
③ 모든 외국인은 지문 및 얼굴 정보를 제공해야 한다.
④ 입국심사를 하려는 내국인은 파란선으로 입장해야 한다.

37. 다음 글에 나타난 글쓴이의 생각으로 적절하지 않은 것은?

21세기는 각자의 개성이 존중되는 다원성의 시대이다. 역사 분야에서도 역사를 바라보는 관점에 따라 다양한 역사 서술들이 이루어지고 있다. 이렇게 역사 서술이 다양해질수록 역사 서술에 대한 가치 판단의 요구는 증대될 수밖에 없다. 그렇다면 이 시대의 역사 서술은 어떤 기준으로 평가되어야 할까?

역사 서술 방법 중에 가장 널리 알려진 것은 근대 역사가들이 표방한 객관적인 역사 서술 방법일 것이다. 이들에게 역사란 과거의 사실을 어떤 주관도 개입시키지 않은 채 객관적으로만 서술하는 것이다. 하지만 역사가는 특정한 국가와 계층에 속해 있고 이에 따라 특정한 이념과 가치관을 가지므로 객관적일 수 없다. 역사가의 주관적 관점은 사료를 선별하는 과정에서부터 이미 개입되기 시작하며 사건의 해석과 평가라는 역사 서술에 지속적으로 영향을 주게 된다. 따라서 역사 서술에 역사가의 주관은 개입될 수밖에 없으므로 완전히 객관적인 역사 서술은 불가능한 일이다.

이러한 역사 서술의 주관성 때문에 역사가 저마다의 관점에 따른 다양한 역사 서술이 존재하게 된다. 이에 따라 우리는 다양한 역사 서술 속에서 우리에게 가치 있는 역사 서술이 무엇인지를 판단할 필요가 있다. 역사학자 카(E. H. Carr)는 역사 서술에 대해 '역사는 과거와 현재의 대화이다.'라는 말을 남겼다. 이 말은 현재를 거울삼아 과거를 통찰하고 과거를 거울삼아 현재를 바라보며 더 나은 미래를 창출하는 것으로 해석할 수 있다. 이러한 견해에 의하면 역사 서술의 가치는 과거와 현재의 합리적인 소통 가능성에 따라 판단될 수 있다.

과거와 현재의 합리적 소통 가능성은 역사 서술의 사실성, 타당성, 진정성 등을 준거로 판단할 수 있다. 이 기준을 지키지 못한 역사 서술은 과거나 현재를 왜곡할 우려가 있으며, 결과적으로 미래를 올바르게 바라보지 못하게 만드는 원인이 될 수 있다. 이를테면 수많은 반증 사례가 있음에도 자신의 관점에 부합하는 사료만을 편파적으로 선택한 역사 서술은 '사실성'의 측면에서 신뢰받기 어렵다. 사료를 배열하고 이야기를 구성하는 과정이 지나치게 자의적이라면 '타당성'의 측면에서 비판받을 것이다. 또한 사료의 선택과 해석의 방향이 과거의 잘못을 미화하기 위한 것이라면 '진정성'의 측면에서도 가치를 인정받지 못하게 될 것이다.

요컨대 역사가의 주관이 다양하고 그에 따른 역사 서술도 다양할 수밖에 없다면 그 속에서 가치 있는 역사 서술을 가려낼 필요가 있다. '사실성, 타당성, 진정성'에 바탕을 둔 합리적 소통 가능성으로 역사 서술을 평가하는 것은 역사를 통해 미래를 위한 혜안을 얻는 한 가지 방법이 될 것이다.

① 역사 서술에서 완전한 객관성의 실현은 불가능하다.
② 역사 서술들이 다양해질수록 가치 판단 요구는 증대된다.
③ 역사가를 둘러싼 환경은 역사 서술 관점 형성에 영향을 준다.
④ 역사 서술의 사실성을 높이려면 자신의 관점에 어긋난 사료는 버려야 한다.

38. 다음은 '공공 데이터를 활용한 앱 개발에 대한 보고서 작성 개요와 이에 따라 작성한 보고서 초안이다. 개요에 따라 작성한 보고서 초안의 결론 부분에 들어갈 내용으로 가장 적절한 것은?

■ 보고서 작성 개요
- 서론
  - 앱을 개발하려는 사람들의 특성 서술
  - 앱 개발 시 부딪히는 난점 언급
- 본론
  - 공공 데이터의 개념 정의
  - 공공 데이터의 제공 현황 제시
  - 앱 개발 분야에서 공공 데이터가 갖는 장점 진술
  - 공공 데이터를 활용한 앱 개발 사례 제시
- 결론
  - 공공 데이터 활용의 장점을 요약적으로 진술
  - 공공 데이터가 앱 개발에 미칠 영향 언급

■ 보고서 초고
앱을 개발하려는 사람들은 아이디어가 넘친다. 사람들이 여행 준비를 위해 많은 시간을 허비하는 것을 보면 한 번에 여행 코스를 짜 주는 앱을 만들어보고 싶어 한다. 도심에서 주차장을 못 찾아 헤매는 사람들을 보면 주차장을 쉽게 찾아 주는 앱을 만들어보고 싶어 한다. 그러나 막상 앱을 개발하려 할 때 부딪히는 여러 난관이 있다. 여행지나 주차장에 대한 정보를 모으는 것도 문제이고, 정보를 지속적으로 갱신하는 것도 문제이다. 이런 문제 때문에 결국 아이디어를 포기하는 경우가 많다.

그러나 이제는 아이디어를 포기하지 않아도 된다. 바로 공공 데이터가 있기 때문이다. 공공 데이터는 공공 기관에서 생성, 취득하여 관리하고 있는 정보 중 전자적 방식으로 처리되어 누구나 이용할 수 있도록 국민들에게 제공된 것을 말한다. 현재 정부에서는 공공 데이터 포털 사이트를 개설하여 국민들이 쉽게 이용할 수 있도록 하고 있다. 공공 데이터 포털 사이트에서는 800여 개 공공 기관에서 생성한 15,000여 건의 공공 데이터를 제공하고 있으며, 제공하는 공공 데이터의 양을 꾸준히 늘리고 있다.

공공 데이터가 가진 앱 개발 분야에서의 장점은 크게 두 가지를 들 수 있다. 먼저 공공 데이터는 공공 기관이 국민들에게 편의를 제공하기 위해 시행한 정책의 산출물이기 때문에 실생활과 밀접하게 관련된 정보가 많다는 점이다. 앱 개발자들의 아이디어는 대개 앞에서 언급한 것처럼 사람들의 실생활에 편의를 제공하기 위한 것들이다. 그래서 만약 여행 앱을 만들고자 한다면 한국관광공사의 여행 정보에서, 주차장 앱을 만들고자 한다면 지방 자치 단체의 주차장 정보에서 필요한 정보를 얻을 수 있다. 두 번째로 공공 데이터를 이용하는 데에는 비용이 거의 들지 않기 때문에, 정보를 수집하고 갱신할 때 소요되는 비용을 줄일 수 있다는 점이다. 그래서 개인들도 비용에 대한 부담 없이 쉽게 앱을 만들 수 있다.

〈결론〉

① 공공 데이터는 앱 개발을 할 때 부딪히는 자료 수집의 문제와 시간 부족 문제를 해결하여 쉽게 앱을 만들 수 있게 해 준다. 이런 장점에도 불구하고 국민들의 공공 데이터 이용에 대한 인식이 낮은 것은 문제라고 할 수 있다.

② 공공 데이터는 앱 개발에 필요한 실생활 관련 정보를 담고 있으며 앱 개발 비용의 부담을 줄여 준다. 그러므로 앱 개발 시 공공 데이터 이용이 활성화되면 실생활에 편의를 제공하는 다양한 앱이 개발될 것이다.

③ 공공 데이터를 이용하여 앱 개발을 하는 사람들은 시간과 비용의 문제를 극복하고 경제적 가치를 창출하는 사람들이다. 앞으로 공공 데이터의 양이 증가하면 그들이 만들어 내는 앱도 더 다양해질 것이다.

④ 공공 데이터는 자본과 아이디어가 부족해 앱을 개발하지 못하는 사람들이 유용하게 이용할 수 있다. 앱 개발을 통한 창업이 활성화되면 우리 경제에도 큰 도움이 될 것이다.

▋39~40 ▋ 다음은 사학연금공단과 관련한 심사청구에 대한 안내이다. 다음을 보고 이어지는 각 물음에 답하시오.

개요

사립학교교직원연금법에 의한 각종 급여(유족보상금, 직무상 요양비, 장해급여, 사망조위금, 재해부조금, 퇴직급여, 유족급여 등)에 관한 결정, 부담금의 징수, 기타 연금법에 의한 처분 또는 급여에 관하여 이의가 있는 경우에는 권리구제 기구인 「사립학교교직원연금 급여재심위원회」에 그 심사(재심)를 청구할 수 있다.

기간

공단의 처분이 있은 날로부터 180일, 그 사실(처분이 있음)을 안 날로부터 90일 이내에 청구하여야 한다.

다만, 그 기간 내에 정당한 사유로 인하여 심사의 청구를 할 수 없었던 것을 증명하는 경우에는 예외로 한다. 「처분이 있음을 안 날」은 통상적으로 '공단의 처분 문서를 수령한 날'로 보며, 심사청구기간은 제척기간이므로 이 기간이 경과되어 청구서를 제출하는 경우는 본안 심사 전에 각하된다.

절차

심사 청구	청구인 : 심사청구서와 심사청구이유서를 작성하여 관리공단에 제출 - 공단의 처분이 있는 날로부터 180일, 그 사실을 안 날(공단의 처분문서 송달일)로부터 90일 이내

⇩

이송	공단 : 청구인이 제출한 심사청구서와 변명서 및 기타 필요한 서류를 급여재심위원회에 이송(10일 이내)

⇩

심의	급여재심위원회 : 급여재심위원회에서 심의·의결하여 결정서 송달 - 청구인, 학교기관, 기타관계인, 공단

- 심사청구서는 〈제224호 서식〉을 사용하며, 심사청구이유서는 일정 형식 없이 작성한다.
- 청구인은 심사청구서 및 심사청구이유서와 함께 이와 관련되는 증빙자료를 추가로 제출할 수 있으며, 소속기관 경유 없이 직접 공단에 제출한다.
- 공단을 상대로 소송을 제기할 때에는 행정소송이 아닌 민사소송으로 해야 하며, 급여재심위원회에 심사청구를 하지 않고도 소송을 제기할 수 있다.

39. 위의 안내문을 보고 알 수 없는 내용은?

① 청구인이 제출한 서류를 급여재심위원회에 이송하는 주체
② 청구인이 제출하는 추가 증빙자료의 요건
③ 사립학교교직원연금법에서 규정한 급여의 종류
④ 급여재심위원회의 결정서 송달 대상

40. 위 안내문을 바탕으로 홈페이지에 올라온 고객의 질문에 대해 답변하려고 한다. 답변 내용으로 옳지 않은 것은?

① Q : 유족보상금 외에 유족 급여에 이의가 있을 경우에도 심사청구가 가능한가요?
　　A : 네, 유족 급여에 이의가 있으시면 사립학교교직원연금 급여재심위원회에 심사 청구 가능합니다.

② Q : 심사청구를 할 때 필수적으로 제출해야 하는 서류가 있을까요?
　　A : 네, 심사청구서와 심사청구이유서를 제출하여야 합니다.

③ Q : 오늘 공단으로부터 처분 문서를 받았습니다. 이에 이의가 있으면 언제까지 심사 청구가 가능할까요?
　　A : 오늘을 기준으로 180일 이내에 청구하셔야 합니다.

④ Q : 증빙자료는 제가 재직하고 있는 학교에 제출하면 될까요?
　　A : 아니요, 공단에 직접 제출하시면 됩니다.

▌41~44▐ 다음 숫자들의 배열 규칙을 찾아 빈 칸에 들어갈 알맞은 숫자를 고르시오.

41.

| | 78 | 86 | 92 | 94 | 98 | 106 | ( ) |

① 110

② 112

③ 114

④ 116

42.

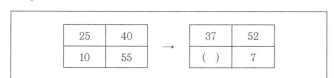

| | 6 | 7 | 9 | 13 | 21 | 37 | ( ) |

① 69

② 68

③ 67

④ 66

43.

25	40			37	52
10	55	→		( )	7

① 12

② 15

③ 17

④ 22

44.

| $\frac{10}{20}$ | $\frac{6}{9}$ | $\frac{48}{64}$ | $\frac{20}{25}$ | $\frac{30}{36}$ | ( ) | $\frac{84}{96}$ | $\frac{56}{63}$ |

① $\frac{14}{25}$

② $\frac{18}{21}$

③ $\frac{21}{56}$

④ $\frac{28}{49}$

45. 입구부터 출구까지의 총 길이가 840m인 터널을 열차가 초속 50m의 속도로 달려 열차가 완전히 통과할 때까지 걸린 시간이 25초라고 할 때, 이보다 긴 1,400m의 터널을 동일한 열차가 동일한 속도로 완전히 통과하는 데 걸리는 시간은 얼마인가?

① 34.5초

② 35.4초

③ 36.2초

④ 36.8초

46. 생수 생산업체인 '깨끗한 물'은 A, B 2개의 생산라인에서 생수를 생산한다. 2개의 생산라인을 하루 종일 가동할 경우 3일 동안 525병의 생수를 생산할 수 있으며, A라인만을 가동하여 생산할 경우 90병/일의 생수 생산할 수 있다. A라인만을 가동하여 5일간 제품을 생산하고 이후 2일은 B라인만을, 다시 추가로 2일간은 A, B라인을 함께 가동하여 생산을 진행한다면, '깨끗한 물'이 생산한 총 생수의 개수는 모두 병 개인가?

① 940병

② 970병

③ 1,050병

④ 1,120병

47. 어떤 네 자리수가 있다. 백의 자리 숫자에서 1을 빼면 십의 자리 숫자와 같게 되고, 십의 자리 숫자의 2배가 일의 자리 숫자와 같다. 또, 이 네 자리수의 네 숫자를 순서가 반대가 되도록 배열하여 얻은 수에 원래의 수를 더하면 8778이 된다. 이 숫자의 각 자리 수를 모두 더한 값은 얼마인가?

① 15

② 16

③ 17

④ 18

48. 수자원공사의 입사시험에서 지원자의 남녀의 비가 3 : 1이다. 합격자의 남녀의 비는 5 : 2, 불합격자의 남녀의 비는 10 : 3이고, 합격자 수가 140명이라고 할 때 입사 지원자는 모두 몇 명인가?

① 300명

② 350명

③ 400명

④ 450명

49. 다음 표는 각국의 연구비에 대한 부담원과 사용 조직을 제시한 것이다. 알맞은 것은?

(단위 : 억 엔)

부담원	사용조직	일본	미국	독일	프랑스	영국
정부	정부	8,827	33,400	6,590	7,227	4,278
	산업	1,028	71,300	4,526	3,646	3,888
	대학	10,921	28,860	7,115	4,424	4,222
산업	정부	707	0	393	52	472
	산업	81,161	145,000	34,771	11,867	16,799
	대학	458	2,300	575	58	322

① 독일 정부가 부담하는 연구비는 미국 정부가 부담하는 연구비의 약 반이다.

② 정부부담 연구비 중에서 산업의 사용 비율이 가장 높은 것은 프랑스이다.

③ 산업이 부담하는 연구비를 산업 자신이 사용하는 비율이 가장 높은 것은 프랑스이다.

④ 미국의 대학이 사용하는 연구비는 일본의 대학이 사용하는 연구비의 약 두 배이다.

┃50~51┃ K공사 홍보팀에서는 사내 행사를 위해 다음과 같이 3개 공급업체로부터 경품1과 경품2에 대한 견적서를 받아보았다. 행사 참석자가 모두 400명이고 1인당 경품1과 경품2를 각각 1개씩 나누어 주어야 한다. 다음 자료를 보고 이어지는 질문에 답하시오.

공급처	물품	세트당 포함 수량(개)	세트 가격
A업체	경품1	100	85만 원
	경품2	60	27만 원
B업체	경품1	110	90만 원
	경품2	80	35만 원
C업체	경품1	90	80만 원
	경품2	130	60만 원

• A업체 : 경품2 170만 원 이상 구입 시, 두 물품 함께 구매하면 총 구매가의 5% 할인
• B업체 : 경품1 350만 원 이상 구입 시, 두 물품 함께 구매하면 총 구매가의 5% 할인
• C업체 : 경품1 350만 원 이상 구입 시, 두 물품 함께 구매하면 총 구매가의 20% 할인
※ 모든 공급처는 세트 수량으로만 판매한다.

50. 홍보팀에서 가장 저렴한 가격으로 인원수에 모자라지 않는 수량의 물품을 구매할 수 있는 공급처와 공급가격은 어느 것인가?

① A업체 / 5,000,500원
② A업체 / 5,025,500원
③ B업체 / 5,082,500원
④ B업체 / 5,095,000원

51. 다음 중 C업체가 S사의 공급처가 되기 위한 조건으로 적절한 것은 어느 것인가?

① 경품1의 세트당 포함 수량을 100개로 늘린다.
② 경품2의 세트당 가격을 2만 원 인하한다.
③ 경품1의 세트당 수량을 85개로 줄인다.
④ 경품1의 세트당 가격을 5만 원 인하한다.

52. 귀하는 수자원공사 채용관리팀에 근무하고 있다. 2017년 공채로 채용된 사무직, 연구직, 기술직, 고졸사원은 모두 2,000명이었고, 인원 현황은 다음과 같다. 2018년도에도 2,000명이 채용되는데, 사무직, 연구직, 기술직, 고졸사원의 채용 비율을 19 : 10 : 6 : 4로 변경할 방침이다. 다음 중 귀하가 판단하기에 공채로 배정되는 직무별 사원수의 변화에 대한 설명으로 적절한 것은?

구분	사무직	연구직	기술직	고졸사원
인원수	1,100명	200명	400명	300명

① 2018년 기술직 사원수는 2017년 기술직 사원수보다 늘어날 것이다.
② 2018년 사무직 사원수는 전체 채용 인원의 절반 이하로 줄어들 것이다.
③ 2018년 연구직 사원수는 전년대비 3배 이상 증가할 것이다.
④ 2018년 고졸사원수는 2017년 채용된 고졸사원수보다 늘어날 것이다.

53. 다음은 ○○연금의 연도별 자금배분 비중을 나타낸 그래프이다. 이에 대한 설명으로 옳지 않은 것은? (모든 연도에서 막대그래프 가장 아래 부분부터 순서대로 '국내채권-해외채권-국내주식-해외주식-대체투자-현금성' 자금을 나타낸다.)

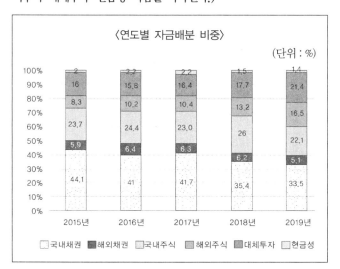

〈연도별 자금배분 비중〉

(단위 : %)

① 국내채권과 해외채권의 합이 절반의 비중을 차지하는 것은 2015년과 2017년뿐이다.

② 2016년과 2017년의 총 자금이 동일하다면, 두 연도의 현금성 자금에 배분된 금액도 동일하다.

③ 2015년~2019년 기간 동안 해외주식 비중은 계속해서 증가하는 추세를 보이고 있다.

④ 2017년의 전체 자금이 18조 원이고, 2018년 전체 자금은 그보다 증가했다고 할 때, 해외채권은 2017년에 비해 180억 원 이상 줄어들었을 것이다.

┃54~55┃ 다음 자료를 보고 이어지는 물음에 답하시오.

〈지역별, 소득계층별, 점유형태별 최저주거기준 미달가구 비율〉

(단위 : %)

	구분	최저주거기준 미달	면적기준 미달	시설기준 미달	침실기준 미달
지역	수도권	51.7	66.8	37.9	60.8
	광역시	18.5	15.5	22.9	11.2
	도지역	29.8	17.7	39.2	28.0
	계	100.0	100.0	100.0	100.0
소득계층	저소득층	65.4	52.0	89.1	33.4
	중소득층	28.2	38.9	9.4	45.6
	고소득층	6.4	9.1	1.5	21.0
	계	100.0	100.0	100.0	100.0
점유형태	자가	22.8	14.2	27.2	23.3
	전세	12.0	15.3	6.3	12.5
	월세(보증금有)	37.5	47.7	21.8	49.7
	월세(보증금無)	22.4	19.5	37.3	9.2
	무상	5.3	3.3	7.4	5.3
	계	100.0	100.0	100.0	100.0

54. 다음 중 위의 자료를 바르게 분석하지 못한 것은?

① 점유형태가 무상인 경우의 미달가구 비율은 네 가지 항목 모두에서 가장 낮다.

② 침실기준 미달 비율은 수도권, 도지역, 광역시 순으로 높다.

③ 면적기준으로 볼 때 지역 중에서는 광역시, 소득계층 중에서는 고소득층이 가장 많은 비율로 면적기준을 충족하고 있다.

④ 저소득층은 중소득층보다 침실기준 미달 비율이 더 낮다.

55. 광역시의 시설기준 미달가구 비율 대비 수도권의 시설기준 미달가구 비율의 배수와 저소득층의 침실기준 미달가구 비율 대비 중소득층의 침실기준 미달가구 비율의 배수는 각각 얼마인가? (단, 반올림하여 소수 둘째 자리까지 표시함)

① 1.52배, 1.64배

② 1.58배, 1.59배

③ 1.66배, 1.37배

④ 1.72배, 1.28배

56. 다음은 2018년 7월 20일 오전 인천공항 제1여객터미널의 공항 예상 혼잡도에 대한 자료이다. 자료를 잘못 분석한 것은?

(단위 : 명)

시간	입국장				출국장			
	A/B	C	D	E/F	1/2	3	4	5/6
0～1시	0	714	0	0	0	0	471	0
1～2시	0	116	0	0	0	0	350	0
2～3시	0	0	0	0	0	0	59	0
3～4시	0	0	0	0	0	0	287	0
4～5시	0	998	0	0	0	0	1,393	0
5～6시	0	1,485	1,298	0	0	0	3,344	0
6～7시	1,573	1,327	1,081	542	714	488	2,261	739
7～8시	3,126	549	132	746	894	1,279	1,166	1,778
8～9시	978	82	82	1,067	1,110	1,432	1,371	1,579
9～10시	1,187	376	178	1,115	705	955	1,374	1,156
10～11시	614	515	515	140	724	911	1,329	1,344
11～12시	1,320	732	1,093	420	747	851	1,142	1,024
합계	8,798	6,894	4,379	4,030	4,894	5,916	14,547	7,620

① 이날 오전 가장 많은 사람이 이용한 곳은 출국장 4이다.

② 이날 오전 출국장을 이용한 사람은 입국장을 이용한 사람 보다 많다.

③ 9～12시 사이에 출국장 1/2를 이용한 사람 수는 이날 오전 출국장 1/2를 이용한 사람 수의 50% 이상이다.

④ 입국장 A/B와 출국장 5/6은 가장 혼잡한 시간대가 동일하다.

57. 다음은 한국수자원공사의 수계별 정수장 미네랄 농도현황을 나타낸 표이다. 아래의 내용을 읽고 잘못 분석한 것을 고르면? (Ca : 칼슘, Mg, : 마그네슘, K : 칼륨, Na : 나트륨)

(단위 : mg/L)

구분	수계	최소	최대	평균
Calcium (Ca)	한강	8.64	37.56	21.95
	금강	2.54	18.39	11.02
	낙동강	4.67	29.25	14.4
Magnesium (Mg)	한강	0.82	6.3	3.62
	금강	0.6	3.53	2.17
	낙동강	0.35	6.18	2.67
Potassium (K)	한강	1.07	2.73	1.99
	금강	0.9	3	1.97
	낙동강	0.56	5.43	2.05
Sodium (Na)	한강	3.7	9.97	6.75
	금강	2.97	10.56	6.62
	낙동강	3.11	30.1	8.97

① 칼슘(Ca)에서 보면 한강과 낙동강에서의 평균치는 7.55mg/L 정도의 차이를 보이고 있다.

② 마그네슘(Mg)에서 낙동강과 금강의 평균치의 차이는 0.5mg/L 이다.

③ 금강 부분에서 보았을 시에 Ca, Mg, K, Na 중에서 가장 높은 최대치를 기록하고 있는 것은 Na의 10.56mg/L이다.

④ 칼륨(K)에서 한강, 금강, 낙동강 중 최대치를 기록하고 있는 곳은 낙동강이다.

58. 다음은 한국수자원공사의 최근 5년간(2013년부터 2017년 사이) 정규직 연봉분포에 대한 표를 나타낸 것이다. 이를 참조하여 가장 옳지 않은 항목을 고르면?

(단위 : 천 원)

구분	항목	2013년	2014년	2015년	2016년	2017년
급여성 복리후생비	보육비	0	0	0	0	0
	학자금	1,407,088	1,128,369	1,162,455	1,471,457	1,296,537
	주택자금	0	0	0	0	0
	의료비 및 건강검진비	0	0	0	0	0
	생활안정자금	0	0	0	0	0
	경조비 및 유족위로금	0	0	0	0	0
	선택적 복지제도	2,049,845	1,634,172	97,085	0	0
	기념품비	43,335	44,161	42,599	39,616	43,626
	행사지원비	0	0	0	0	0
	경로효친비	0	0	0	0	0
	문화여가비	0	0	0	0	0
	재해보상 및 재해부조	0	460,955	2,045,324	0	0
	기타	1,652,673	1,700,078	1,186,131	362,532	323,255
	소계(A)	5,152,941	4,967,735	4,533,594	1,873,605	1,663,418
비급여성 복리후생비	보육비	292,478	344,696	385,525	471,217	414,502
	학자금	0	0	0	0	0
	주택자금	0	0	0	0	0
	의료비 및 건강검진비	1,838,905	1,176,500	1,169,220	1,185,080	1,241,240
	생활안정자금	0	0	0	0	0
	경조비 및 유족위로금	27,200	32,500	27,400	32,600	33,500
	선택적 복지제도	0	0	0	0	0
	기념품비	0	0	0	0	0
	행사지원비	467,910	399,243	393,542	409,011	434,708
	경로효친비	0	0	0	0	0
	문화여가비	854,399	848,763	857,210	840,039	895,128
	재해보상 및 재해부조	1,013,385	504,073	3,240	4,955	6,588
	기타	3,393,046	3,360,753	3,026,881	3,072,985	3,160,329
	소계(B)	7,887,323	6,666,528	5,863,018	6,015,887	6,185,995
총계(A+B)		13,040,264	11,634,263	10,396,612	7,889,492	7,849,413

① 급여성 복리후생비에서 학자금을 보면 2013년에서 2017년에 이르기까지 증감을 반복하고 있다.

② 급여성 복리후생비에서 선택적 복지제도를 보면 2013년에 비해 2017년에는 2배 이상으로 금액이 배정되어 있음을 알 수 있다.

③ 비급여성 복리후생비에서 보육비는 2013년~2016년까지 증가추세를 보이다가 2017년에 다소 감소하는 현상을 보이고 있다.

④ 비급여성 복리후생비에서 의료비 및 건강검진비는 2013년에 비해 2014~2015년까지 감소추세를 보이다가 2016년부터는 점차적으로 증가하고 있는 추세이다.

┃59~60┃ 다음은 우리나라의 다문화 신혼부부의 남녀 출신국적별 비중을 나타낸 자료이다. 다음 자료를 보고 이어지는 물음에 답하시오.

□ 2017~2018년도 다문화 신혼부부 현황

(단위 : 쌍, %)

남편	2017년	2018년	아내	2017년	2018년
결혼 건수	94,962 (100.0)	88,929 (100.0)	결혼 건수	94,962 (100.0)	88,929 (100.0)
한국 국적	72,514 (76.4)	66,815 (75.1)	한국 국적	13,789 (14.5)	13,144 (14.8)
외국 국적	22,448 (23.6)	22,114 (24.9)	외국 국적	81,173 (85.5)	75,785 (85.2)

□ 부부의 출신국적별 구성비

(단위 : %)

남편		2017년	2018년	아내		2017년	2018년
출신국적별구성비	중국	44.2	43.4	출신국적별구성비	중국	39.1	38.4
	미국	16.9	16.8		베트남	32.3	32.6
	베트남	5.0	6.9		필리핀	8.4	7.8
	일본	7.5	6.5		일본	3.9	4.0
	캐나다	4.8	4.6		캄보디아	3.7	3.4
	대만	2.3	2.3		미국	2.3	2.6
	영국	2.1	2.2		태국	1.8	2.3
	파키스탄	2.2	1.9		우즈벡	1.3	1.4
	호주	1.8	1.7		대만	1.0	1.2
	프랑스	1.1	1.3		몽골	1.0	1.1
	뉴질랜드	1.1	1.1		캐나다	0.7	0.8
	기타	10.9	11.1		기타	4.4	4.6
계		99.9	99.8	계		99.9	100.2

59. 위의 자료를 바르게 해석한 것을 모두 고르면?

> ㈎ 2018년에는 우리나라 남녀 모두 다문화 배우자와 결혼하는 경우가 전년보다 감소하였다.
> ㈏ 다문화 신혼부부 전체의 수는 2018년에 전년대비 약 6.35%의 증감률을 보여, 증가하였음을 알 수 있다.
> ㈐ 베트남은 전년대비 2018년에 출신국적별 구성비가 남녀 모두 증가하였다.
> ㈑ 다문화 신혼부부 중, 중국인과 미국인 남편, 중국인과 베트남인 아내는 두 시기 모두 50% 이상의 비중을 차지한다.

① ㈎, ㈏, ㈐   ② ㈎, ㈏, ㈑

③ ㈎, ㈐, ㈑   ④ ㈏, ㈐, ㈑

60. 다음 중 일본인이 남편인 다문화 신혼부부의 수가 비교 시기 동안 변동된 수치는 얼마인가? (단, 신혼부부의 수는 소수점 이하 절삭하여 정수로 표시함)

① 246쌍   ② 235쌍

③ 230쌍   ④ 223쌍

61. 다음 그림에서 각 경로에 표시된 숫자가 두 지점 사이의 거리를 의미하고 화살표 방향으로만 이동이 가능할 경우 A에서 출발하여 E에 도착하는 최단 경로의 거리는 얼마인가?

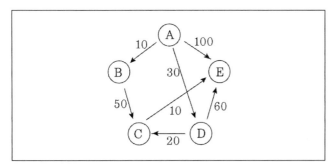

① 50   ② 60

③ 70   ④ 80

62. 다음 상황에서 총 순이익 200억 원 중에 Y사가 150억 원을 분배 받았다면 Y사의 연구개발비는 얼마인가?

> X사와 Y사는 신제품을 공동개발하여 판매한 총 순이익을 다음과 같은 기준에 의해 분배하기로 약정하였다.
> • 1번째 기준 : X사와 Y사는 총 순이익에서 각 회사 제조원가의 10%에 해당하는 금액을 우선 각자 분배 받는다.
> • 2번째 기준 : 총 순수익에서 위의 1번째 기준에 의해 분배 받은 금액을 제외한 나머지 금액에 대한 분배는 각 회사가 연구개발을 지출한 비용에 비례하여 분배액을 정한다.
>
> 〈신제품 개발과 판례에 따른 연구개발비용과 총 순이익〉
>
> (단위 : 억 원)
>
> | 구분 | X사 | Y사 |
> | --- | --- | --- |
> | 제조원가 | 200 | 600 |
> | 연구개발비 | 100 | ( ) |
> | 총 순이익 | 200 | |

① 200억 원

② 250억 원

③ 300억 원

④ 350억 원

63. 전문가 6명(A ~ F)의 '회의 참여 가능 시간'과 '회의 장소 선호도'를 반영하여 〈조건〉을 충족하는 회의를 월요일 ~ 금요일 중에 개최하려 한다. 다음에 제시된 '표' 및 〈조건〉을 보고 판단한 것 중 옳은 것은?

〈회의 참여 가능 시간〉

전문가＼요일	월	화	수	목	금
A	13:00~16:20	15:00~17:30	13:00~16:20	15:00~17:30	16:00~18:30
B	13:00~16:10	–	13:00~16:10	–	16:00~18:30
C	16:00~19:20	14:00~16:20	–	14:00~16:20	16:00~19:20
D	17:00~19:30	–	17:00~19:30	–	17:00~19:30
E	–	15:00~17:10	–	15:00~17:10	–
F	16:00~19:20	–	16:00~19:20	–	16:00~19:20

〈회의 장소 선호도〉

(단위 : 점)

장소＼전문가	A	B	C	D	E	F
가	5	4	5	6	7	5
나	6	6	8	6	8	8
다	7	8	5	6	3	4

〈조건〉
1) 전문가 A~F 중 3명 이상이 참여할 수 있어야 회의 개최가 가능하다.
2) 회의는 1시간 동안 진행되며, 회의 참여자는 회의 시작부터 종료까지 자리를 지켜야 한다.
3) 회의 시간이 정해지면, 해당 일정에 참여 가능한 전문가들의 선호도를 합산하여 가장 높은 점수가 나온 곳을 회의 장소로 정한다.

① 금요일 16시에 회의를 개최할 경우 회의 장소는 '가'이다.
② 금요일 18시에 회의를 개최할 경우 회의 장소는 '다'이다.
③ A가 반드시 참여해야 할 경우 목요일 16시에 회의를 개최할 수 있다.
④ C, D를 포함하여 4명 이상이 참여해야 할 경우 금요일 17시에 회의를 개최할 수 있다.

64. 다음은 (주)서원기업의 재고 관리 사례이다. 금요일까지 부품 재고 수량이 남지 않게 완성품을 만들 수 있도록 월요일에 주문할 A ~ C 부품 개수로 옳은 것은? (단, 주어진 조건 이외에는 고려하지 않는다)

〈부품 재고 수량과 완성품 1개당 소요량〉

부품명	부품 재고 수량	완성품 1개당 소요량
A	500	10
B	120	3
C	250	5

〈완성품 납품 수량〉

항목＼요일	월	화	수	목	금
완성품 납품 개수	없음	30	20	30	20

〈조건〉
1. 부품 주문은 월요일에 한 번 신청하며 화요일 작업 시작 전 입고된다.
2. 완성품은 부품 A, B, C를 모두 조립해야 한다.

	A	B	C
①	100	100	100
②	100	180	200
③	500	100	100
④	500	180	250

65. 다음은 D사에서 판매하는 사무용품에 관한 자료이다. 다음 사례 중 가장 지출이 적은 사람은?

〈사무용품 가격〉

	개수	정가
프린터 토너	1통	50,000원
A4 용지	1박스	30,000원
볼펜	1다스	5,000원
수정액	1개	3,000원
테이프	1개	2,000원
메모지	1개	1,000원

※ 20,000원 이상 구매 시 정가의 20% 할인
※ A카드로 20,000원 이상 결제 시 2,000원 추가 할인
※ 할인 혜택은 중복 적용 가능
※ 배송 지연 시 하루에 5,000원씩 추가 비용이 발생

〈사무용품 지출 사례〉
㉠ 운재 : 볼펜 3다스, 테이프 10개의 금액을 무통장 입금하였고, 배송이 하루 지연
㉡ 성운 : A4용지 1박스, 메모지 5개의 금액을 A카드로 결제하였고, 배송이 이틀 지연
㉢ 영주 : 프린터 토너 1통, 수정액 2개, 메모지 4개의 금액을 현금으로 지불하였고, 배송 당일 수령
㉣ 준하 : 볼펜 2다스, 수정액 4개, 메모지 2개의 금액을 B카드로 결제하였고, 배송 하루 지연

① 운재 ② 성운
③ 영주 ④ 준하

| 66~67 | 다음은 단체복 제작 업체의 단가표이다. 물음에 답하시오.

〈축구 유니폼〉

	반팔	긴팔
한국	20,000원	25,000원
스페인	21,000원	26,000원
독일	22,000원	27,000원
브라질	23,000원	28,000원

〈동물 옷〉

	반팔	긴팔
강아지	15,000원	18,000원
고양이	16,000원	19,000원
펭귄	17,000원	20,000원
팬더	18,000원	21,000원

〈칼라 티셔츠〉

	반팔	긴팔
흰색	16,000원	19,000원
검은색	16,000원	19,000원
회색	17,000원	20,000원
남색	17,000원	20,000원

〈무지 티셔츠〉

	반팔	긴팔
흰색	9,000원	11,000원
검은색	9,000원	11,000원
회색	10,000원	12,000원
남색	10,000원	12,000원

〈린넨 셔츠〉

	반팔	긴팔
흰색	15,000원	18,000원
검은색	15,000원	18,000원
회색	16,000원	19,000원
남색	16,000원	19,000원

※ 모든 단가는 1장 기준 가격
※ 제작되는 모든 단체복은 FREE 사이즈
※ 30장 이상 구매 시 20% 할인 혜택

66. 다음은 세정이네 반이 이번 체육대회를 맞이하여 구매하기로 한 단체복 투표 결과이다. 5가지의 후보 중 득표수에 따라 옷을 선정할 때, 가장 많은 득표를 한 단체복은? (단, 남학생은 총 17명, 여학생은 14명이고, 기권 표는 없다.)

구분	축구 유니폼	동물 옷	칼라 티셔츠	무지 티셔츠	린넨 셔츠
남학생	7표	3표	5표	1표	1표
여학생	2표	3표	4표	3표	2표

① 축구 유니폼

② 칼라 티셔츠

③ 축구 유니폼, 카라 티셔츠

④ 동물 옷, 무지 티셔츠

67. 다음은 최종적으로 선택된 단체복 투표 결과이다. 단체복 구매에 지불할 총 금액은 얼마인가? (단, 총 학생 수는 31명이고, 기권 표는 없다.)

구분	축구 유니폼 독일, 긴팔	축구 유니폼 스페인, 반팔	칼라 티셔츠 흰색, 긴팔	칼라 티셔츠 회색, 반팔
남학생	4표	5표	3표	5표
여학생	3표	2표	5표	4표

① 421,600원

② 434,500원

③ 442,400원

④ 457,300원

68. 다음은 영업사원인 윤석 씨가 오늘 미팅해야 할 거래처 직원들과 방문해야 할 업체에 관한 정보이다. 다음의 정보를 모두 반영하여 하루의 일정을 짠다고 할 때 순서가 올바르게 배열된 것은? (단, 장소 간 이동 시간은 없는 것으로 가정한다)

〈거래처 직원들의 요구 사항〉
• A거래처 과장 : 회사 내부 일정으로 인해 미팅은 10시~12시 또는 16~18시까지 2시간 정도 가능합니다.
• B거래처 대리 : 12시부터 점심식사를 하거나, 18시부터 저녁식사를 하시죠. 시간은 2시간이면 될 것 같습니다.
• C거래처 사원 : 외근이 잡혀서 오전 9시부터 10시까지 1시간만 가능합니다.
• D거래처 부장 : 외부일정으로 18시부터 저녁식사만 가능합니다.

〈방문해야 할 장소와 가능시간〉
• E서점 : 14~18시, 소요시간은 2시간
• F은행 : 12~16시, 소요시간은 1시간
• G미술관 관람 : 하루 3회(10시, 13시, 15시), 소요시간은 1시간

① C거래처 사원 – A거래처 과장 – B거래처 대리 – E서점 – G미술관 – F은행 – D거래처 부장

② C거래처 사원 – A거래처 과장 – F은행 – B거래처 대리 – G미술관 – E서점 – D거래처 부장

③ C거래처 사원 – G미술관 – F은행 – B거래처 대리 – E서점 – A거래처 과장 – D거래처 부장

④ C거래처 사원 – A거래처 과장 – B거래처 대리 – F은행 – G미술관 – E서점 – D거래처 부장

69. 다음은 어느 회사의 성과상여금 지급기준이다. 다음 기준에 따를 때 성과상여금을 가장 많이 받는 사원과 가장 적게 받는 사원의 금액 차이는 얼마인가?

〈성과상여금 지급기준〉

지급원칙
• 성과상여금은 적용대상사원에 대하여 성과(근무성적, 업무난이도, 조직 기여도의 평점 합) 순위에 따라 지급한다.

성과상여금 지급기준액

5급 이상	6급~7급	8급~9급	계약직
500만 원	400만 원	200만 원	200만 원

지급등급 및 지급률
• 5급 이상

지급등급	S등급	A등급	B등급	C등급
성과 순위	1위	2위	3위	4위 이하
지급률	180%	150%	120%	80%

• 6급 이하 및 계약직

지급등급	S등급	A등급	B등급
성과 순위	1~2위	3~4위	5위 이하
지급률	150%	130%	100%

지급액 산정방법
• 개인별 성과상여금 지급액은 지급기준액에 해당등급의 지급률을 곱하여 산정한다.

〈소속사원 성과 평점〉

사원	평점			직급
	근무성적	업무난이도	조직기여도	
현우	8	5	7	계약직
미현	10	6	9	계약직
소영	8	8	6	4급
상민	5	5	8	5급
유주	9	9	10	6급
정민	9	10	8	7급

① 260만 원
② 340만 원
③ 400만 원
④ 440만 원

▮70~71▮ 甲기업 재무팀에서는 2018년도 예산을 편성하기 위해 2017년에 시행되었던 A~F 프로젝트에 대한 평가를 실시하여, 아래와 같은 결과를 얻었다. 물음에 답하시오.

〈프로젝트 평가 결과〉

(단위 : 점)

프로젝트	계획의 충실성	계획 대비 실적	성과지표 달성도
A	96	95	76
B	93	83	81
C	94	96	82
D	98	82	75
E	95	92	79
F	95	90	85

• 프로젝트 평가 영역과 각 영역별 기준 점수는 다음과 같다.
 − 계획의 충실성 : 기준 점수 90점
 − 계획 대비 실적 : 기준 점수 85점
 − 성과지표 달성도 : 기준 점수 80점
• 평가 점수가 해당 영역의 기준 점수 이상인 경우 '통과'로 판단하고 기준 점수 미만인 경우 '미통과'로 판단한다.
• 모든 영역이 통과로 판단된 프로젝트에는 전년과 동일한 금액을 편성하며, 2개 영역이 통과로 판단된 프로젝트에는 전년 대비 10% 감액, 1개 영역만 통과로 판단된 프로젝트에는 15% 감액하여 편성한다. 다만 '계획 대비 실적' 영역이 미통과인 경우 위 기준과 상관없이 15% 감액하여 편성한다.
• 2017년도 甲기업의 A~F 프로젝트 예산은 각각 20억 원으로 총 120억 원이었다.

70. 전년과 동일한 금액의 예산을 편성해야 하는 프로젝트는 총 몇 개인가?

① 1개
② 2개
③ 3개
④ 3개

71. 甲기업의 2018년도 A~F 프로젝트 예산 총액은 전년 대비 얼마나 감소하는가?

① 10억 원
② 9억 원
③ 8억 원
④ 7억 원

72. 다음의 자원관리 사례에서 근본적으로 말하고자 하는 것은?

> 오늘날 우리 기업은 '글로벌 경쟁시대, 즉 무한경쟁시대'에 직면하고 있다. 세계 유수기업과의 경쟁에서 이기는 기업과 상품은 살아남고, 그렇지 않은 기업과 상품은 도태되게 마련이다. 우리 경제는 엘리트 4대 그룹이 주도하는 반도체, 자동차, 무선통신기기와 컴퓨터 등 일부 상품이 총 수출의 37%를 차지하고 있다. 소수의 경쟁력 있는 상품은 호황을 누리면서 우리 경제의 버팀목이 되고 있는 반면, 가격경쟁력이 없는 요소투입형 상품은 우리 경제에 불황의 그늘을 드리우는 원인을 제공하고 있음을 직시할 필요가 있다.
>
> 이제 우리 기업은 산업구조를 고도화하고 혁신해 세계 어느 기업과 경쟁해도 이길 수 있는 '일류상품과 지식산업'을 가지고 경쟁해야 한다. 그래야만 투자가 살아나고 일자리를 창출할 수 있다. 세계 시장에 내놓아도 경쟁력 있는 일류 상품과 서비스는 우연히 생기는 것이 아니다. 국가와 기업의 총체적 역량을 결집해 기업을 혁신하고 기술을 개발해야 가능하다. 혁신과 기술개발은 결국 사람이 하는 것이다. 그러므로 사람에 대한 투자가 최우선이다. 사람의 경쟁력이 곧 기업 경쟁력이고 국가 경쟁력이다. 우수한 인재는 혁신을 주도할 주체이며 앞으로 먹고살 수 있는 신수종(新樹種)을 개발할 주역이고, 기업 경쟁력은 기업 전반에 걸친 '혁신'과 '신기술의 사업화'에서 나오기 때문이다.

① 인적자원의 개념과 이러한 인적자원이 어떠한 의미를 갖는지에 대해 말하고 있다.

② 기업이 살아남기 위해서는 기술개발을 늘리는 것 외에는 대안이 없음을 강조하고 있다.

③ 소수의 경쟁력 있는 제품이 우리 경제의 버팀목이 된다는 것을 강조하고 있다.

④ 역량을 모아서 기업을 혁신하고 기술을 개발해야 함을 강조하고 있다.

73. 귀하는 총무팀에서 비품구입 및 관리업무를 담당하고 있다. 회의실에 있는 프로젝터의 렌즈 수명이 다했기 때문에 이번 기회에 가격 및 유지비용이 적게 드는 제품으로 교체하려 한다. 귀사에 납품하는 업체 담당자에게 문의하니 관련 자료를 팩스로 보내 주었다. 다음 자료를 보고 판단할 때 적절하지 않은 것은?

제품명	구입가격(원)	월 전기요금(원)	월 관리비(원)
PW7000	1,100,000	10,000	10,000
PH2500	800,000	20,000	20,000
RTSB5R	700,000	40,000	10,000

① PW7000은 다른 제품에 비해 가격은 제일 높지만 월 유지비가 적게 드네.

② 1년을 사용하는 경우 셋 중에서 RTSB5R가 전체비용이 가장 적겠군.

③ RTSB5R는 다른 제품에 비해 가격은 싸지만 월 유지비가 가장 많이 드네.

④ PH2500은 다른 제품과 비해 구입가격, 전기요금, 월 관리비가 중간이네.

74. ○○자동차회사는 오늘을 포함하여 30일 동안에 자동차를 생산할 계획이며 ○○자동차회사의 하루 최대투입가능 근로자 수는 100명이다. 다음 〈공정표〉에 근거할 때 ○○자동차회사가 벌어들일 수 있는 최대 수익은 얼마인가? (단, 작업은 오늘부터 개시되며 각 근로자는 자신이 투입된 자동차의 생산이 끝나야만 다른 자동차의 생산에 투입될 수 있고 1일 필요 근로자 수 이상의 근로자가 투입되더라도 자동차당 생산 소요기간은 변하지 않는다)

〈공정표〉

자동차	소요기간	1일 필요 근로자 수	수익
A	5일	20명	15억 원
B	10일	30명	20억 원
C	10일	50명	40억 원
D	15일	40명	35억 원
E	15일	60명	45억 원
F	20일	70명	85억 원

① 150억 원

② 155억 원

③ 160억 원

④ 165억 원

75. 주식회사 서원각에서는 1년에 1명을 선발하여 1달간의 해외여행을 보내주는 제도가 있다. 신 부장, 이 차장, 오 과장, 김 대리, 박 대리 5명이 지원한 가운데 〈선발 기준〉과 〈지원자 현황〉이 다음과 같을 때 이를 기준으로 가장 높은 점수를 받은 사람이 선발될 경우 선발되는 사람은 누구인가?

〈선발 기준〉

구분	점수	비고
외국어 성적	50점	
근무 경력	20점	• 15년 이상 – 만점 대비 100% • 10년 이상 15년 미만 – 70% • 10년 미만 – 50% 단, 근무경력이 최소 5년 이상인 자만 선발 자격이 있음
근무 성적	10점	
포상	20점	• 3회 이상 – 만점 대비 100% • 1~2회 – 50% • 0회 – 0%
계	100점	

〈지원자 현황〉

구분	신 부장	이 차장	오 과장	김 대리	박 대리
근무경력	30년	20년	10년	5년	3년
포상	2회	4회	0회	5회	4회

※ 외국어 성적은 신 부장과 이 차장이 만점 대비 50%이고, 오 과장이 80%, 김 대리와 박 대리가 100%이다.
※ 근무 성적은 이 차장이 만점이고, 신 부장, 오 과장, 김 대리, 박 대리는 만점 대비 90%이다.

① 신 부장
② 이 차장
③ 오 과장
④ 김 대리

76. '갑'시에 위치한 B공사 권 대리는 다음과 같은 일정으로 출장을 계획하고 있다. 출장비 지급 내역에 따라 권 대리가 받을 수 있는 출장비의 총액은 얼마인가?

〈지역별 출장비 지급 내역〉

출장 지역	일비	식비
'갑'시	15,000원	15,000원
'갑'시 외 지역	23,000원	17,000원

* 거래처 차량으로 이동할 경우, 일비 5,000원 차감
* 오후 일정 시작일 경우, 식비 7,000원 차감

〈출장 일정〉

출장 일자	지역	출장 시간	이동계획
화요일	'갑'시	09:00~18:00	거래처 배차
수요일	'갑'시 외 지역	10:30~16:00	대중교통
금요일	'갑'시	14:00~19:00	거래처 배차

① 75,000원
② 78,000원
③ 83,000원
④ 85,000원

77. 甲은 가격이 1,000만 원인 자동차 구매를 위해 ○○은행의 자동차 구매 상품인 A, B, C에 대해서 상담을 받았다. 다음 상담 내용에 따를 때, 〈보기〉에서 옳은 것을 모두 고르면? (단, 총비용으로는 은행에 내야 하는 금액과 수리비만을 고려하고, 등록비용 등 기타 비용은 고려하지 않는다)

- A상품 : 이 상품은 고객님이 자동차를 구입하여 소유권을 취득하실 때, 은행이 자동차 판매자에게 즉시 구입금액 1,000만 원을 지불해 드립니다. 그리고 그 날부터 매월 1,000만 원의 1%를 이자로 내시고, 1년이 되는 시점에 1,000만 원을 상환하시면 됩니다.
- B상품 : 이 상품은 고객님이 원하시는 자동차를 구매하여 고객님께 전달해 드리고, 고객님께서는 1년 후에 자동차 가격에 이자를 추가하여 총 1,200만 원을 상환하시면 됩니다. 자동차의 소유권은 고객님께서 1,200만 원을 상환하시는 시점에 고객님께 이전되며, 그 때까지 발생하는 모든 수리비는 저희가 부담합니다.
- C상품 : 이 상품은 고객님이 원하시는 자동차를 구매하여 고객님께 임대해 드립니다. 1년 동안 매월 90만 원의 임대료를 내시면 1년 후에 그 자동차는 고객님의 소유가 되며, 임대기간 중에 발생하는 모든 수리비는 저희가 부담합니다.

〈보기〉
- ㉠ 자동차 소유권을 얻기까지 은행에 내야 하는 총금액은 A상품의 경우가 가장 적다.
- ㉡ 1년 내에 사고가 발생해 50만 원의 수리비가 소요될 것으로 예상한다면 총비용 측면에서 A상품보다 B, C상품을 선택하는 것이 유리하다.
- ㉢ 최대한 빨리 자동차 소유권을 얻고 싶다면 A상품을 선택하는 것이 가장 유리하다.
- ㉣ 사고 여부와 관계없이 자동차 소유권 취득 시까지의 총비용 측면에서 B상품보다 C상품을 선택하는 것이 유리하다.

① ㉠, ㉡　　　　　　　　　② ㉡, ㉢
③ ㉢, ㉣　　　　　　　　　④ ㉠, ㉢, ㉣

78. 다음은 정부에서 지원하는 〈귀농인 주택시설 개선사업 개요〉와 〈심사 기초 자료〉이다. 이를 근거로 판단할 때, 지원대상 가구만을 모두 고르면?

〈귀농인 주택시설 개선사업 개요〉
- 사업목적 : 귀농인의 안정적인 정착을 도모하기 위해 일정 기준을 충족하는 귀농가구의 주택 개 · 보수 비용을 지원
- 신청자격 : △△군에 소재하는 귀농가구 중 거주기간이 신청 마감일(2014. 4. 30.) 현재 전입일부터 6개월 이상이고, 가구주의 연령이 20세 이상 60세 이하인 가구
- 심사기준 및 점수 산정방식
  - 신청마감일 기준으로 다음 심사기준별 점수를 합산한다.
  - 심사기준별 점수
    (1) 거주기간 : 10점(3년 이상), 8점(2년 이상 3년 미만), 6점(1년 이상 2년 미만), 4점(6개월 이상 1년 미만)
    ※ 거주기간은 전입일부터 기산한다.
    (2) 가족 수 : 10점(4명 이상), 8점(3명), 6점(2명), 4점(1명)
    ※ 가족 수에는 가구주가 포함된 것으로 본다.
    (3) 영농규모 : 10점(1.0 ha 이상), 8점(0.5 ha 이상 1.0 ha 미만), 6점(0.3 ha 이상 0.5 ha 미만), 4점(0.3 ha 미만)
    (4) 주택노후도 : 10점(20년 이상), 8점(15년 이상 20년 미만), 6점(10년 이상 15년 미만), 4점(5년 이상 10년 미만)
    (5) 사업시급성 : 10점(매우 시급), 7점(시급), 4점(보통)
- 지원내용
  - 예산액 : 5,000,000원
  - 지원액 : 가구당 2,500,000원
  - 지원대상 : 심사기준별 점수의 총점이 높은 순으로 2가구. 총점이 동점일 경우 가구주의 연령이 높은 가구를 지원. 단, 하나의 읍 · 면당 1가구만 지원 가능

〈심사 기초 자료(2014. 4. 30. 현재)〉

귀농가구	가구주 연령(세)	주소지 (△△군)	전입일	가족 수 (명)	영농규모 (ha)	주택노후도 (년)	사업시급성
甲	49	A	2010. 12. 30	1	0.2	17	매우 시급
乙	48	B	2013. 5. 30	3	1.0	13	매우 시급
丙	56	B	2012. 7. 30	2	0.6	23	매우 시급
丁	60	C	2013. 12. 30	4	0.4	13	시급
戊	33	D	2011. 9. 30	2	1.2	19	보통

① 甲, 乙　　　　　　　　　② 甲, 丙
③ 乙, 丙　　　　　　　　　④ 乙, 丁

79. N사 기획팀에서는 해외 거래처와의 중요한 계약을 성사시키기 위해 이를 담당할 사내 TF팀 인원을 보강하고자 한다. 다음 상황을 참고할 때, 반드시 선발해야 할 2명의 직원은 누구인가?

기획팀은 TF팀에 추가로 필요한 직원 2명을 보강해야 한다. 계약실무, 협상, 시장조사, 현장교육 등 4가지 업무는 새롭게 선발될 2명의 직원이 분담하여 모두 수행해야 한다. 4가지 업무를 수행하기 위해 필수적으로 갖추어야 할 자질은 다음과 같다.

업무	필요 자질
계약실무	스페인어, 국제 감각
협상	스페인어, 설득력
시장조사	설득력, 비판적 사고
현장교육	국제 감각, 의사 전달력

* 기획팀에서 1차로 선발한 직원은 오 대리, 최 사원, 남 대리, 조 사원 4명이며, 이들은 모두 3가지씩의 '필요 자질'을 갖추고 있다.
* 의사 전달력은 남 대리를 제외한 나머지 3명이 모두 갖추고 있다.
* 조 사원이 시장조사 업무를 제외한 모든 업무를 수행하려면, 스페인어 자질만 추가로 갖추면 된다.
* 오 대리는 계약실무 업무를 수행할 수 있고, 최 사원과 남 대리는 시장조사 업무를 수행할 수 있다.
* 국제 감각을 갖춘 직원은 2명이다.

① 오 대리, 최 사원
② 오 대리, 남 대리
③ 최 사원, 조 사원
④ 최 사원, 조 사원

80. 업무상 발생하는 비용은 크게 직접비와 간접비로 구분하게 되는데, 그 구분 기준이 명확하지 않은 경우도 있고 간혹 기준에 따라 직접비로도 간접비로도 볼 수 있는 경우가 있다. 다음에 제시되는 글을 토대로 할 때, 직접비와 간접비를 구분하는 가장 핵심적인 기준은 어느 것인가?

* 인건비 : 해당 프로젝트에 투입된 총 인원수 및 지급 총액을 정확히 알 수 있으므로 직접비이다.
* 출장비 : 출장에 투입된 금액을 해당 오더 건별로 구분할 수 있으므로 직접비이다.
* 보험료 : 자사의 모든 수출 물품에 대한 해상보험을 연 단위 일괄적으로 가입했으므로 간접비이다.
* 재료비 : 매 건별로 소요 자재를 산출하여 그에 맞는 양을 구입하였으므로 직접비이다.
* 광고료 : 경영상 결과물과 자사 이미지 제고 등 전반적인 경영활동을 위한 것이므로 간접비이다.
* 건물관리비 : 건물을 사용하는 모든 직원과 눈에 보이지 않는 회사 업무 자체를 위한 비용이므로 간접비이다.

① 생산물과 밀접한 관련성이 있느냐의 여부
② 생산물의 생산 완료 전 또는 후에 투입되었는지의 여부
③ 생산물의 가치에 차지하는 비중이 일정 기준을 넘느냐의 여부
④ 생산물의 생산 과정에 기여한 몫으로 추정이 가능한 것이냐의 여부

K-water
(한국수자원공사)

기출동형 모의고사

제 2 회	영 역	문제해결능력, 의사소통능력, 수리능력, 자원관리능력
	문항수	80문항
	시 간	80분
	비 고	객관식 4지선다형

SEOWONGAK
(주)서원각

제 2 회 기출동형 모의고사

1. 〈보기〉에 제시된 네 개의 명제가 모두 참일 때, 다음 중 거짓인 것은?

〈보기〉
㉠ 甲 지역이 1급 상수원이면 乙 지역은 1급 상수원이 아니다.
㉡ 丙 지역이 1급 상수원이면 乙 지역도 1급 상수원이다.
㉢ 丁 지역이 1급 상수원이면 甲 지역도 1급 상수원이다.
㉣ 丙 지역이 1급 상수원이 아니면 戊 지역도 1급 상수원이 아니다.

① 甲 지역이 1급 상수원이면 丙 지역도 1급 상수원이다.
② 丁 지역이 1급 상수원이면 丙 지역은 1급 상수원이 아니다.
③ 丙 지역이 1급 상수원이면 甲 지역은 1급 상수원이 아니다.
④ 戊 지역이 1급 상수원이면 丁 지역은 1급 상수원이 아니다.

2. 고 대리, 윤 대리, 염 사원, 서 사원 중 1명은 갑작스런 회사의 사정으로 인해 오늘 당직을 서야 한다. 이들은 논의를 통해 당직자를 결정하였으나, 동료인 최 대리에게 다음 〈보기〉와 같이 말하였고, 이 중 1명만이 진실을 말하고, 3명은 거짓말을 하였다. 당직을 서게 될 사람과 진실을 말한 사람을 순서대로 알맞게 나열한 것은 어느 것인가?

〈보기〉
고 대리 : "윤 대리가 당직을 서겠다고 했어."
윤 대리 : "고 대리는 지금 거짓말을 하고 있어."
염 사원 : "저는 오늘 당직을 서지 않습니다, 최 대리님."
서 사원 : "당직을 서는 사람은 윤 대리님입니다."

① 고 대리, 서 사원　　② 염 사원, 고 대리
③ 서 사원, 윤 대리　　④ 염 사원, 윤 대리

❘3~4❘ 다음 조건을 읽고 옳은 설명을 고르시오.

3.

• 태양을 좋아하는 사람은 비를 좋아하는 사람이다.
• 비를 좋아하는 사람은 눈을 싫어하는 사람이다.
• 바람을 싫어하는 사람은 눈을 좋아하는 사람이다.
• 구름을 싫어하는 사람은 바람을 싫어하는 사람이다.

A : 바람을 싫어하는 사람은 구름을 싫어하는 사람이다.
B : 태양을 좋아하는 사람은 구름을 좋아하는 사람이다.

① A만 옳다.
② B만 옳다.
③ A와 B 모두 옳다.
④ A와 B 모두 그르다.

4.

• 탁구를 좋아하는 사람은 축구를 싫어한다.
• 야구를 좋아하는 사람은 축구를 좋아한다.
• 농구를 좋아하는 사람은 야구를 좋아한다.
• 농구를 싫어하는 사람은 배구를 좋아한다.

A : 축구를 싫어하는 사람은 농구를 싫어한다.
B : 야구를 싫어하는 사람은 배구를 좋아한다.

① A만 옳다.
② B만 옳다.
③ A와 B 모두 옳다.
④ A와 B 모두 그르다.

5. 영업부 직원 8명의 자리는 그림과 같다. 제시된 조건에 따라 자리를 이동하였을 경우에 대한 설명으로 올바른 것은 어느 것인가?

김 사원	오 대리	임 대리	박 사원
최 대리	민 사원	나 대리	양 사원

- 자리는 8명이 모두 이동하였다.
- 같은 라인에서 이동한 직원은 각 라인 당 2명이다.('라인'은 그림 상의 좌우 한 줄을 의미한다. 예를 들어 위의 그림에서 김 사원~박 사원은 한 라인에 위치한다.)
- 이동 후 양 사원의 자리와 나 대리의 자리, 오 대리의 자리와 김 사원의 자리는 각각 가장 멀리 떨어진 곳에 위치하게 되었다.
- 박 사원의 좌우측에는 각각 최 대리와 나 대리가 앉게 되었다.

① 양 사원의 옆 자리에는 민 사원이 앉게 된다.
② 김 사원의 옆 자리에는 어떤 경우에도 최 대리가 앉게 된다.
③ 임 대리는 최 대리와 마주보고 앉게 된다.
④ 민 사원은 오 대리와 마주보고 앉게 된다.

6. S씨는 자신의 재산을 운용하기 위해 자산에 대한 설계를 받고 싶어 한다. S씨는 자산 설계사 A~E를 만나 조언을 들었다. 그런데 이들 자산 설계사들은 주 투자처에 대해서 모두 조금씩 다르게 추천을 해주었다. 해외펀드, 해외부동산, 펀드, 채권, 부동산이 그것들이다. 다음을 따를 때, A와 E가 추천한 항목은?

- S씨는 A와 D와 펀드를 추천한 사람과 같이 식사를 한 적이 있다.
- 부동산을 추천한 사람은 A와 C를 개인적으로 알고 있다.
- 채권을 추천한 사람은 B와 C를 싫어한다.
- A와 E는 해외부동산을 추천한 사람과 같은 대학에 다녔었다.
- 해외펀드를 추천한 사람과 부동산을 추천한 사람은 B와 같이 한 회사에서 근무한 적이 있다.
- C와 D는 해외부동산을 추천한 사람과 펀드를 추천한 사람을 비난한 적이 있다.

① 펀드, 해외펀드
② 채권, 펀드
③ 부동산, 펀드
④ 채권, 부동산

7. 일본과의 국가대표 축구 대항전을 맞이하여 한국 대표팀은 모두 해외파와 국내파를 다 동원해서 시합을 치르려고 한다. 대표팀원들은 지금 파주 트레이닝 센터로 속속들이 모여들고 있다. 신문기자인 A씨는 파주 트레이닝 센터에 입소하는 기사를 쓰려고 요청하였는데 자료 전달과정에서 한 정보가 누락되어 완벽한 순서를 복원해 내지 못했다. 어떤 정보가 있어야 완벽한 순서가 복원되는가?

- 영표는 지성보다는 먼저 입소했지만 청용보다는 나중에 왔다.
- 성용은 주영보다 나중에 입소했지만 두리보다는 먼저 왔다.
- 주영은 영표보다는 나중에 입소했지만 지성보다는 먼저 왔다.
- 두현은 영표보다는 먼저 입소하였지만 정수보다는 나중에 입소하였다.
- 청용이 가장 먼저 오지는 않았으며, 두리가 제일 마지막으로 온 것은 아니다.

① 정수와 두현이 인접하여 입소하지는 않았다.
② 성용과 두리가 인접하여 입소하지는 않았다.
③ 정수는 지성보다 먼저 입소하였다.
④ 영표와 성용이 인접하여 입소한 것은 아니다.

8. 갑, 을, 병 세 명은 직업을 두 가지씩 갖고 있는데, 직업의 종류는 피아니스트, 교수, 변호사, 펀드매니저, 작가, 자영업자의 여섯 가지이다. 이들 세 명에 대해 다음에 서술된 조건을 알고 있는 경우, A의 직업으로 옳은 것은?

- 피아니스트는 변호사로부터 법률적인 자문을 받았다.
- 자영업자와 작가와 A는 등산동호회 멤버이다.
- B는 작가로부터 여러 권의 시집을 선물로 받았다.
- B와 C와 피아니스트는 죽마고우이다.
- 자영업자는 펀드매니저에게 투자 상담을 받았다.
- 펀드매니저는 피아니스트의 누이와 결혼을 약속하였다.

① 피아니스트, 교수
② 변호사, 자영업자
③ 작가, 펀드매니저
④ 교수, 변호사

9. A, B, C, D, E 다섯 명이 원탁에 둘러 앉아 있다. A는 이미 원탁에 앉아 있고, 나머지 네 명에게 자리 순서를 묻자 다음과 같이 대답했는데 모두 거짓말을 했다. 실제로 A의 오른쪽 옆에 앉은 사람은 누구인가?

- B : D의 옆이다.
- C : E의 옆이다.
- D : 나의 오른쪽 옆은 C나 E이다.
- E : C는 D의 왼쪽 옆이다.

① B　　　　　　　　　② C
③ D　　　　　　　　　④ E

10. 다음과 같이 구름다리로 연결된 건물 외벽을 빨간색, 노란색, 초록색, 파란색, 보라색으로 칠하려고 한다. 건물을 칠하는 것에 아래와 같은 조건이 있을 때 옳지 않은 것은?

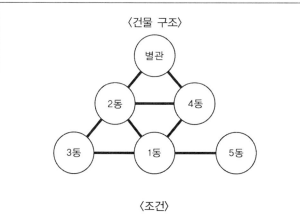

〈건물 구조〉

〈조건〉

㉠ 1동은 빨간색으로 칠한다.
㉡ 3동과 별관은 보라색으로 칠한다.
㉢ 구름다리로 연결된 두 동은 같은 색을 칠할 수 없다.
㉣ 파란색과 보라색은 구름다리로 연결된 동끼리 사용할 수 없다.
㉤ 5개의 색이 모두 사용되어야 할 필요는 없다.

① 2동이 노란색이면 4동은 초록색이다.
② 5동은 빨간색 이외의 모든 색을 칠할 수 있다.
③ 가능한 방법은 총 8가지이다.
④ 3개의 색을 사용해서 건물을 칠할 수 있다.

|11~12| 아래의 내용은 산에서 거주하던 자연인 A씨가 잠시 도시로 내려와 인터넷의 필요성을 느낀 후 D 컴퓨터 사의 광고를 보고 컴퓨터를 구매하는 상황을 나타낸 것이다. 다음을 읽고 물음에 답하시오

　자연인 A씨는 최근에 산에 누군가 버리고 간 신문을 가져와 읽던 중 다국적 기업인 D 컴퓨터 사의 전면광고를 보고 새로운 데스크톱 컴퓨터를 구매하고자 D사의 콜센터로 전화를 걸었다.

　전화 주셔서 감사합니다. D 컴퓨터사의 상담원 빌게이츠라고 합니다. 고객님 무엇을 도와드릴까요?

↓ 신문광고를 보고 전화를 했는데요. 컴퓨터를 하나 사려고 합니다.

　고객님께서 구입을 원하시는 것이 노트북인가요? 데스크 탑인가요? 보통 데스크 탑을 구매하시며, 이번 저희 회사 할인기간에도 저렴한 가격으로 고객 분들에게 판매를 하고 있습니다.

↓ 저는 데스크 탑을 구매하려고 합니다.

- 아 그렇습니까?/ 그러세요?
- 그럼 특별히 생각하고 계신 모델이라도 있으신가요?

↓ 여기 xx 모델은 현금으로 구매 시 와이드모니터가 나온다는데요?

　네 그렇습니다. 현금 구입 시 21인치 모니터를, 카드 결제 시에는 17인치 모니터를 드리고 있습니다. 아무래도 고객님께서 현금구입 시에 조금은 이득을 보는 거라고 생각합니다.

↓ 아! 그러면 xx 모델로 현금구매를 하겠습니다. 주문을 하면 모두 설치까지 되나요?

|　　　　　　　　(가)　　　　　　　　|

↓ 그러면 설치는 본인이 해야 된다는 말인가요? 나는 컴퓨터에 대해 잘 모르는데요?

|　　　　　　　　(나)　　　　　　　　|

↓ 네! 그러면 OO일까지 배달해 주세요. 대금은 내일 바로 입금하겠습니다.

　고객님께서는 OO시 OO구 OO동 OO번지로 해당 제품에 대한 배송지를 선택하셨으며, 구매자 분의 성함은 자연인 xxx씨인데요. 맞습니까? 더 필요하거나 궁금하신 점은 없으시고요? 지금까지 상담원 OOO 이었습니다. 고객님 오늘도 즐거운 하루 보내세요. 감사합니다.

11. 위의 상황을 참조하여 "(가)" 부분에서 상담원이 해결할 수 있도록 하기 위해 들어갈 내용으로 가장 적절한 것은?

① 감사합니다. 고객님 결제 일자를 넘기시게 되면 주문취소가 되어 제품가격의 절반에 해당하는 금액만큼의 수수료가 부과됩니다. 절대 어기지 마십시오.

② 감사합니다. 고객님. 설치는 컴퓨터에 대해 잘 알고 있는 가족 분께 설치를 부탁드리면 되겠습니다.

③ 감사합니다. 고객님. 현금은 OO일까지 OO은행으로 입금 시켜주시면 됩니다. 또한 설치는 쉽습니다. 누구라도 쉽게 할 수 있도록 매뉴얼을 함께 드리고 있습니다.

④ 감사합니다. 고객님 빨리 입금을 해 주시고요. 다음 고객님께 연락이 와서 다른 말씀 없으시면 전화 끊도록 하겠습니다.

12. 위의 상황을 참조하여 자연인 A씨가 컴퓨터 설치에 대해 모른다고 할 시에 상담원이 봉착한 상황을 처리해야 하는 "(나)" 부분에 들어가야 하는 말로 가장 적절한 것을 고르면?

① 고객님, 그냥 매뉴얼을 보면서 따라하면 아주 쉽습니다.

② 고객님, 그러시다면 저희 회사의 숙련된 엔지니어가 저렴한 비용으로 설치가 가능한데 신청하시겠습니까?

③ 고객님, 컴퓨터를 모르시면서 조작하시면 아주 위험합니다.

④ 고객님, 컴퓨터 설치는 고객님께서 무조건 직접 하셔야 합니다. 저희 회사의 방침입니다.

▌13~14▐ 다음은 제과 구매에 관한 자료이다. 물음에 답하시오.

〈메뉴〉
(단위 : 원)

상품	1개 구매 시	2개 구매 시	3개 구매 시
감자빵	1,500	2,500	3,500
연유빵	1,800	3,100	4,400
호두빵	2,000	3,500	5,000
피자빵	2,200	4,400	5,600
소시지빵	2,500	4,500	6,500

〈구매 목록〉
(단위 : 개)

상품	개수
감자빵	1
연유빵	2
호두빵	2
피자빵	3
소시지빵	3

※ 20,000원 이상 구매 시 1,000원 할인
※ 적립금은 제한 없이 100원 단위로 사용 가능

13. 다음 조건을 적용할 때, 제휴카드로 최종 지불할 금액은?

〈조건〉
㉠ 할인혜택은 중복 적용이 가능하다.
㉡ 보유 적립금은 3,170원이고, 최대로 사용한다.
㉢ 제휴카드 사용 시 5% 추가 적립이 익일에 지급된다.

① 16,000원　　　　② 16,100원
③ 16,200원　　　　④ 16,300원

14. 구매 목록이 다음과 같이 변경되었을 때, 받을 수 있는 할인 액은? (단, 적립금은 없는 것으로 가정한다.)

〈구매 목록〉

(단위 : 개)

상품	개수
감자빵	3
연유빵	1
호두빵	2
피자빵	1
소시지빵	2

① 1,000원

② 2,000원

③ 3,000원

④ 없음

15. 김 대리는 살고 있던 전셋집 계약이 만료되어 이사를 계획하고 있다. 이사도 하는 김에 새로운 집에서 열심히 살아보자는 의지로 출근 전에는 수영을, 퇴근 후에는 영어학원을 등록하였다. 회사와 수영장, 영어학원의 위치가 다음과 같을 때, 김 대리가 이사할 곳으로 가장 적당한 곳은? (단, 이동거리 외에 다른 조건은 고려하지 않는다)

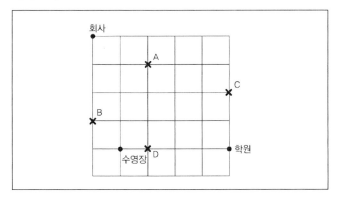

① A

② B

③ C

④ D

16. 다음 글과 〈설립위치 선정 기준〉을 근거로 판단할 때, A사가 서비스센터를 설립하는 방식과 위치로 옳은 것은?

- 휴대폰 제조사 A는 B국에 고객서비스를 제공하기 위해 1개의 서비스센터 설립을 추진하려고 한다.
- 설립방식에는 ㈎ 방식과 ㈏ 방식이 있다.
- A사는 {(고객만족도 효과의 현재가치) − (비용의 현재가치)}의 값이 큰 방식을 선택한다.
- 비용에는 규제비용과 로열티비용이 있다.

구분		㈎ 방식	㈏ 방식
고객만족도 효과의 현재가치		5억 원	4.5억 원
비용의 현재가치	규제 비용	3억 원 (설립 당해 년도만 발생)	없음
	로열티 비용	없음	– 3년간 로열티비용을 지불함 – 로열티비용의 현재가치 환산액 : 설립 당해년도는 2억 원, 그 다음 해부터는 직전년도 로열티비용의 1/2씩 감액한 금액

※ 고객만족도 효과의 현재가치는 설립 당해년도를 기준으로 산정된 결과이다.

〈설립위치 선정 기준〉
- 설립위치로 B국의 甲, 乙, 丙 3곳을 검토 중이며, 각 위치의 특성은 다음과 같다.

위치	유동인구(만 명)	20~30대 비율(%)	교통혼잡성
甲	80	75	3
乙	100	50	1
丙	75	60	2

- A사는 {(유동인구) × (20~30대 비율) / (교통혼잡성)} 값이 큰 곳을 선정한다. 다만 A사는 제품의 특성을 고려하여 20~30대 비율이 50% 이하인 지역은 선정대상에서 제외한다.

	설립방식	설립위치
①	㈎	甲
②	㈎	丙
③	㈏	甲
④	㈏	乙

【17～18】 K공사는 창립 50주년을 기념하기 위하여 A센터 공연장에서 창립기념 행사와 함께 사내 음악회를 대대적으로 열고자 한다. 다음은 행사 진행 담당자인 총무팀 조 대리가 A센터로부터 받은 공연장의 시설 사용료 규정이다. 이를 보고 이어지는 물음에 답하시오.

〈기본시설 사용료〉

시설명	사용목적	사용기준	사용료(원)		비고
			대공연장	아트 홀	
공연장	대중음악 일반행사 기타	오전 1회 (09:00 -12:00)	800,000	120,000	1. 토요일 및 공휴일은 30% 가산 2. 미리 공연을 위한 무대 설치 후 본 공연(행사까지 시설사용을 하지 않을 경우, 2시간 기준 본 공연 기본 사용료의 30% 장수 3. 1회당 시간 초과 시 시간당 대공연장 100,000원, 아트 홀 30,000원 징수 4. 대관료 감면 대상 공연 시 사용료 중 전기·수도료는 감면혜택 없음
		오후 1회 (13:00 -17:00)	900,000	170,000	
		야간 1회 (18:00 -22:00)	950,000	190,000	
	클래식 연주회 연극 무용 창극 뮤지컬 오페라 등	오전 1회 (09:00 -12:00)	750,000	90,000	
		오후 1회 (13:00 -17:00)	800,000	140,000	
		야간 1회 (18:00 -22:00)	850,000	160,000	
전시실	전시 (1층 및 2층)	1일 (10:00 -18:00)	150,000		※ 1일 : 8시간 기준(전기·수도료 포함)이며, 토요일 및 공휴일 사용료는 공연장과 동일 규정 적용

17. 조 대리가 총무팀장에게 시설 사용료 규정에 대하여 보고한 다음 내용 중 규정을 올바르게 이해하지 못한 것은 어느 것인가?

① "공연 내용에 따라 사용료가 조금 차이가 나고요, 공연을 늦은 시간에 할수록 사용료가 비쌉니다."

② "전시장은 2개 층으로 구분되어 있습니다. 아무래도 가족들을 위한 공간이 될 거라서 그런지 오후 6시까지만 전시가 가능합니다."

③ "전시실을 토요일에 사용하게 된다면 하루에 8시간 사용이 가능하며 사용료가 195,000원이네요."

④ "아무래도 오후에 대공연장에서 열리는 창립기념행사가 가장 중요한 일정일 테니 아침 9시쯤부터 무대 장치를 준비해야겠어요. 2시간이면 준비가 될 거고요, 사용료 견적은 평일이니까 900,000원으로 받았습니다.

18. 조 대리의 보고를 받은 총무팀장은 다음과 같은 지시사항을 전달하였다. 다음 중 팀장의 지시를 받은 조 대리가 판단한 내용으로 적절하지 않은 것은 어느 것인가?

"조 대리, 이번 행사는 전 임직원뿐 아니라 외부에서 귀한 분들도 많이 참석을 하게 되니까 준비를 잘 해야 되네. 이틀간 진행될 거고 금요일은 임직원들 위주, 토요일은 가족들과 외부 인사들이 많이 방문할 거야. 금요일엔 창립기념행사가 오후에 있을 거고, 업무 시간 이후 저녁엔 사내 연극 동아리에서 준비한 멋진 공연이 있을 거야. 연극 공연은 조그만 홀에서 진행해도 될 걸세. 그리고 창립기념행사 후에 우수 직원 표창이 좀 길어질 수도 있으니 아예 1시간 정도 더 예약을 해 두게.

토요일은 임직원 가족들 사진전이 있을 테니 1개 층에서 전시가 될 수 있도록 준비해 주고, 홍보팀 클래식 기타 연주회가 야간 시간으로 일정이 확정되었으니 그것도 조그만 홀로 미리 예약을 해 두어야 하네."

① '전시를 1개 층만 사용하면 혹시 전시실 사용료가 감액되는지 물어봐야겠군.'

② '와우, 총 시설 사용료가 200만 원을 훌쩍 넘겠군.'

③ '토요일 사진전엔 아이들도 많이 올 텐데 전기·수도료를 따로 받지 않으니 그건 좀 낫군.'

④ '사진전 시설 사용료가 연극 동아리 공연 시설 사용료보다 조금 더 비싸군.'

19. A~G 7명이 저녁 회식을 마치고, 신도림역에서 모두 지하철 1호선 또는 2호선을 타고 귀가하였다. 그런데 이들이 귀가하는데 다음과 같은 조건을 따랐다고 할 때, A가 1호선을 이용하지 않았다면, 다음 중 가능하지 않은 것은?

- 1호선을 이용한 사람은 많아야 3명이다.
- A는 D와 같은 호선을 이용하지 않았다.
- F는 G와 같은 호선을 이용하지 않았다.
- B와 D는 같은 호선을 이용하였다.

① B는 지하철 1호선을 탔다.

② C는 지하철 2호선을 탔다.

③ E는 지하철 1호선을 탔다.

④ F는 지하철 1호선을 탔다.

20. 甲그룹은 A~G의 7개 지사를 가지고 있다. 아래에 제시된 조건에 따라, A에서 가장 멀리 떨어진 지사는? (단, 모든 지사는 동일 평면상에 있으며, 지사의 크기는 고려하지 않는다)

- E, F, G는 순서대로 정남북 방향으로 일직선상에 위치하며, B는 C로부터 정동쪽으로 250km 떨어져 있다.
- C는 A로부터 정남쪽으로 150km 떨어져 있다.
- D는 B의 정북쪽에 있으며, B와 D 간의 거리는 A와 C 간의 거리보다 짧다.
- E와 F 간의 거리는 C와 D 간의 직선거리와 같다.
- G는 D로부터 정동쪽으로 350km 거리에 위치해 있으며, A의 정동쪽에 위치한 지사는 F가 유일하다.

① B

② D

③ E

④ F

21. 다음 중 통일성을 해치는 문장으로 적절한 것은?

　목조 건축물에서 지붕의 하중을 떠받치고 있는 수직 부재(部材)는 기둥이다. 이 기둥이 안정되게 수직 방향으로서 있도록 기둥과 기둥의 상부 사이에 설치하는 수평 부재를 창방이라고 한다. 이때, ㉠기둥을 연결한 창방들이 만들어 내는 수평선은 눈높이보다 높은 곳에 위치하고 있어 양쪽 끝이 아래로 처져 보이는 착시 현상이 발생한다. 이러한 ㉡착시 현상을 교정하기 위해 건물의 중앙에서 양쪽 끝으로 가면서 기둥이 점차 높아지도록 만드는데, 이것을 귀솟음 기법이라고 한다.

　귀솟음 기법은 착시 현상을 교정하는 효과 외에 구조적인 측면에서의 장점도 지닌다. ㉢안쏠림 기법은 귀솟음 기법과 달리 착시 현상을 교정하는 효과는 그리 크지 않다. 전통 구조물의 일반적인 지붕 형태인 팔작지붕의 경우, 건물 끝부분의 기둥이 건물 중간에 위치한 기둥보다 지붕의 하중을 더 많이 받게 된다. 건물 끝부분 기둥이 오랫동안 지속적으로 많은 하중을 받으면 중간 기둥보다 더 많이 침하되는 부동(不同) 침하 현상이 발생하기도 한다. ㉣귀솟음 기법은 부동 침하 현상에 의한 구조적 변형에도 끝기둥이 중간 기둥보다 높거나 동일한 높이를 유지할 수 있는 장점을 가지고 있다.

① ㉠

② ㉡

③ ㉢

④ ㉣

22. 다음 글의 내용과 일치하지 않는 것은??

우리는 흔히 나무와 같은 식물이 대기 중에 이산화탄소로 존재하는 탄소를 처리해 주는 것으로 알고 있지만, 바다 또한 중요한 역할을 한다. 예를 들어 수없이 많은 작은 해양생물들은 빗물에 섞인 탄소를 흡수한 후에 다른 것들과 합쳐서 껍질을 만드는 데 사용한다. 결국 해양생물들은 껍질에 탄소를 가두어 둠으로써 탄소가 대기 중으로 다시 증발해서 위험한 온실가스로 축적되는 것을 막아 준다. 이들이 죽어서 바다 밑으로 가라앉으면 압력에 의해 석회석이 되는데, 이런 과정을 통해 땅속에 저장된 탄소의 양은 대기 중에 있는 것보다 수만 배나 되는 것으로 추정된다. 그 석회석 속의 탄소는 화산 분출로 다시 대기 중으로 방출되었다가 빗물과 함께 땅으로 떨어진다. 이 과정은 오랜 세월에 걸쳐 일어나는데, 이것이 장기적인 탄소 순환과정이다. 특별한 다른 장애 요인이 없다면 이 과정은 원활하게 일어나 지구의 기후는 안정을 유지할 수 있다.

그러나 불행하게도 인간의 산업 활동은 자연이 제대로 처리할 수 없을 정도로 많은 양의 탄소를 대기 중으로 방출한다. 영국 기상대의 피터 쿡스에 따르면, 자연의 생물권이 우리가 방출하는 이산화탄소의 영향을 완충할 수 있는 데에는 한계가 있기 때문에, 그 한계를 넘어서면 이산화탄소의 영향이 더욱 증폭된다. 지구 온난화가 걷잡을 수 없이 일어나게 되는 것은 두려운 일이다. 지구 온난화에 적응을 하지 못한 식물들이 한꺼번에 죽어 부패해서 그 속에 가두어져 있는 탄소가 다시 대기로 방출되면 문제는 더욱 심각해질 것이기 때문이다.

① 식물이나 해양생물은 기후 안정성을 유지하는 데에 기여한다.

② 생명체가 지니고 있던 탄소는 땅속으로 가기도 하고 대기로 가기도 한다.

③ 탄소는 화산 활동, 생명체의 부패, 인간의 산업 활동 등을 통해 대기로 방출된다.

④ 극심한 오염으로 생명체가 소멸되면 탄소의 순환 고리가 끊겨 대기 중의 탄소도 사라진다.

┃23～24┃ 다음은 한국수자원공사의 통합물관리 시설에 관한 자료이다. 물음에 답하시오.

〈통합물관리 시설〉

대한민국은 홍수기에 전체 강우의 약 2/3가 집중되고 하천 유량변동이 심해 댐을 통한 저류 및 방류의 조절이 필수적입니다. 최근의 이상기후 등 물관리 여건변화에도 물의 가치를 더욱 높이기 위해 K-water는 최신 기술을 활용하여 물관리 시설을 통합운영하고 있으며, 물순환체계를 고려한 용수공급 시스템을 구축하여 물 공급의 신뢰도 향상에 기여하고 있습니다.

1. 댐 및 보 시설 운영관리사업
다목적댐 20개 건설·운영과 보 17개, 낙동강하굿둑 등 총 58개의 댐 및 보 시설 관리를 통해 깨끗하고 안정적인 물 공급을 위해 최선을 다하고 있습니다.

2. 광역 및 공업용수도 사업
K-water는 하루 1,756만 톤을 공급할 수 있는 48개 광역 및 공업용수도 시설을 구축하고, 41개소의 정수장과 5,265km의 관로를 통해 전국 112개 주요도시 및 산업단지의 2,223만 명 국민들에게 수돗물을 공급하고 있습니다.

3. 지방상수도 효율화사업
K-water는 40여년간 축적된 역량을 바탕으로 지방상수도 업무에 대한 Total Solution을 제공하고자 '04년 논산을 시작으로 '17년 청송까지 총 23개 지자체를 수탁 운영 중에 있습니다.

4. 맞춤형 공업용수사업
K-water는 당진시 현대제철, 서산시 대산5사(한화토탈, 현대오일뱅크, 롯데케미칼, LG화학, KCC), 울산시 현대자동차 등 주요 7개사를 대상으로 기업니즈에 맞는 다양한 수질의 맞춤형 공업용수를 제공하고 있으며, 고효율·저비용의 수처리 공정 개발 및 최적 운영관리 기술확보를 통해 국내 최고의 맞춤형 공업용수 공급자로 거듭나고자 노력하고 있습니다.

5. 하수처리 사업
K-water는 하천 수질개선 및 공공위생 향상 등 국민 생활환경 개선을 위하여 전국 12개 지자체의 59개소 하수처리시설을 건설·운영하고 있으며, 댐 상류 하수도 통합운영사업 확대 및 광역상수도 공급지역에서의 시설 운영관리사업 추진 등을 통해 효율성 향상 및 지역의 실질적 혜택증대를 도모하고 있습니다.

23. 다음 중 통합물관리 시설에 관한 설명으로 옳지 않은 것은?

① 다목적댐 20개 건설·운영과 보 17개, 총 58개의 댐 및 보 시설을 관리하고 있다.

② 하루 1,756만 톤을 공급할 수 있는 48개 광역 및 공업용수도 시설을 구축하고 있다.

③ 전국 15개 지자체의 60개소 하수처리시설을 건설·운영하고 있다.

④ 지방상수도 업무는 '04년 논산을 시작으로 총 23개 지자체를 수탁 운영 중에 있다.

24. 다음은 한국수자원공사가 현재 추진 중인 현황에 대한 자료이다. 위 자료에 나타난 사업 중 이와 관련된 사업으로 적절한 것은?

사업명	시설용량	사업방식	사업기간
현대제철(주) 급배수설비 운영관리사업	182천 ㎥/일 (역삼투막)	운영위수탁	'09.5 ~ '23.12 (14년 8개월)
대산 맞춤형 공업용수 통합공급 안정화사업	119천 ㎥/일 (역삼투막)	투자·운영	'12.8 ~ '37.8 (25년)
현대자동차(주) 울산공장 산업용수 투자·운영사업	40천 ㎥/일 (경사판침전)	투자·운영	'17.1 ~ '36.12 (20년)
현대자동차(주) 울산공장 산업용수(2단계) 운영관리사업	8천 ㎥/일 (고도정수)	운영위수탁	'18.1 ~ '37.12 (20년)

① 댐 및 보 시설 운영관리사업

② 광역 및 공업용수도 사업

③ 지방상수도 효율화사업

④ 맞춤형 공업용수사업

25. 다음 글에 대한 평가로 가장 적절한 것은?

> 요즘에는 낯선 곳을 찾아갈 때, 지도를 해석하며 어렵게 길을 찾지 않아도 된다. 기술력의 발달에 따라, 제공되는 공간 정보를 바탕으로 최적의 경로를 탐색할 수 있게 되었기 때문이다. 이는 어떤 곳의 위치 좌표나 지리적 형상에 대한 정보뿐만 아니라 시간에 따른 공간의 변화를 포함한 공간 정보를 이용할 수 있게 되면서 가능해진 것이다. 이처럼, 공간 정보가 시간에 따른 변화를 반영할 수 있게 된 것은 정보를 수집하고 분석하는 정보 통신 기술의 발전과 밀접한 관련이 있다.
>
> 공간 정보의 활용은 '위치정보시스템(GPS)'과 '지리정보시스템(GIS)' 등의 기술적 발전과 휴대 전화나 태블릿 PC 등 정보 통신 기기의 보급을 기반으로 한다. 위치정보시스템은 공간에 대한 정보를 수집하고 지리정보시스템은 정보를 저장, 분류, 분석한다. 이렇게 분석된 정보는 사용자의 요구에 따라 휴대 전화나 태블릿 PC 등을 통해 최적화되어 전달된다.
>
> 길 찾기를 예로 들어 이 과정을 살펴보자. 휴대 전화 애플리케이션을 이용해 사용자가 가려는 목적지를 입력하고 이동 수단으로 버스를 선택하였다면, 우선 사용자의 현재 위치가 위치정보시스템에 의해 실시간으로 수집된다. 그리고 목적지와 이동 수단 등 사용자의 요구와 실시간으로 수집된 정보에 따라 지리정보시스템은 탑승할 버스 정류장의 위치, 다양한 버스 노선, 최단 시간 등을 분석하여 제공한다. 더 나아가 교통 정체와 같은 돌발 상황과 목적지에 이르는 경로의 주변 정보까지 분석하여 제공한다.
>
> 공간 정보의 활용 범위는 계속 확대되고 있다. 예를 들어, 여행지와 관련한 공간 정보는 여행자의 요구와 선호에 따라 선별적으로 분석되어 활용된다. 나아가 유동 인구를 고려한 상권 분석과 교통의 흐름을 고려한 도시 계획 수립에도 공간 정보 활용이 가능하게 되었다. 획기적으로 발전되고 있는 첨단 기술이 적용된 공간 정보가 국가 차원의 자연재해 예측 시스템에도 활발히 활용된다면 한층 정밀한 재해 예방 및 대비가 가능해질 것이다. 이로 인해 우리의 삶도 더 편리하고 안전해질 것으로 기대된다.

① 공간 정보 활용 범위의 확대 사례를 제시하여 내용을 타당성 있게 뒷받침하고 있다.

② 전문 기관의 자료를 바탕으로 공간 정보 활용에 대한 믿을 만한 근거를 제시하고 있다.

③ 위치 정보에 접근하는 방식의 차이점을 지역별로 비교하여 균형 있는 주장을 하고 있다.

④ 구체적 수치 자료를 근거로 하여 공간 정보 활용 비율을 신뢰성 있게 제시하고 있다.

26. 다음 글을 이해한 내용으로 적절하지 않은 것은?

변론술을 가르치는 프로타고라스(P)에게 에우아틀로스(E)가 제안하였다. "제가 처음으로 승소하면 그때 수강료를 내겠습니다." P는 이를 받아들였다. 그런데 E는 모든 과정을 수강하고 나서도 소송을 할 기미를 보이지 않았고 그러자 P가 E를 상대로 소송하였다. P는 주장하였다. "내가 승소하면 판결에 따라 수강료를 받게 되고, 내가 지면 자네는 계약에 따라 수강료를 내야 하네." E도 맞섰다. "제가 승소하면 수강료를 내지 않게 되고 제가 지더라도 계약에 따라 수강료를 내지 않아도 됩니다."

지금까지도 이 사례는 풀기 어려운 논리 난제로 거론된다. 다만 법률가들은 이를 해결할 수 있는 사안이라고 본다. 우선, 이 사례의 계약이 수강료 지급이라는 효과를, 실현되지 않은 사건에 의존하도록 하는 계약이라는 점을 살펴야 한다. 이처럼 일정한 효과의 발생이나 소멸에 제한을 덧붙이는 것을 '부관'이라 하는데, 여기에는 '기한'과 '조건'이 있다. 효과의 발생이나 소멸이 장래에 확실히 발생할 사실에 의존하도록 하는 것을 기한이라 한다. 반면 장래에 일어날 수도 있는 사실에 의존하도록 하는 것은 조건이다. 그리고 조건이 실현되었을 때 효과를 발생시키면 '정지 조건', 소멸시키면 '해제 조건'이라 부른다.

민사 소송에서 판결에 대하여 상소, 곧 항소나 상고가 그 기간 안에 제기되지 않아서 사안이 종결되든가, 그 사안에 대해 대법원에서 최종 판결이 선고되든가 하면, 이제 더 이상 그 일을 다툴 길이 없어진다. 이때 판결은 확정되었다고 한다. 확정 판결에 대하여는 '기판력(旣判力)'이라는 것을 인정한다. 기판력이 있는 판결에 대해서는 더 이상 같은 사안으로 소송에서 다툴 수 없다. 예를 들어, 계약서를 제시하지 못해 매매 사실을 입증하지 못하고 패소한 판결이 확정되면, 이후에 계약서를 발견하더라도 그 사안에 대하여는 다시 소송하지 못한다. 같은 사안에 대해 서로 모순되는 확정 판결이 존재하도록 할 수는 없는 것이다.

확정 판결 이후에 법률상의 새로운 사정이 생겼을 때는, 그것을 근거로 하여 다시 소송하는 것이 허용된다. 이 경우에는 전과 다른 사안의 소송이라 하여 이전 판결의 기판력이 미치지 않는다고 보는 것이다. 위에서 예로 들었던 계약서는 판결 이전에 작성된 것이어서 그 발견이 새로운 사정이라고 인정되지 않는다. 그러나 임대인이 임차인에게 집을 비워 달라고 하는 소송에서 임대차 기간이 남아 있다는 이유로 임대인이 패소한 판결이 확정된 후 시일이 흘러 계약 기간이 만료되면, 임대인은 집을 비워 달라는 소송을 다시 할 수 있다. 계약상의 기한이 지남으로써 임차인의 권리에 변화가 생겼기 때문이다.

이렇게 살펴본 바를 바탕으로 P와 E 사이의 분쟁을 해결하는 소송이 어떻게 전개될지 따져 보자. 이 사건에 대한 소송에서는 조건이 성취되지 않았다는 이유로 법원이 E에게 승소 판결을 내리면 된다. 그런데 이 판결 확정 이후에 P는 다시 소송을 할 수 있다. 조건이 실현되었기 때문이다. 따라서 이 두 번째 소송에서는 결국 P가 승소한다. 그리고 이때부터는 E가 다시 수강료에 관한 소송을 할 만한 사유가 없다. 이 분쟁은 두 차례의 판결을 거쳐 해결될 수 있는 것이다.

① 승소하면 그때 수강료를 내겠다고 할 때 승소는 수강료 지급 의무에 대한 기한이다.
② 기한과 조건은 모두 계약상의 효과를 장래의 사실에 의존하도록 한다는 점이 공통된다.
③ 계약에 해제 조건을 덧붙이면 그 조건이 실현되었을 때 계약상 유지되고 있는 효과를 소멸시킬 수 있다.
④ 판결이 선고되고 나서 상소 기간이 다 지나가도록 상소가 이루어지지 않으면 그 판결에는 기판력이 생긴다.

27. 다음은 산재보험의 소멸과 관련된 글이다. 다음 보기 중 글의 내용은 올바르게 이해한 것이 아닌 것은 무엇인가?

가. 보험관계의 소멸사유
• 사업의 폐지 또는 종료 : 사업이 사실상 폐지 또는 종료된 경우를 말하는 것으로 법인의 해산등기 완료, 폐업신고 또는 보험관계소멸신고 등과는 관계없음
• 직권소멸 : 근로복지공단이 보험관계를 계속해서 유지할 수 없다고 인정하는 경우에는 직권소멸 조치
• 임의가입 보험계약의 해지신청 : 사업주의 의사에 따라 보험계약해지 신청가능하나 신청 시기는 보험가입승인을 얻은 해당 보험 연도 종료 후 가능
• 근로자를 사용하지 아니할 경우 : 사업주가 근로자를 사용하지 아니한 최초의 날부터 1년이 되는 날의 다음날 소멸
• 일괄적용의 해지 : 보험가입자가 승인을 해지하고자 할 경우에는 다음 보험 연도 개시 7일 전까지 일괄적용해지신청서를 제출하여야 함

나. 보험관계의 소멸일 및 제출서류
(1) 사업의 폐지 또는 종료의 경우
• 소멸일 : 사업이 사실상 폐지 또는 종료된 날의 다음 날
• 제출서류 : 보험관계소멸신고서 1부
• 제출기한 : 사업이 폐지 또는 종료된 날의 다음 날부터 14일 이내
(2) 직권소멸 조치한 경우
• 소멸일 : 공단이 소멸을 결정·통지한 날의 다음날
(3) 보험계약의 해지신청
• 소멸일 : 보험계약해지를 신청하여 공단의 승인을 얻은 날의 다음 날
• 제출서류 : 보험관계해지신청서 1부
※ 다만, 고용보험의 경우 근로자(적용제외 근로자 제외) 과반수의 동의를 받은 사실을 증명하는 서류(고용보험해지신청 동의서)를 첨부하여야 함

① 고용보험과 산재보험의 해지 절차가 같은 것은 아니다.
② 사업장의 사업 폐지에 따른 서류 및 행정상의 절차가 완료되어야 보험관계가 소멸된다.
③ 근로복지공단의 판단으로도 보험관계가 소멸될 수 있다.
④ 보험 일괄해지를 원하는 보험가입자는 다음 보험 연도 개시 일주일 전까지 서면으로 요청을 해야 한다.

| 28~29 | 다음 글을 읽고 이어지는 물음에 답하시오.

4차 산업혁명이 문화예술에 영향을 끼치는 사회적 변화 요인으로는 급속한 고령화 사회와 1인 가구의 증가 등 인구구조의 변화와 문화다양성 사회로의 진전, 디지털 네트워크의 발전 등을 들 수 있다. 이로 인해 문화예술 소비층이 시니어와 1인 중심으로 변화하고 있으며 문화 복지대상도 어린이, 장애인, 시니어로 확장되고 있다. 디지털기기 사용이 일상화 되면서 문화향유 범위도 이전의 음악, 미술, 공연 중심에서 모바일 창작과 게임, 놀이 등으로 점차 확대되고 특히 고령화가 심화됨에 따라 높은 문화적 욕구를 지닌 시니어 층이 새로운 기술에 관심을 보이고 자신들의 건강한 삶을 위해 테크놀로지 수용에 적극적인 모습을 보이면서 문화예술 향유계층도 다양해질 전망이다. 유쾌함과 즐거움 중심의 일상적 여가는 스마트폰을 통한 스낵컬처적 여가활동이 중심이 되겠지만 지식과 경험을 획득하고 삶의 의미를 찾고 성취감을 느끼고 싶어 하는 진지한 여가에 대한 열망도 점차 높아질 것으로 관측된다.

기술의 발전과 더불어 근로시간의 축소 등으로 여가시간이 늘어나면서 일과 여가의 균형을 맞추려는 워라밸(Work and Life Balance) 현상이 자리잡아가고 있다. 문화관광연구원에서 실시한 국민인식조사에 따르면 기존에 문화여가를 즐기지 않던 사람들이 문화여가를 즐기기 시작하고 있다고 답한 비율이 약 47%로 나타난 것은 문화여가를 여가활동의 일부로 인식하는 국민수준이 높아지고 있다는 것을 보여준다. 또한, 경제적 수준이나 지식수준에 상관없이 문화예술 활동을 다양하게 즐기는 사람들이 많아지고 있다고 인식하는 비율이 38%로 나타났다. 이는 문화가 국민 모두가 향유해야 할 보편적 가치로 자리잡아가고 있다는 것을 말해 준다.

디지털·스마트 문화가 일상문화의 많은 부분을 차지하는 중요 요소로 자리 잡으면서 일상적 여가뿐 아니라 콘텐츠 유통, 창작활동 등에 많은 변화를 가져오고 있다. 이러한 디지털기기의 사용이 문화산업분야에서는 소비자 및 향유자들의 적극적인 참여로 그 가능성에 주목하고 있으나, 순수문화예술 부분은 아직까지 홍보의 부차적 수단 정도로 활용되고 있어 기대감은 떨어지고 있다.

28. 다음 중 윗글의 제목으로 가장 적절한 것은 어느 것인가?

① 4차 산업혁명이 변화시킬 노인들의 삶
② 4차 산업혁명이 문화예술에 미치는 영향
③ 4차 산업혁명에 의해 나타나는 사회적 부작용
④ 순수문화예술과 디지털기기의 접목

29. 다음 중 윗글을 통해 알 수 있는 필자의 의견과 일치하지 않는 설명은 어느 것인가?

① 4차 산업혁명은 문화의 다양성을 가져다 줄 것으로 기대된다.
② 디지털기기는 순수문화예술보다 문화산업분야에 더 적극적인 변화를 일으키고 있다.
③ 4차 산업혁명으로 인해 문화를 향유하는 사회계층이 다양해질 것이다.
④ 스마트폰의 보급으로 인해 내적이고 진지한 여가 시간에 대한 욕구는 줄어들 것이다.

| 30~31 | 다음 글을 읽고 물음에 답하시오.

지레는 받침과 지렛대를 이용하여 물체를 쉽게 움직일 수 있는 도구이다. 지레에서 힘을 주는 곳을 힘점, 지렛대를 받치는 곳을 받침점, 물체에 힘이 작용하는 곳을 작용점이라 한다. 받침점에서 힘점까지의 거리가 받침점에서 작용점까지의 거리에 비해 멀수록 힘점에 작은 힘을 주어 작용점에서 물체에 큰 힘을 가할 수 있다. 이러한 지레의 원리에는 돌림힘의 개념이 숨어있다.

물체의 회전 상태에 변화를 일으키는 힘의 효과를 돌림힘이라고 한다. 물체에 회전 운동을 일으키거나 물체의 회전 속도를 변화시키려면 물체에 힘을 가해야 한다. 같은 힘이라도 회전축으로부터 얼마나 멀리 떨어진 곳에 가해 주느냐에 따라 회전 상태의 변화 양상이 달라진다. 물체에 속한 점 X와 회전축을 최단 거리로 잇는 직선과 직각을 이루는 동시에 회전축과 직각을 이루도록 힘을 X에 가한다고 하자. 이때 물체에 작용하는 돌림힘의 크기는 회전축에서 X까지의 거리와 가해 준 힘의 크기의 곱으로 표현되고 그 단위는 N·m(뉴턴미터)이다.

동일한 물체에 작용하는 두 돌림힘의 합을 알짜 돌림힘이라 한다. 두 돌림힘의 방향이 같으면 알짜 돌림힘의 크기는 두 돌림힘의 크기의 합이 되고 그 방향은 두 돌림힘의 방향과 같다. 두 돌림힘의 방향이 서로 반대이면 알짜 돌림힘의 크기는 두 돌림힘의 크기의 차가 되고 그 방향은 더 큰 돌림힘의 방향과 같다. 지레의 힘점에 힘을 주지만 물체가 지레의 회전을 방해하는 힘을 작용점에 주어 지레가 움직이지 않는 상황처럼, 두 돌림힘의 크기가 같고 방향이 반대이면 알짜 돌림힘은 0이 되고 이때를 돌림힘의 평형이라고 한다.

회전 속도의 변화는 물체에 알짜 돌림힘이 일을 해 주었을 때에만 일어난다. 돌고 있는 팽이에 마찰력이 일으키는 돌림힘을 포함하여 어떤 돌림힘도 작용하지 않으면 팽이는 영원히 돈다. 일정한 형태의 물체에 일정한 크기와 방향의 알짜 돌림힘을 가하여 물체를 회전시키면, 알짜 돌림힘이 한 일은 알짜 돌림힘의 크기와 회전 각도의 곱이고 그 단위는 J(줄)이다.

가령, 마찰이 없는 여닫이문이 정지해 있다고 하자. 갑은 지면에 대하여 수직으로 서 있는 문의 회전축에서 1m 떨어진 지점을 문의 표면과 직각으로 300N의 힘으로 밀고, 을은 문을 사이에 두고 갑의 반대쪽에서 회전축에서 2m 만큼 떨어진 지점을 문의 표면과 직각으로 200N의 힘으로 미는 상태에서 문이 90° 즉, 0.5π 라디안을 돌면, 알짜 돌림힘이 문에 해 준 일은 50π J이다.

알짜 돌림힘이 물체를 돌리려는 방향과 물체의 회전 방향이 일치하면 알짜 돌림힘이 양(+)의 일을 하고 그 방향이 서로 반대이면 음(−)의 일을 한다. 어떤 물체에 알짜 돌림힘이 양의 일을 하면 그만큼 물체의 회전 운동 에너지는 증가하고 음의 일을 하면 그만큼 회전 운동 에너지는 감소한다. 형태가 일정한 물체의 회전 운동 에너지는 회전 속도의 제곱에 정비례한다. 그러므로 형태가 일정한 물체에 알짜 돌림힘이 양의 일을 하면 회전 속도가 증가하고, 음의 일을 하면 회전 속도가 감소한다.

30. 윗글의 내용과 일치하지 않는 것은?

① 물체에 힘이 가해지지 않으면 돌림힘은 작용하지 않는다.
② 물체에 가해진 알짜 돌림힘이 0이 아니면 물체의 회전 상태가 변화한다.
③ 회전 속도가 감소하고 있는, 형태가 일정한 물체에는 돌림힘이 작용한다.
④ 형태가 일정한 물체의 회전 속도가 2배가 되면 회전 운동 에너지는 2배가 된다.

31. 박스 안의 예에서 문이 90° 회전하는 동안의 상황에 대한 이해로 적절한 것은?

① 갑의 돌림힘의 크기는 을의 돌림힘의 크기보다 크다.
② 알짜 돌림힘과 갑의 돌림힘은 방향이 같다.
③ 문에는 돌림힘의 평형이 유지되고 있다.
④ 문의 회전 운동 에너지는 점점 증가한다.

▌32~33▐ 다음 글을 읽고 이어지는 물음에 답하시오.

'여가'는 개인의 문제인 동시에 요즘 사회적인 뜨거운 화두이기도 하다. 주 5일 근무제로 매주 2박 3일의 휴가가 생겼는데도 그 휴가를 제대로 사용하지 못하고 무의미하게 흘려보낸다면 그것은 심각한 사회문제일 수 있다. 이처럼 사회 구성원들이 여가를 어떻게 보내는가 하는 문제는 개인의 차원에서 벗어나 사회학적·심리학적·경제학적 연구 대상이 되고 있다.

'레저 사이언스'(Leisure Science)라고 불리는 여가학은 서구 사회에서는 이미 학문의 한 영역에 편입된 지 오래다. 미국의 일리노이 주립대와 조지아대, 캐나다의 워털루대 등에 학과가 개설돼 있다. 사회과학, 사회체육, 관광학 등이 여가학의 모태다. 사회과학자들은 심리학, 사회학 문화이론의 관점에서 여가학을 연구하는 데 반해, 사회체육은 '여가치료'라는 개념으로 여가학을 조망한다. 반면 관광학 쪽은 산업의 측면에서 여가학을 다루고 있다. 국내에서도 M대학에 여가정보학과가 개설되어 있다. M대학 여가정보학과의 김 교수는 "여가를 즐기는 것은 단순히 노는 게 아니라 문화를 구성하는 과정입니다. 세계 어느 나라나 일하는 패턴은 비슷합니다. 그러나 각 나라마다 노는 방식은 천차만별이죠. 따라서 여가학은 문화연구의 한 분야라고 할 수 있습니다."라고 말한다. 그는 또 '여가에 대한 환상을 버리라'고 충고한다. 개개인이 가족과 함께 놀 수 있는 능력을 개발하지 않는 한, 긴 여가는 오히려 괴로운 시간이 될지도 모른다는 것이다. "한국의 성인 남성들은 '독수리 5형제 증후군'에 빠져 있습니다. 무언가 대단한 일을 하지 않으면 인생의 의미가 없다는 식의 시각이죠. 하지만 여가를 잘 보내기 위해서는 사소하고 작은 일에도 재미를 느끼고 그 재미를 가족과 공유할 수 있는 자세가 필요합니다."

그렇다면 왜 한국인들은 여가를 제대로 즐기지 못하는 것일까? 적잖은 기성세대는 '놀이'라고 하면 기껏해야 술을 마시거나 고스톱 정도밖에 떠올리지 못하는 것이 현실이다. 지난 91년 일찌감치 한국인의 여가문화 분야에서 박사학위를 받은 부산대의 한 교수는 여가를 규정하는 중요한 변수 두 가지로 시간과 경제적 요인, 즉 돈을 꼽았다. 휴일이 늘어난다고 해도 경제적 여유와 직업의 안정성이 함께 충족되지 않는 한, 여가를 즐길 수 있는 마음의 여유가 생겨나기는 어렵다. 결국 잠을 자거나 아무 생각 없이 몰두할 수 있는 술, 도박 등에 빠지게 된다는 것이다.

사실 진정한 의미의 여가는 주말에만 국한되는 것이 아니다. 최근의 직장인들이 느끼는 '체감정년'은 38세라고 한다. 반면 평균수명은 이미 70세를 훌쩍 넘어 80세를 넘보고 있다. 직장 은퇴 이후 30여 년의 여가를 어떻게 보내는가는 어떠한 직장을 선택하느냐 못지않게 중요한 문제가 되었다. 결국 여가학은 단순히 주말을 어떻게 보내는가의 차원이 아니라 좀 더 잘살 수 있는 방법에 대한 연구, 즉 삶의 질을 높이기 위한 학문인 셈이다.

32. 윗글에서 궁극적으로 의미하는 바를 가장 적절하게 요약한 것은 어느 것인가?

① 한국인들의 놀이문화는 한두 가지 방법에 국한되어 있다.

② 놀 줄 모르는 한국인들은 여가학에 관심을 가질 필요가 있다.

③ 국내에도 여가학을 공부할 수 있는 대학 과정이 보강되어야 한다.

④ 여가를 즐기기 위해 경제적인 독립을 이루어야 한다.

33. 다음 중 윗글에서 이야기하는 논지에 부합하지 않는 것은 어느 것인가?

① 여가는 평소에 하지 못했던 대단한 활동을 해야만 하는 것은 아니다.

② 아무 일 없이 내적인 자유를 누리는 것이 여가의 진정한 향유 방법이다.

③ 한국인들은 여가를 보다 다양한 활동들로 구성할 필요가 있다.

④ 여가의 가장 큰 목적은 삶의 질을 제고할 수 있어야 한다는 것이다.

▌34~35▐ 다음에 제시된 글을 읽고 이어지는 물음에 답하시오.

> 정부나 기업이 사업에 투자할 때에는 현재에 투입될 비용과 미래에 발생할 이익을 비교하여 사업의 타당성을 진단한다. 이 경우 물가 상승, 투자 기회, 불확실성을 포함하는 할인의 요인을 고려하여 미래의 가치를 현재의 가치로 환산한 후, 비용과 이익을 공정하게 비교해야 한다. 이러한 환산을 가능케 해 주는 개념이 할인율이다. 할인율은 이자율과 유사하지만 역으로 적용되는 개념이라고 생각하면 된다. 현재의 이자율이 연 10%라면 올해의 10억 원은 내년에는 (1+0.1)을 곱한 11억 원이 되듯이, 할인율이 연 10%라면 내년의 11억 원의 현재 가치는 (1+0.1)로 나눈 10억 원이 된다.
>
> 공공사업의 타당성을 진단할 때에는 대개 미래 세대까지 고려하는 공적 차원의 할인율을 적용하는데, 이를 사회적 할인율이라고 한다. 사회적 할인율은 사회 구성원이 느끼는 할인의 요인을 정확하게 파악하여 결정하는 것이 바람직하나, 이것은 현실적으로 매우 어렵다. 그래서 시장 이자율이나 민간 자본의 수익률을 사회적 할인율로 적용하자는 주장이 제기된다.
>
> 시장 이자율은 저축과 대출을 통한 자본의 공급과 수요에 의해 결정되는 값이다. 저축을 하는 사람들은 원금을 시장 이자율에 의해 미래에 더 큰 금액으로 불릴 수 있고, 대출을 받는 사람들은 시장 이자율만큼 대출금에 대한 비용을 지불한다. 이때의 시장 이자율은 미래의 금액을 현재 가치로 환산할 때의 할인율로도 적용할 수 있으므로, 이를 사회적 할인율로 간주하자는 주장이 제기되는 것이다. 한편 민간 자본의 수익률을 사회적 할인율로 적용하자는 주장은, 사회 전체적인 차원에서 공공사업에 투입될 자본이 민간 부문에서 이용될 수도 있으므로, 공공사업에 대해서도 민간 부문에서만큼 높은 수익률을 요구해야 한다는 것이다.
>
> 그러나 시장 이자율이나 민간 자본의 수익률을 사회적 할인율로 적용하자는 주장은 수용하기 어려운 점이 있다. 우선 ㉠공공 부문의 수익률이 민간 부문만큼 높다면, 민간 투자가 가능한 부문에 군이 정부가 투자할 필요가 있는가 하는 문제가 제기될 수 있다. 더욱 중요한 것은 시장 이자율이나 민간 자본의 수익률이, 비교적 단기적으로 실현되는 사적 이익을 추구하는 자본 시장에서 결정된다는 점이다. 반면에 사회적 할인율이 적용되는 공공사업은 일반적으로 그 이익이 장기간에 걸쳐 서서히 나타난다. 이러한 점에서 공공사업은 미래 세대를 배려하는 지속 가능한 발전의 이념을 반영한다. 만일 사회적 할인율이 시장 이자율이나 민간 자본의 수익률처럼 높게 적용된다면, 미래 세대의 이익이 저평가되는 셈이다. 그러므로 사회적 할인율은 미래 세대를 배려하는 공익적 차원에서 결정되는 것이 바람직하다.

34. ㉠이 전제하고 있는 것은?

① 민간 투자도 공익성을 고려해서 이루어져야 한다.

② 정부는 공공 부문에서 민간 투자를 선도하는 역할을 해야 한다.

③ 공공 투자와 민간 투자는 동등한 투자 기회를 갖는 것이 바람직하다.

④ 정부는 민간 기업이 낮은 수익률로 인해 투자하기 어려운 공공 부문을 보완해야 한다.

35. 윗글의 글쓴이가 상정하고 있는 핵심적인 질문으로 가장 적절한 것은?

① 시장 이자율과 사회적 할인율은 어떻게 관련되는가?

② 자본 시장에서 미래 세대의 몫을 어떻게 고려해야 하는가?

③ 사회적 할인율이 민간 자본의 수익률에 어떤 영향을 미치는가?

④ 공공사업에 적용되는 사회적 할인율은 어떤 수준에서 결정되어야 하는가?

36. 다음은 ○○공항 안내로봇인 '에어스타'를 소개하는 보도자료의 일부이다. '에어스타'에 대해 잘못 이해한 것은?

"에어스타, 타이페이 가는 항공편은 어디에서 체크인 해?"

"네, 타이페이 가는 항공편은 L카운터입니다. 저를 따라오시면 카운터까지 안내해드리겠습니다."

이처럼 영화 속에서나 볼 수 있었던 미래의 모습인 사람과 로봇이 대화하고, 로봇이 안내 및 에스코트를 하는 장면이 ○○공항에서 현실로 다가왔다. '에어스타'는 자율주행, 음성인식 기능과 인공지능 등 각종 첨단 ICT 기술이 접목된 안내로봇으로, ○○공항공사가 작년에 시범적으로 도입했던 1세대 지능형 로봇 운영 경험을 바탕으로 하여 디자인부터 내장센서까지 모두 새롭게 개발한 2세대 로봇이다.

앞으로 여객들은 공항 곳곳에 돌아다니는 에어스타에게 말을 걸거나 터치스크린 조작, 바코드 인식 등을 통해 공항 시설물에 대한 정보를 안내받을 수 있게 된다.

출국 시 에어스타에게 항공편을 말하면 올바른 체크인 카운터의 위치를 즉시 알려주고, 원하는 경우 직접 앞장서서 목적지까지 에스코트해주는 서비스를 제공한다. 물론 터치스크린에 편명을 입력해도 역시 길 안내가 가능하다. 이와 함께 출국장 혼잡도 정보를 실시간으로 제공하고 보안검색절차와 기내반입 물품을 알려주며, 여객이 포기하는 금지물품을 회수하는 기능도 갖췄다.

면세지역에서는 면세점의 위치를 알려주고, 탑승권 바코드를 인식해 실시간 탑승정보와 탑승 게이트 위치를 알려줌으로써 여객들이 더욱 쉽고 빠르게 탑승구를 찾게 해줘 항공기 정시탑승에도 도움을 줄 예정이다.

입국장에서는 수하물 태그의 바코드를 인식하면 수하물수취대의 위치를 안내하고, 대중교통 이용 정보까지 제공해 공항에서 빠져나와 목적지까지 편리하게 도착할 수 있도록 도와준다.

이러한 안내 기능 이외에도 에어스타에는 탑재된 카메라로 여객 기념사진을 촬영하여 이메일, 문자 등으로 전송해주는 기능도 추가되어 여객들에게 공항에서의 추억을 남길 수 있는 즐거운 경험을 제공할 예정이다.

---

① 에어스타는 말을 걸거나 터치스크린 조작을 통해 공항 시설물에 대한 정보를 안내받을 수 있다.

② 에어스타를 통해 면세점에서 갖추고 있는 물품 정보 및 재고 수량 등도 쉽게 검색할 수 있다.

③ 에어스타는 공항 내 안내는 물론, 공항을 빠져나와 목적지까지의 대중교통 이용 정보까지 알려준다.

④ 공항에서 에어스타로 기념사진을 촬영하면 이메일이나 문자를 통해 사진을 전송받을 수 있다.

37. A사에 다니는 甲은 해외출장을 준비하면서 항공보안검색에 대한 자료를 보고 같이 출장을 가는 乙에게 설명해 주었다. 다음 중 甲이 잘못 설명한 것은?

목적	항공기 이용승객의 안전하고 편안한 여행과 항공기안전 운항을 위하여 위험성 있는 물건들을 탐지 및 수색하기 위해 보안검색을 실시함	
검색대상	모든 승객 및 휴대수하물	
확인사항	무기류, 폭발물 등 위해물품 소지여부	
검색장비	문형금속탐지장비, 휴대용금속탐지장비, 폭발물탐지기, 엑스선 검색장비(X-Ray Equipment) 등	
검색절차	Step. 01	신분증(국제선은 여권), 탑승권을 출국장 진입전 보안검색요원에게 보여주세요.
	Step. 02	보안검색을 받기 전에 반입금지 위해물품 또는 액체류 물질을 소지하고 있는 경우 보안검색 요원 또는 안내요원에게 알려주세요.
	Step. 03	휴대물품(가방, 핸드백, 코트, 노트북 등)을 엑스레이 검색대 벨트 위에 올려놓으세요. TIP! 휴대폰, 지갑은 가방에 미리 넣으시고 검색대 벨트 위에 올리시면 도난 및 분실을 예방할 수 있습니다.
	Step. 04	소지품(휴대폰, 지갑, 열쇠, 동전 등)은 엑스레이 검색을 위해 바구니에 넣어 주세요. TIP! 보안등급 상향 시 신발과 외투를 벗는 보안검색이 실시됩니다.
	Step. 05	문형금속탐지기 통과 후 보안 검색요원이 검색을 실시합니다.

① 항공보안검색은 항공기안전운항을 위해 위험성 있는 물건들을 탐지하기 위한 거래.

② 모든 승객 및 휴대수하물은 물론 위탁수하물도 항공보안검색의 대상이 돼.

③ 국제선은 보안검색요원에게 신분증 대신 여권을 보여줘야 해.

④ 보안등급 상향 시 보안검색 때 신발과 외투를 벗어야 한다는군.

38. 다음은 사학연금공단에서 운영하는 공적연금 연계제도에 관한 설명이다. 공적연금 연계제도에 대해 잘못 이해한 사람은 누구인가?

공적연금 연계제도는 국민연금과 직역연금의 연금을 수령하기 위한 최소가입기간을 채우지 못하고 이동하는 경우, 종전에는 각각 일시금으로만 받던 것을 연계를 통해 연금을 받을 수 있도록 하여 국민의 노후 생활을 보장하고자 하는 제도이다. 직역연금이란 사립학교교직원연금, 공무원연금, 군인연금, 별정우체국직원연금을 말하며, 연금 수급을 위한 최소 가입기간은 국민연금의 경우 10년, 직역연금의 경우 10년(단, 군인연금은 20년)이다.

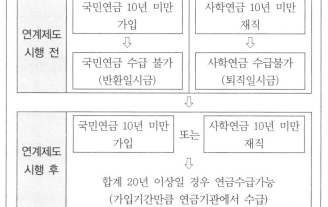

연계제도 시행 전	국민연금 10년 미만 가입 ↓ 국민연금 수급 불가 (반환일시금)	사학연금 10년 미만 재직 ↓ 사학연금 수급불가 (퇴직일시금)

↓

연계제도 시행 후	국민연금 10년 미만 가입	또는	사학연금 10년 미만 재직

↓

합계 20년 이상일 경우 연금수급가능
(가입기간만큼 연금기관에서 수급)

※ 이미 국민연금 또는 직역연금에서 모두 각각의 연금수급을 위한 최소 가입기간을 충족했을 경우 연계 신청 불가
→ 해당 기관에서 각각 연금수급

[연계제도 적용 대상]

원칙적으로 2009. 8. 7. 이후 연금제도 간 이동한 자부터 연계제도가 적용된다. 다만, 적용 특례의 경우도 연계적용 대상에 포함된다.

[연계신청]

해당 연금법상 급여수급권 소멸시효 전까지 신청해야 한다.
• 국민연금: 60세에 도달한 때부터 5년 이내
• 직역연금: 퇴직일로부터 5년 이내

[연계신청 기관]

연계대상 기간이 있는 연금기관(사립학교교직원연금공단, 국민연금공단 등) 한 곳에만 신청하면 된다. 단, 연계신청 후에는 취소할 수 없으므로 신중하게 결정해야 한다.

① 가영 : 교원으로 취직하면서 사학연금에만 가입했고 올해로 8년째인데, 내년에 그만두게 되면 연금으로 받지는 못하겠구나.

② 나영 : 국민연금에서 사학연금으로 이동한 게 2008년이라 연계신청을 할 수 없을 줄 알았는데, 적용 특례가 있다고 하니 신청할 수 있는지 한 번 알아봐야겠네.

③ 다영 : 군인연금에 가입한 지 11년째에 국민연금으로 이동했으니, 따로 연계신청을 할 수는 없겠구나.

④ 라영 : 현재 사학연금에 가입이 되어 있다면, 65세 미만이라도 연계신청을 못하게 될 수 있네.

| 39~40 | 다음 글을 읽고 물음에 답하시오.

○○국의 항공기 식별코드는 '(현재상태부호)(특수임무부호)(기본임무부호)(항공기종류부호)－(설계번호)(개량형부호)'와 같이 최대 6개 부분(앞부분 4개, 뒷부분 2개)으로 구성된다.

항공기종류부호는 특수 항공기에만 붙이는 부호로, G는 글라이더, H는 헬리콥터, Q는 무인항공기, S는 우주선, V는 수직단거리이착륙기에 붙인다. 항공기종류부호가 생략된 항공기는 일반 비행기이다.

모든 항공기 식별코드는 기본임무부호나 특수임무부호 중 적어도 하나를 꼭 포함하고 있다. 기본임무부호는 항공기가 기본적으로 수행하는 임무를 나타내는 부호이다. A는 지상공격기, B는 폭격기, C는 수송기, E는 전자전기, F는 전투기, K는 공중급유기, L은 레이저탑재항공기, O는 관측기, P는 해상초계기, R은 정찰기, T는 훈련기, U는 다목적기에 붙인다.

특수임무부호는 항공기가 개량을 거쳐 기본임무와 다른 임무를 수행할 때 붙이는 부호이다. 부호에 사용되는 알파벳과 그 의미는 기본임무부호와 동일하다. 항공기가 기본임무와 특수임무를 모두 수행할 수 있을 때에는 두 부호를 모두 표시하며, 개량으로 인하여 더 이상 기본임무를 수행하지 못하게 된 경우에는 특수임무부호만을 표시한다.

현재상태부호는 현재 정상적으로 사용되고 있지 않은 항공기에만 붙이는 부호이다. G는 영구보존처리된 항공기, J와 N은 테스트를 위해 사용되고 있는 항공기에 붙이는 부호이다. J는 테스트 종료 후 정상적으로 사용될 항공기에 붙이는 부호이며, N은 개량을 많이 거쳤기 때문에 이후에도 정상적으로 사용될 계획이 없는 항공기에 붙이는 부호이다.

설계번호는 항공기가 특정그룹 내에서 몇 번째로 설계되었는지를 나타낸다. 1~100번은 일반 비행기, 101~200번은 글라이더 및 헬리콥터, 201~250번은 무인항공기, 251~300번은 우주선 및 수직단거리이착륙기에 붙인다. 예를 들어 107번은 글라이더와 헬리콥터 중 7번째로 설계된 항공기라는 뜻이다.

개량형부호는 한 모델의 항공기가 몇 차례 개량되었는지를 보여주는 부호이다. 개량하지 않은 최초의 모델은 항상 A를 부여받으며, 이후에는 개량될 때마다 알파벳 순서대로 부호가 붙게 된다.

39. 윗글을 근거로 판단할 때, <보기>에서 항공기 식별코드 중 앞부분 코드로 구성 가능한 것을 모두 고르면?

㉠ KK	㉡ GBCV
㉢ CAH	㉣ R

① ㉠   ② ㉠, ㉡

③ ㉡, ㉢   ④ ㉡, ㉢, ㉣

40. 윗글을 근거로 판단할 때, '현재 정상적으로 사용 중인 개량하지 않은 일반 비행기'의 식별코드 형식으로 옳은 것은?

① (기본임무부호)−(설계번호)

② (기본임무부호)−(개량형부호)

③ (기본임무부호)−(설계번호)(개량형부호)

④ (현재상태부호)(특수임무부호)−(설계번호)(개량형부호)

▌41~44▐ 다음 숫자들의 배열 규칙을 찾아 빈 칸에 들어갈 알맞은 숫자를 고르시오.

41.

13 17 20 10 27 3 ( ) −4

① 38　　　　　② 34

③ 30　　　　　④ 26

42.

| 2 3 15 | 3 4 28 | 5 6 ( ) | 7 8 120 |

① 50　　　　　② 55

③ 58　　　　　④ 66

43.

27 43 106　　12 35 74　　51 91 34　　60 81 24
22 12 ( )

① 34　　　　　② 38

③ 43　　　　　④ 48

44.

| $\frac{11}{15}$ | $\frac{4}{26}$ | $\frac{22}{30}$ | $\frac{8}{52}$ | $\frac{44}{60}$ | $\frac{16}{104}$ | $\frac{88}{120}$ | ( ) |

① $\frac{32}{208}$　　　　　② $\frac{45}{314}$

③ $\frac{51}{452}$　　　　　④ $\frac{67}{582}$

45. G사의 공장 앞에는 '가로 20m×세로 15m' 크기의 잔디밭이 조성되어 있다. 시청에서는 이 잔디밭의 가로, 세로 길이를 동일한 비율로 확장하여 새롭게 잔디를 심었는데 새로운 잔디밭의 총 면적은 432m^{2}였다. 새로운 잔디밭의 가로, 세로의 길이는 순서대로 얼마인가?

① 24m, 18m

② 23m, 17m

③ 22m, 16.5m

④ 21.5m, 16m

46. C사의 사내 설문조사 결과, 전 직원의 $\frac{2}{3}$가 과민성대장증상을 보이고 있으며, 이 중 $\frac{1}{4}$이 출근길에 불편을 겪어 아침을 먹지 않는 것으로 조사되었다. 과민성대장증상을 보이는 직원 중 아침 식사를 하는 직원의 수가 144명이라면, C사의 전 직원의 수는 몇 명인가?

① 280명　　　　　② 282명

③ 285명　　　　　④ 288명

47. 직장인 B씨가 재작년에 받은 기본급은 1,800만 원이고, 작년 기본급은 재작년 기본급보다 20%가 많았다. 작년 성과급은 재작년 성과급보다 10%가 적었다. 재작년 성과급이 그 해 기본급의 1/5에 해당할 때, 작년 연봉의 인상률은? (단, 연봉은 기본급과 성과급의 합으로 한다.)

① 5%　　　　　② 10%

③ 15%　　　　　④ 20%

48. 갑, 을, 병, 정, 무, 기 6명의 채용 시험 결과를 참고로 평균 점수를 구하여 편차를 계산하였더니 결과가 다음과 같다. 이에 대한 분산과 표준편차를 합한 값은 얼마인가?

직원	갑	을	병	정	무	기
편차	3	−1	( )	2	0	−3

① 3

② 4

③ 5

④ 6

49. 다음 자료에 대한 설명으로 올바른 것은 어느 것인가?

① 수돗물음용률과 수돗물 직음용률은 비교연도에 모두 동일한 증감 추세를 보이고 있다.

② 수돗물음용률은 수돗물 직음용률보다 항상 50%p 이상 많다.

③ 2011년 이후 수돗물을 끓여 마시는 사람들의 비중이 급격이 증가하였다.

④ 수돗물을 직접 마시는 사람들은 2011년 이후 증가 추세에 있다.

50. 다음 중 연도별 댐 저수율 변화의 연도별 증감 추이가 동일한 패턴을 보이는 수계로 짝지어진 것은 어느 것인가?

〈4대강 수계 댐 저수율 변화 추이〉					
					(단위 : %)
수계	2011	2012	2013	2014	2015
평균	59.4	60.6	57.3	48.7	43.6
한강수계	66.5	65.1	58.9	51.6	37.5
낙동강수계	48.1	51.2	43.4	41.5	40.4
금강수계	61.1	61.2	64.6	48.8	44.6
영 · 섬강수계	61.8	65.0	62.3	52.7	51.7

① 낙동강수계, 영 · 섬강수계

② 한강수계, 금강수계

③ 낙동강수계, 금강수계

④ 영 · 섬강수계

51. 다음 그림에 대한 설명으로 가장 옳은 것은?

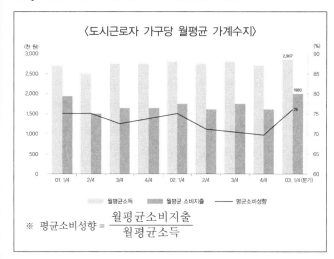

$$※ \ 평균소비성향 = \frac{월평균소비지출}{월평균소득}$$

① 소득이 증가할수록 소비지출도 소득에 비례하여 증가하였다.

② 월평균 소득과 평균소비성향은 서로 반비례적인 관계를 보인다.

③ 우리나라 도시 근로자 가구는 대개 소득의 75 ~ 80% 정도를 지출하고 있다.

④ 매년 1/4분기에는 동일 연도 다른 분기에 비해 소득에서 더 많은 부분을 소비하였다.

52. 다음과 같은 자료를 활용하여 작성할 수 있는 하위 자료로 적절하지 않은 것은 어느 것인가?

(단위 : 천 가구, 천 명, %)

구분	2013	2014	2015	2016	2017
농가	1,142	1,121	1,089	1,068	1,042
농가 비율(%)	6.2	6.0	5.7	5.5	5.3
농가 인구	2,847	2,752	2,569	2,496	2,422
남자	1,387	1,340	1,265	1,222	1,184
여자	1,461	1,412	1,305	1,275	1,238
성비	94.9	94.9	96.9	95.9	95.7
농가인구 비율(%)	5.6	5.4	5.0	4.9	4.7

* 농가 비율과 농가인구 비율은 총 가구 및 총인구에 대한 농가 및 농가인구의 비율임.

① 2013년~2017년 기간의 연 평균 농가의 수
② 연도별 농가당 성인 농가인구의 수
③ 총인구 대비 남성과 여성의 농가인구 구성비
④ 연도별, 성별 농가인구 증감 수

53. 다음 자료에 대한 올바른 해석이 아닌 것은 어느 것인가?

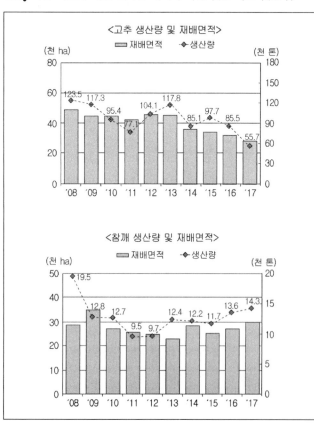

① 전년대비 2017년의 재배면적은 고추와 참깨가 모두 증가하였다.
② 2015~2017년의 재배면적과 생산량의 증감 추이는 고추와 참깨가 상반된다.
③ 2008년 대비 2017년에는 고추와 참깨의 생산이 모두 감소하였다.
④ 재배면적의 감소세는 고추가 참깨보다 더 뚜렷하다.

54. 다음은 갑국의 최종에너지 소비량에 대한 자료이다. 이에 대한 설명으로 옳은 것들로만 바르게 짝지어진 것은?

〈2015~2017년 유형별 최종에너지 소비량 비중〉

(단위 : %)

유형 / 연도	석탄 무연탄	석탄 유연탄	석유 제품	도시 가스	전력	기타
2015	2.7	11.6	53.3	10.8	18.2	3.4
2016	2.8	10.3	54.0	10.7	18.6	3.6
2017	2.9	11.5	51.9	10.9	19.1	3.7

〈2017년 부문별 유형별 최종에너지 소비량〉

(단위 : 천TOE)

유형 / 부문	석탄 무연탄	석탄 유연탄	석유 제품	도시 가스	전력	기타	합
산업	4,750	15,317	57,451	9,129	23,093	5,415	115,155
가정·상업	901	4,636	6,450	11,105	12,489	1,675	37,256
수송	0	0	35,438	188	1,312	0	36,938
기타	0	2,321	1,299	669	152	42	4,483
계	5,651	22,274	100,638	21,091	37,046	7,132	193,832

※ TOE는 석유 환산 톤수를 의미

┌──────────────────────────────────────┐
㉠ 2015~2017년 동안 전력소비량은 매년 증가한다.
㉡ 2017에는 산업부문의 최종에너지 소비량이 전체 최종에너지 소비량의 50% 이상을 차지한다.
㉢ 2015~2017년 동안 석유제품 소비량 대비 전력 소비량의 비율이 매년 증가한다.
㉣ 2017년에는 산업부문과 가정·상업부문에서 유연탄 소비량 대비 무연탄 소비량의 비율이 각각 25% 이하이다.
└──────────────────────────────────────┘

① ㉠, ㉡
② ㉠, ㉣
③ ㉡, ㉢
④ ㉡, ㉣

55. 다음은 2015~2017년 동안 ○○지역의 용도별 물 사용량 현황을 나타낸 표이다. 이에 대한 설명으로 옳지 않은 것을 모두 고른 것은?

(단위 : m³, %, 명)

연도 / 구분 / 용도	2015 사용량	2015 비율	2016 사용량	2016 비율	2017 사용량	2017 비율
생활용수	136,762	56.2	162,790	56.2	182,490	56.1
가정용수	65,100	26.8	72,400	25.0	84,400	26.0
영업용수	11,000	4.5	19,930	6.9	23,100	7.1
업무용수	39,662	16.3	45,220	15.6	47,250	14.5
욕탕용수	21,000	8.6	25,240	8.7	27,740	8.5
농업용수	45,000	18.5	49,050	16.9	52,230	16.1
공업용수	61,500	25.3	77,900	26.9	90,300	27.8
총 사용량	243,262	100.0	289,740	100.0	325,020	100.0
사용인구	379,300		430,400		531,250	

※ 1명당 생활용수 사용량(m³/명) = $\dfrac{생활용수\ 총\ 사용량}{사용인구}$

ㄱ 총 사용량은 2016년과 2017년 모두 전년대비 15% 이상 증가하였다.
ㄴ 1명당 생활용수 사용량은 매년 증가하였다.
ㄷ 농업용수 사용량은 매년 증가하였다.
ㄹ 가정용수와 영업용수 사용량의 합은 업무용수와 욕탕용수 사용량의 합보다 매년 크다.

① ㄱ, ㄴ
② ㄴ, ㄷ
③ ㄴ, ㄹ
④ ㄱ, ㄴ, ㄹ

56. 3개월의 인턴기간 동안 업무평가 점수가 가장 높았던 甲, 乙, 丙, 丁 네 명의 인턴에게 성과급을 지급했다. 제시된 조건에 따라 성과급은 甲 인턴부터 丁 인턴까지 차례로 지급되었다고 할 때, 네 인턴에게 지급된 성과급 총액은 얼마인가?

- 甲 인턴은 성과급 총액의 1/3보다 20만 원 더 받았다.
- 乙 인턴은 甲 인턴이 받고 남은 성과급의 1/2보다 10만 원을 더 받았다.
- 丙 인턴은 乙 인턴이 받고 남은 성과급의 1/3보다 60만 원을 더 받았다.
- 丁 인턴은 丙 인턴이 받고 남은 성과급의 1/2보다 70만 원을 더 받았다.

① 860만 원
② 900만 원
③ 940만 원
④ 960만 원

57. 다음은 X공기업의 팀별 성과급 지급 기준이다. Y팀의 성과평가 결과가 〈보기〉와 같다면 3/4 분기에 지급되는 성과급은?

- 성과급 지급은 성과평가 결과와 연계함
- 성과평가는 유용성, 안전성, 서비스 만족도의 총합으로 평가함. 단, 유용성, 안전성, 서비스 만족도의 가중치를 각각 0.4, 0.4, 0.2로 부여함
- 성과평가 결과를 활용한 성과급 지급 기준

성과평가 점수	성과평가 등급	분기별 성과급 지급액	비고
9.0 이상	A	100만 원	성과평가 등급이 A이면 직전 분기 차감액의 50%를 가산하여 지급
8.0 이상 9.0 미만	B	90만 원(10만 원 차감)	
7.0 이상 8.0 미만	C	80만 원(20만 원 차감)	
7.0 미만	D	40만 원(60만 원 차감)	

〈보기〉				
구분	1/4 분기	2/4 분기	3/4 분기	4/4 분기
유용성	8	8	10	8
안전성	8	6	8	8
서비스 만족도	6	8	10	8

① 130만 원
② 120만 원
③ 110만 원
④ 100만 원

58. 다음 자료를 참고한 올바른 판단을 〈보기〉에서 모두 고른 것은 어느 것인가?

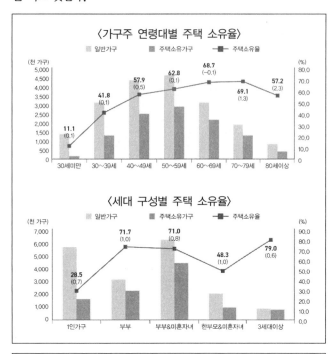

〈가구주 연령대별 주택 소유율〉

〈세대 구성별 주택 소유율〉

〈보기〉
(가) 일반가구 수가 더 많은 연령대는 주택소유가구 수도 더 많다.
(나) 주택소유가구 수가 더 많은 연령대는 주택소유율도 더 높다.
(다) 일반가구는 '부부&미혼자녀' 세대 구성에서 가장 많고, '3세대 이상'에서 가장 적다.
(라) '3세대 이상' 세대 구성은 일반가구 수, 주택소유가구 수가 다른 세대 구성에 비해 가장 적지만, 주택소유율은 가장 높다.

① (가), (다) 　　　　② (다), (라)
③ (나), (다) 　　　　④ (나), (라)

59. 다음은 3개 회사의 '갑' 제품에 대한 국내 시장 점유율 현황을 나타낸 자료이다. 다음 자료에 대한 설명 중 적절하지 않은 것은 어느 것인가?

(단위 : %)

구분	2012	2013	2014	2015	2016
A 사	17.4	18.3	19.5	21.6	24.7
B 사	12.0	11.7	11.4	11.1	10.5
C 사	9.0	9.9	8.7	8.1	7.8

① 2012년부터 2016년까지 3개 회사의 점유율 증감 추이는 모두 다르다.
② 3개 회사를 제외한 나머지 회사의 '갑' 제품 점유율은 2012년 이후 매년 감소하였다.
③ 2012년 대비 2016년의 점유율 감소율은 C사가 B사보다 더 크다.
④ 3개 회사의 2016년의 시장 점유율은 전년 대비 5% 이상 증가하였다.

60. 다음은 A제품과 B제품에 대한 연간 판매량을 분기별로 나타낸 자료이다. 이 자료에 대한 설명으로 적절하지 않은 것은 어느 것인가?

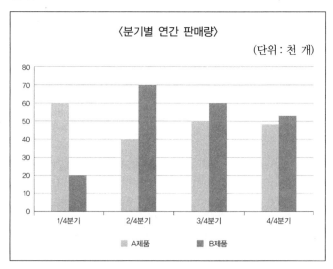

〈분기별 연간 판매량〉
(단위 : 천 개)

① 연간 판매량은 B제품이 A제품보다 더 많다.
② 4/4분기 전까지 두 제품의 분기별 평균 판매량은 동일하다.
③ 두 제품의 판매량 차이는 연말이 다가올수록 점점 감소한다.
④ 4/4분기 B제품의 판매량이 51이라면, B제품의 이전 분기 대비 판매량 감소율의 크기는 3/4분기가 4/4분기보다 더 크다.

61. H는 경복궁에서 시작하여 서울시립미술관, 서울타워 전망대, 국립중앙박물관까지 순서대로 관광하려 한다. '경복궁 → 서울시립미술관'은 도보로, '서울시립미술관 → 서울타워 전망대' 및 '서울타워 전망대 → 국립중앙박물관'은 각각 지하철로 이동해야 한다. 다음과 같은 조건하에서 H가 관광비용을 최소로 하여 관광하고자 할 때, H가 지불할 관광비용은 얼마인가? (단, 관광비용은 입장료, 지하철 요금, 상품가격의 합산 금액이다.)

〈입장료 및 지하철 요금〉

(단위 : 천 개)

경복궁	서울시립 미술관	서울타워 전망대	국립중앙 박물관	지하철
1,000원	5,000원	10,000원	1,000원	1,000원

※ 지하철 요금은 거리에 관계없이 탑승할 때마다 일정하게 지불하며, 도보 이동 시에는 별도 비용 없음

• H가 선택할 수 있는 상품은 다음 세 가지 중 하나이다.

상품	가격	혜택				
		경복궁	서울 시립 미술관	서울 타워 전망대	국립 중앙 박물관	지하철
스마트 교통카드	1,000원	–	–	50% 할인	–	당일 무료
시티투어A	3,000원	30% 할인	30% 할인	30% 할인	30% 할인	당일 무료
시티투어B	5,000원	무료	–	무료	무료	–

① 11,000원

② 12,000원

③ 13,000원

④ 14,900원

---

62. 다음 글과 〈조건〉을 근거로 판단할 때, 중국으로 출장 가는 사람으로 짝지어진 것은?

C회사에서는 업무상 외국 출장이 잦은 편이다. 인사부 A씨는 매달 출장 갈 직원들을 정하는 업무를 맡고 있다. 이번 달에는 총 4국가로 출장을 가야 하며 인원은 다음과 같다.

미국	영국	중국	일본
1명	4명	3명	4명

출장을 갈 직원은 이 과장, 김 과장, 신 과장, 류 과장, 임 과장, 장 과장, 최 과장이 있으며, 개인별 출장 가능한 국가는 다음과 같다.

국가＼직원	이 과장	김 과장	신 과장	류 과장	임 과장	장 과장	최 과장
미국	○	×	○	×	×	×	×
영국	○	×	○	○	○	×	×
중국	×	○	○	○	○	×	○
일본	×	×	○	×	○	○	○

※ ○ : 출장 가능, × : 출장 불가능

※ 어떤 출장도 일정이 겹치진 않는다.

〈조건〉

• 한 사람이 두 국가까지만 출장 갈 수 있다.

• 모든 사람은 한 국가 이상 출장을 가야 한다.

① 김 과장, 최 과장, 류 과장

② 김 과장, 신 과장, 류 과장

③ 신 과장, 류 과장, 임 과장

④ 김 과장, 임 과장, 최 과장

다음은 G사 영업본부 직원들의 담당 업무와 다음 달 주요 업무 일정표이다. 다음을 참고로 이어지는 물음에 답하시오.

〈다음 달 주요 업무 일정〉

일	월	화	수	목	금	토
		1 사업계획 초안 작성 (2)	2	3	4 사옥 이동 계획 수립 (2)	5
6	7	8 인트라넷 요청사항 정리(2)	9 전 직원 월간 회의	10	11 TF팀 회의 (1)	12
13	14 법무실무 담당자 회의(3)	15	16	17 신제품 진행 과정 보고(1)	18	19
20	21 매출부진 원인분석 (2)	22	23 홍보자료 작성(3)	24 인사고과 (2)	25	26
27	28 매출 집계 (2)	29 부서경비 정리(2)	30	31		

* ( )안의 숫자는 해당 업무 소요 일수

〈담당자별 업무〉

담당자	담당업무
갑	부서 인사고과, 사옥 이동 관련 이사 계획 수립, 내년도 사업계획 초안 작성
을	매출부진 원인 분석, 신제품 개발 진행과정 보고
병	자원개발 프로젝트 TF팀 회의 참석, 부서 법무실무 교육 담당자 회의
정	사내 인트라넷 구축 관련 요청사항 정리, 대외 홍보자료 작성
무	월말 부서 경비집행 내역 정리 및 보고, 매출 집계 및 전산 입력

63. 위의 일정과 담당 업무를 참고할 때, 다음 달 월차 휴가를 사용하기에 적절한 날짜를 선택한 직원이 아닌 것은 어느 것인가?

① 갑 - 23일
② 을 - 8일
③ 병 - 4일
④ 정 - 25일

64. 갑작스런 해외 거래처의 일정 변경으로 인해 다음 달 넷째 주에 영업본부에서 2명이 일주일 간 해외 출장을 가야 한다. 위에 제시된 5명의 직원 중 담당 업무에 지장이 없는 2명을 뽑아 출장을 보내야 할 경우, 출장자로 적절한 직원은 누구인가?

① 갑, 병
② 을, 정
③ 정, 무
④ 병, 무

65. 다음은 네 가지 시간관리 유형에 관한 자료이다. 다음 중 유진이의 시간관리 유형에 해당하는 것은?

사람은 하루 24시간을 어떻게 쓰느냐에 따라 시간 창조형(Time-creator), 시간 절약형(Time-saver), 시간 소비형(Time-spender), 시간 파괴형(Time-killer) 등 네 가지로 나눌 수 있다.

'시간 파괴형'은 자신에게 주어진 시간을 제대로 활용하기는커녕 시간관념이 없어 자신의 시간은 물론 남의 기간마저 죽이는 사람들이다. 이들의 이런 자세는 남에게 엄청난 피해를 준다.

'시간 소비형'은 하루 24시간을 제대로 활용하지 못하고 빈둥대면서 살아가는 층으로 왜 살아야 하고, 왜 바빠야 하는지 등 인생의 목적이나 의욕이 전혀 없는 사람들이다. 우리네 대부분의 사람들이 이런 소비 형태를 따르고 있다. 하루살이처럼 한 끼를 때우는 심정으로 시간을 보낸다. 그러면서도 바쁜척하고 허둥대는 형이다.

'시간 절약형'은 24시간을 꽉 짜인 계획표대로 움직이면서 시간에 자신의 생활을 맞춰나가는 형으로 나름대로 짜임새 있게 살아가는 사람이다. 그야말로 우리 주변에 볼 수 있는 바쁘게 정신없이 사는 사람들이다.

'시간 창조형'은 자신에게 주어진 시간을 하루 24시간으로 구속하지 않고 능동적으로 사고하고 행동하며 자신의 것으로 만드는 사람이다. 이들은 항상 바빠 보이지만 늘 여유가 있고 소위 자신이 하고 싶은 것은 다 해가며 살아가는 사람들이다. 단적으로 말해 이들은 시간을 잘 쓰는 사람들이다. 그래서 이들의 특징을 보면 하루가 24시간이 아니라 25시간이 될 수도 있고, 48시간이 될 수도 있다.

〈유진이의 하루〉
유진이는 자신의 업무에 있어 시간 관리를 최우선으로 생각하고 8시간의 근무시간 동안 최대한 시간을 효율적으로 사용하려고 애쓴다. 퇴근 후에도 자기 관리에 시간을 철저히 투자하여 요가, 수영을 매일 규칙적으로 하고 있다. 집에 돌아온 후에도 자기 전까지 집안일을 거들고, 정해진 시간에 숙면을 취한다.

① 시간 창조형
② 시간 소비형
③ 시간 절약형
④ 시간 파괴형

66.
다음과 같이 예산이 소요되는 다섯 개의 프로젝트가 있다. 이 프로젝트들은 향후 5년간 모두 완수되어야 한다. 연도별 가용 예산과 규정은 다음과 같다. 이 내용을 해석하여 바르게 설명한 것은?

〈프로젝트별 기간 및 소요 예산〉
- A 프로젝트 – 총 사업기간 2년, 1차년도 1억 원, 2차년도 4억 원 소요
- B 프로젝트 – 총 사업기간 3년, 1차년도 15억 원, 2차년도 18억 원, 3차년도 21억 원 소요
- C 프로젝트 – 총 사업기간 1년, 15억 원 소요
- D 프로젝트 – 총 사업기간 2년, 1차년도 15억 원, 2차년도 8억 원 소요
- E 프로젝트 – 총 사업기간 3년, 1차년도 6억 원, 2차년도 12억 원, 3차년도 24억 원 소요

〈연도별 가용 예산〉
- 1차년도 – 20억 원
- 2차년도 – 24억 원
- 3차년도 – 28억 원
- 4차년도 – 35억 원
- 5차년도 – 40억 원

〈규정〉
- 모든 사업은 시작하면 연속적으로 수행하여 끝내야 한다.
- 모든 사업은 5년 이내에 반드시 완료하여야 한다.
- 5개 프로젝트에 할당되는 예산은 남는 것은 상관없으나 부족해서는 안 되며, 남은 예산은 이월되지 않는다.

---

① A, D 프로젝트를 첫 해에 동시에 시작해야 한다.
② E 프로젝트를 세 번째 해에 시작하고, C 프로젝트는 최종 연도에 시행한다.
③ 첫 해에는 B 프로젝트를 수행해야 한다.
④ 첫 해에는 E 프로젝트만 수행해야 한다.

67.
다음 글을 근거로 판단할 때 A팀이 최종적으로 선택하게 될 이동수단의 종류와 그 비용을 바르게 연결한 것은?

총 4명으로 구성된 A팀은 해외출장을 계획하고 있다. A팀은 출장지에서의 이동수단 한 가지를 결정하려고 한다. 이 때 A팀은 경제성, 용이성, 안전성의 총 3가지 요소를 고려하여 최종점수가 가장 높은 이동수단을 선택한다.
- 각 고려요소의 평가결과 '상' 등급을 받으면 3점을, '중' 등급을 받으면 2점을, '하' 등급을 받으면 1점을 부여한다. 단, 안전성을 중시하여 안전성 점수를 2배로 계산한다. (예를 들어, 안전성 '하' 등급은 2점)
- 경제성은 각 이동수단별 최소비용이 적은 것부터 상, 중, 하로 계산한다.
- 각 고려요소의 평가점수를 합하여 최종점수를 구한다.

〈평가표〉

이동수단	경제성	용이성	안전성
렌터카	?	상	하
택시	?	중	중
대중교통	?	하	중

〈이동수단별 비용계산식〉

이동수단	비용계산식
렌터카	(렌트비+유류비) × 이용 일수 * 렌트비=$50/1일(4인승 차량) * 유류비=$10/1일(4인승 차량)
택시	거리당 가격($1/1마일) × 이동거리(마일) * 최대 4명까지 탑승 가능
대중교통	대중교통패스 3일권($40/1인) × 인원 수

〈해외출장 일정〉

출장일정	이동거리(마일)
10월 1일	100
10월 2일	50
10월 3일	50

---

① 렌터카 – $180
② 택시 – $200
③ 택시 – $400
④ 대중교통 – $160

68. 다음은 ○○회사 직원들 갑, 을, 병, 정, 무의 국외 출장 현황과 출장 국가별 여비 기준을 나타낸 자료이다. 이 자료를 근거로 출장 여비를 지급받을 때, 출장 여비를 가장 많이 지급받는 출장자부터 순서대로 바르게 나열한 것은?

〈갑, 을, 병, 정, 무의 국외 출장 현황〉

출장자	출장 국가	출장 기간	숙박비 지급 유형	1박 실지출 비용 ($/박)	출장 시 개인 마일리지 사용여부
갑	A	3박 4일	실비지급	145	미사용
을	A	3박 4일	정액지급	130	사용
병	B	3박 5일	실비지급	110	사용
정	C	4박 6일	정액지급	75	미사용
무	D	5박 6일	실비지급	75	사용

※ 각 출장자의 출장 기간 중 매박 실지출 비용은 변동 없음

〈출장 국가별 1인당 여비 지급 기준액〉

구분 / 출장국가	1일 숙박비 상한액($/박)	1일 식비($/일)
A	170	72
B	140	60
C	100	45
D	85	35

- ㉠ 출장 여비($) = 숙박비 + 식비
- ㉡ 숙박비는 숙박 실지출 비용을 지급하는 실비지급 유형과 출장국가 숙박비 상한액의 80%를 지급하는 정액지급 유형으로 구분
  - 실비지급 숙박비($) = (1박 실지출 비용) × ('박' 수)
  - 정액지급 숙박비($) = (출장국가 1일 숙박비 상한액) × ('박' 수) × 0.8
- ㉢ 식비는 출장 시 개인 마일리지 사용여부에 따라 출장 중 식비의 20% 추가지급
  - 개인 마일리지 미사용 시 지급 식비($) = (출장국가 1일 식비) × ('일' 수)
  - 개인 마일리지 사용 시 지급 식비($) = (출장국가 1일 식비) × ('일' 수) × 1.2

① 갑, 을, 병, 정, 무
② 갑, 을, 병, 무, 정
③ 을, 갑, 정, 병, 무
④ 을, 갑, 병, 무, 정

69. 다음은 매몰비용에 대한 설명이다. 이와 관련된 사례로 보기 어려운 것은?

> 의사결정을 하고 실행을 한 이후에 발생하는 비용 중 회수할 수 없는 비용을 말하며 함몰비용이라고도 한다. 일단 지출하고 나면 회수할 수 없는 기업의 광고비용이나 R&D 비용 등이 이에 속한다.

① 성경이는 햄버거 런치 세트를 주문하여 점심을 해결하였다. 평소에 콜라를 잘 마시지 않지만 세트메뉴로 나온 콜라를 버리기에는 아쉬워 억지로 먹었다.
② 정미가 다니는 회사는 최대의 이윤을 남길 수 있는 만큼 비용을 투자하여 스마트워치를 생산하기로 하였다.
③ 우선이는 가격이 저렴한 수분크림을 1+1으로 구매하였지만 본인 피부 타입과는 맞지 않아 결국 핸드크림 대용으로 사용하고 있다.
④ 정희는 마음에 드는 옷을 구매하였지만 약간 작은 탓에 살을 빼고 입을 날을 기다리고 있다.

70. 김 과장은 다음 달로 예정되어 있는 해외 출장 일정을 확정하려 한다. 다음 상황의 조건을 만족할 경우 김 과장의 출장 일정에 대한 설명으로 올바른 것은 어느 것인가?

> 김 과장은 다음 달 3박 4일간의 일본 출장이 계획되어 있다. 회사에서는 출발일과 복귀일에 업무 손실을 최소화할 수 있도록 가급적 평일에 복귀하도록 권장하고 있고, 출장 기간에 토요일과 일요일이 모두 포함되는 일정은 지양하도록 요구한다. 이번 출장에서는 매우 중요한 계약 건이 이루어져야 하기 때문에 김 과장은 출장 복귀 바로 다음 날 출장 결과 보고를 하고자 한다. 다음 달의 첫째 날은 금요일이며 마지막 주 수요일과 13일은 김 과장이 빠질 수 없는 회사 업무 일정이 잡혀있다.

① 금요일에 출장을 떠나는 일정도 가능하다.
② 김 과장은 월요일이나 화요일에 출장 결과 보고를 할 수 있다.
③ 김 과장이 출발일로 잡을 수 있는 날짜는 모두 4개이다.
④ 김 과장은 마지막 주에 출장을 가게 될 수도 있다.

─ 올 여름은 ○○파크로! ─

○○파크는 노천 온천과 테마파크를 자랑하는 강원도 대표 휴양지입니다. 이번 여름을 맞이하여 실내 수영장도 추가로 개방하였으니 온가족이 모두 즐길 수 있는 ○○파크로 놀러오세요!

〈예약 문의〉
• 대표 번호 : 080-***-9000
• 홈페이지 : www.○○park.co.kr

〈8월 3주차 무료 수영 레슨 계획표〉

강사명	성별	레슨 요일	레슨 시간
박준표	남	월, 화, 수, 목, 금	9:00~12:00
김수연	여	월, 화, 수, 목	9:00~12:00
유진성	남	월, 수, 금	13:00~15:00
이선주	여	수, 목, 금	17:00~20:00
안승혜	여	토	9:00~11:00

※ 8월 3주차 레슨은 13일(월요일)~18일(토요일)까지 진행
※ 레슨은 한주에 최대 2회까지 신청 가능
※ 레슨은 하루에 1회만 이용 가능
※ 강사는 한 명만 선택 가능
※ 수영 레슨은 1시간씩 진행

71. 미연이는 이번 여름에 수영을 배우기 위해 자신의 조건에 맞는 수영 강사를 찾고 있다. 다음 중 선택될 수 있는 강사는?

〈선호 사항〉
㉠ 1회 차 레슨이 가능한 날짜 : 8월 15일
㉡ 2회 차 레슨이 가능한 날짜 : 8월 16일, 17일 中 1일
㉢ 선호 시간 : 오전
㉣ 선호 성별 : 남성

① 박준표　　　　　② 김수연
③ 유진성　　　　　④ 이선주

72. 은주는 김수연 강사에게 레슨을 신청했다가 14일부터 16일까지 일이 생겨 다른 강사로 변경하기로 하였다. 다음 변경사항을 따를 때, 레슨이 가능한 시간대로 적절한 것은?

〈변경 사항〉
㉠ 1회 차 레슨이 가능한 날짜 : 8월 13일
㉡ 2회 차 레슨이 가능한 날짜 : 8월 17일, 18일 中 1일
㉢ 선호 시간 : 오후

① 9:00~12:00　　　② 9:00~13:00
③ 13:00~15:00　　　④ 17:00~20:00

73. 다음은 SMART기법에 대한 설명이다. 해당 기법 중 보기의 내용과 어울리는 것을 고르면?

〈SMART법칙〉

목표를 어떻게 설정하고 그 목표를 성공적으로 달성하기 위해 꼭 필요한 필수 요건들을 S.M.A.R.T. 5개 철자에 따라 제시한 것이다.
㉠ Specific(구체적으로) : 목표를 구체적으로 작성한다.
㉡ Measurable(측정 가능하도록) : 수치화, 객관화시켜서 측정 가능한 척도를 세운다.
㉢ Action-oriented(행동 지향적으로) : 사고 및 생각에 그치는 것이 아니라 행동을 중심으로 목표를 세운다.
㉣ Realistic(현실성 있게) : 실현 가능한 목표를 세운다.
㉤ Time limited(시간적 제약이 있게) : 목표를 설정함에 있어 제한 시간을 둔다.

〈보기〉

마라톤 선수는 코스를 어떻게 완주할지를 사전에 계획해야 한다. 예를 들어, 5km까지는 어떻게 뛰고, 그 다음 10km는 어떻게 하는 식으로 구간마다 목표가 없으면 풀코스를 완주하기가 어렵고 좋은 기록을 내기도 어렵다.
이러한 원리는 인생의 목표설정 원리와 유사하다. 인생은 단거리 경주의 연속이다. 이것이 연결되면 결국 장거리 경주가 된다. 그러므로 지금 내 앞에 주어진 100m를 어떻게 뛸 것인가에 대한 분명한 목표와 계획을 세우는 것이야말로 성공한 인생을 만드는 지름길이다.

① "S" pecific　　　　② "M" easurable
③ "A" ction-oriented　　④ "R" ealistic

74. 다음 〈보기〉에서와 같은 상황에 대한 적절한 설명이 아닌 것은 어느 것인가?

〈보기〉

신사업을 개발하기 위해 TF팀을 구성한 오 부장은 기술 개발의 가시적인 성과가 눈앞으로 다가와 곧 완제품 출시를 앞두고 있다. 경쟁 아이템이 없는 신제품으로 적어도 사업 초기에는 완벽한 독점 체제를 구축할 수 있을 것으로 전망된다. 오 부장은 그간 투입한 기술개발비와 향후 추가로 들어가게 될 홍보비, 마케팅비, 마진 등을 산정하여 신제품의 소비자 단가를 책정해야 하는 매우 중요한 과제를 앞두고 직원들과 함께 적정 가격 책정을 위해 머리를 맞대고 회의를 진행 중이다.

① 실제비용보다 책정비용을 낮게 산정하면 제품의 경쟁력이 손실될 수 있다.

② 향후 추가될 예상 홍보비를 실제보다 과도하게 책정하여 단가에 반영할 경우 적자가 발생할 수 있다.

③ 개발비 등 투입 예상비용이 실제 집행된 비용과 같을수록 이상적이라고 볼 수 있다.

④ 마케팅 비용을 너무 적게 산정하여 단가에 반영할 경우 적자가 쌓일 수 있다.

75. O회사에 근무하고 있는 채 과장은 거래 업체를 선정하고자 한다. 업체별 현황과 평가기준이 다음과 같을 때, 선정되는 업체는?

〈업체별 현황〉

업체명	시장매력도	정보화수준	접근가능성
	시장규모(억 원)	정보화순위	수출액(백만 원)
A업체	550	106	9,103
B업체	333	62	2,459
C업체	315	91	2,597
D업체	1,706	95	2,777
E업체	480	73	3,888

〈평가기준〉

- 업체별 종합점수는 시장매력도(30점 만점), 정보화수준(30점 만점), 접근가능성(40점 만점)의 합계(100점 만점)로 구하며, 종합점수가 가장 높은 업체가 선정된다.
- 시장매력도 점수는 시장매력도가 가장 높은 업체에 30점, 가장 낮은 업체에 0점, 그 밖의 모든 업체에 15점을 부여한다. 시장규모가 클수록 시장매력도가 높다.
- 정보화수준 점수는 정보화순위가 가장 높은 업체에 30점, 가장 낮은 업체에 0점, 그 밖의 모든 업체에 15점을 부여한다.
- 접근가능성 점수는 접근가능성이 가장 높은 업체에 40점, 가장 낮은 업체에 0점, 그 밖의 모든 업체에 20점을 부여한다. 수출액이 클수록 접근가능성이 높다.

① A   ② B
③ C   ④ D

76. 사내 냉방 효율을 위하여 층별 에어컨 수와 종류를 조정하려고 한다. 버리는 구형 에어컨과 구입하는 신형 에어컨을 최소화할 때, A상사는 신형 에어컨을 몇 대 구입해야 하는가?

사내 냉방 효율 조정 방안		
적용 순서	조건	미충족 시 조정 방안
1	층별 월 전기료 60만 원 이하	구형 에어컨을 버려 조건 충족
2	구형 에어컨 대비 신형 에어컨 비율 1/2 이상 유지	신형 에어컨을 구입해 조건 충족

※ 구형 에어컨 1대의 월 전기료는 4만 원이고, 신형 에어컨 1대의 월 전기료는 3만 원이다.

사내 냉방시설 현황						
	1층	2층	3층	4층	5층	6층
구형	9	15	12	8	13	10
신형	5	7	6	3	4	5

① 1대 ② 2대
③ 3대 ④ 4대

77. 어느 날 팀장이 아래 자료를 던져주며 "이번에 회사에서 전략 사업으로 자동차 부품 시범 판매점을 직접 운영해 보기로 했다"며 "일단 자동차가 많이 운행되고 있는 도시에 판매점을 둬야겠다."고 말씀하신다. 다음 중 귀하는 후보 도시를 어떻게 추천해야 하는가?

도시	인구 수(만 명)	도로 연장(km)	자동차 대수(1,000명당)
A	108	198	205
B	75	148	130
C	53	315	410
D	40	103	350

① 무조건 인구가 많은 A − B − C − D시 순으로 추천해야 한다.
② 결국 1,000명 자동차 대수가 많은 C − D − A − B시 순으로 추천해야 한다.
③ B시는 인구수는 두 번째이지만 추천 순위에서는 가장 밀린다.
④ 도로가 잘 정비돼 있는 C시를 강력 추천해야 한다.

78. 다음은 A회사 영업팀 구성원의 하루 업무 일정을 정리한 표이다. 신입사원 B씨는 작성된 내용을 바탕으로 다음 주에 진행될 실적결과보고와 관련하여 금일 팀 회의 시간을 선정하려고 한다. 전 구성원을 고려하여 1시간 동안 진행될 팀 회의시간을 결정한다고 할 때 가장 효율적인 시간대는 언제인가?

직급별 일정					
	부장	차장	대리	주임	사원
9:00~10:00	부장 업무회의		신규 거래처 관리	기존고객 관리	거래처 견적서 작성
10:00~11:00			신규거래 계약서 검토		팀 필요물품 요청
11:00~12:00	신규거래 계약			불만접수, 처리	
12:00~13:00			점심식사		
13:00~14:00	실적전략 수립		시장조사	시장조사	시장조사
14:00~15:00		판매예산 편성	시장조사	시장조사	시장조사
15:00~16:00			조사결과 보고	조사결과 보고	
16:00~17:00					
17:00~18:00	판매예산 결재				

① 10:00~11:00 ② 11:00~12:00
③ 15:00~16:00 ④ 16:00~17:00

79. 호텔 연회부에 근무하는 A는 연회장 예약일정 관리를 담당하고 있다. 다음과 같이 예약이 되어있는 상황에서 "12월 첫째 주 또는 둘째 주에 회사 송년의 밤 행사를 위해서 연회장을 예약하려고 합니다. 총 인원은 250명이고 월, 화, 수요일은 피하고 싶습니다. 예약이 가능할까요?"라는 고객의 전화를 받았을 때, A의 판단으로 옳지 않은 것은?

〈12월 예약 일정〉

※ 예약 : 연회장 이름(시작시간)						
월	화	수	목	금	토	일
1	2	3	4	5	6	7
실버(13) 블루(14)	레드(16)	블루(13) 골드(14)	골드(13) 블루(17)	골드(14) 실버(17)	실버(13) 골드(15)	레드(10) 블루(16)
8	9	10	11	12	13	14
실버(13) 블루(16)	레드(16)	골드(14)	레드(13) 블루(17)	골드(12) 골드(17)	골드(12)	실버(10) 레드(15)

〈호텔 연회장 현황〉

연회장 구분	수용 가능 인원	최소 투입인력	연회장 이용시간
레드	200명	25명	3시간
블루	300명	30명	2시간
실버	200명	30명	3시간
골드	300명	40명	3시간

※ 오후 9시에 모든 업무를 종료함
※ 연회부의 동 시간대 투입 인력은 총 70명을 넘을 수 없음
※ 연회시작 전·후 1시간씩 연회장 세팅 및 정리
※ 모든 연회장은 하루에 하나의 행사만 예약 가능

① 인원을 고려했을 때 블루 연회장과 골드 연회장이 적합하겠군.

② 송년의 밤 행사이니 저녁 시간대 중 가능한 일자를 확인해야 해.

③ 목요일부터 일요일까지 일정을 확인했을 때 평일은 예약이 불가능해.

④ 모든 조건을 고려했을 때 가능한 연회장은 13일 블루 연회장뿐이구나.

---

80. H회사 A, B, C본부에서 다 함께 워크숍을 가기로 결정하였다. 회사에서 지원하는 금액으로 단체 티셔츠를 주문해서 준비해 가려고 할 때, 지원 금액은 얼마가 되는가?

〈주문 시 유의사항〉
1) 티셔츠 금액은 1개당 6,000원이다.
2) 동일한 색상으로 50개 이상 주문할 경우 10% 할인
3) 다음의 경우 추가금액이 발생한다.
　- XXL 사이즈는 티셔츠 1개당 500원의 추가금액이 발생한다.
　- 티셔츠에 로고를 인쇄하면 1개당 500원의 추가금액이 발생한다.
　　※ 할인은 총 금액 기준으로 적용된다.

〈워크숍 단체 티셔츠 사이즈 및 수량 조사〉

• A 본부(총 28명) - 연분홍 - 로고 생략		• B 본부(총 16명) - 연분홍 - 로고 이미지 첨부		• C 본부(총 20명) - 연분홍 - 로고 이미지 첨부	
사이즈	수량	사이즈	수량	사이즈	수량
S	3	S	0	S	5
M	5	M	5	M	4
L	11	L	2	L	5
XL	6	XL	2	XL	3
XXL	1	XXL	6	XXL	0
합계	26	합계	15	합계	17

- 수량조사 하지 못한 각 본부별 인원은 그 본부에서 가장 많은 사이즈의 티셔츠 수량에 추가해서 주문하기로 했다.

① 365,400원
② 371,750원
③ 372,250원
④ 341,950원

K-water
(한국수자원공사)
기출동형 모의고사

영 역	문제해결능력, 의사소통능력, 수리능력, 자원관리능력
문항수	80문항
시 간	80분
비 고	객관식 4지선다형

제 3 회

SEOWONGAK
(주)서원각

제3회 기출동형 모의고사

1. 주식회사 한국에 다니고 있는 김○○ 대리는 거래처 VIP 명단을 바탕으로 연말에 있을 회사 송년회에 초청장을 작성하고 있다. 다음의 VIP 명단과 작성방법에 따라 우편라벨을 작성한다고 할 때, 바르게 작성한 것을 고르면? (단, 초청장에 대한 회신은 요하지 않는다)

❏ 거래처 VIP 명단

거래처	주소(지번주소)	우편번호	담당자명 (소속/직위)
㈜G.M.	파주시 산업단지길 139(문발동 472번지)	10878 (487-451)	김철수 (홍보팀/대리)
혜민상사	대전광역시 유성구 가정로 306-6(도룡동 391번지)	34130 (745-400)	이혜림 (영업부/부장)
마인+	서울특별시 마포구 양화로 106 S빌딩 3층(서교동 31-13번지)	04038 (125-144)	박소정 (대외협력팀/차장)
N디자인	광주광역시 북구 양일로 70(연제동 1007번지)	61091 (547-201)	이영은 (영업팀/팀장)
㈜장&김	인천광역시 남구 경인로 256(심곡동 73-20번지)	14750 (312-666)	장윤서 (관리과/과장)

❏ 우편라벨 작성방법
• 우편번호는 〈보내는 사람〉 가장 윗부분 첫머리에 5자리로 작성한다.
• 주소를 작성할 때에는 우편번호와 한 줄 정도의 간격을 두고 작성하며, 주소를 먼저 쓰고 그 아래에 회사명을 적는다. 주소는 지번주소 또는 도로명주소로 쓸 수 있다.
• 발신자명은 회사명과 한 줄 정도의 간격을 두고 작성하며, 회사명이 끝나는 위치에서 시작하여 소속, 직위, 이름순으로 작성하고 뒤에 '보냄' 또는 '드림'을 붙인다.
• 우편라벨에 동봉한 우편물에 대한 메모를 적을 경우, 우편번호와 같은 줄에 앞뒤 간격을 두고 간단히 작성하며 생략 가능하다. 단, 회신이 필요한 경우에 한하여 반드시 '회신 요망'을 기재한다.
• 〈받는 사람〉 작성방법은 〈보내는 사람〉 작성 방법과 동일하며, 수신자명 뒤에 '보냄', '드림' 대신 '님', '귀하'를 쓴다.

①
〈받는 사람〉
10878   회신 요망

파주시 산업단지길 139
㈜G.M.

        홍보팀 대리 김철수 귀하

②
〈받는 사람〉
745-400

대전광역시 유성구 도룡동 391번지
혜민상사

        영업부 부장 이혜림 님

③
〈받는 사람〉
04038   초청장 재중

서울특별시 마포구 양화로 106 S빌딩 3층
마인+
        대회협력팀 차장 박소정 귀하

④
〈받는 사람〉
61091

광주광역시 북구 양일로 70
N디자인

        영업팀 팀장 이영은 님

┃2~3┃ 다음은 K지역의 지역방송 채널 편성정보이다. 다음을 보고 이어지는 물음에 답하시오.

[지역방송 채널 편성규칙]

• K시의 지역방송 채널은 채널1, 채널2, 채널3, 채널4 네 개이다.
• 오후 7시부터 12시까지는 다음을 제외한 모든 프로그램이 1시간 단위로만 방송된다.

시사정치	기획물	예능	영화 이야기	지역 홍보물
최소 2시간 이상	1시간 30분	40분	30분	20분

• 모든 채널은 오후 7시부터 12시까지 뉴스 프로그램이 반드시 포함되어 있다.

[오후 7시~12시 프로그램 편성내용]

• 채널1은 3개 프로그램이 방송되었으며, 9시 30분부터 시사정치를 방송하였다.
• 채널2는 시사정치와 지역 홍보물 방송이 없었으며, 기획물, 예능, 영화 이야기가 방송되었다.
• 채널3은 6시부터 시작한 시사정치 방송이 9시에 끝났으며, 바로 이어서 뉴스가 방송되었고 기획물도 방송되었다.
• 채널4에서는 예능 프로그램이 연속 2회 편성되었고, 예능을 포함한 4종류의 프로그램이 방송되었다.

---

2. 다음 중 위의 자료를 참고할 때, 오후 7시~12시까지의 방송 프로그램에 대하여 바르게 설명하지 못한 것은? (단, 프로그램의 중간에 광고방송 시간은 고려하지 않는다.)

① 채널1에서 기획물이 방송되었다면 예능은 방송되지 않았다.
② 채널2는 정확히 12시에 프로그램이 끝나며 새로 시작되는 프로그램이 있을 수 없다.
③ 채널3에서 영화 이야기가 방송되었다면, 정확히 12시에 어떤 프로그램이 끝나게 된다.
④ 채널4에서 예능 프로그램이 연속 2회 방송되기 위해서는 반드시 뉴스보다 먼저 방송되어야 한다.

3. 다음 중 각 채널별로 정각 12시에 방송하던 프로그램을 마치기 위한 방법을 설명한 것으로 옳지 않은 것은? (단, 프로그램의 중간에 광고방송 시간은 고려하지 않는다.)

① 채널1에서 기획물을 방송한다면 시사정치를 2시간 반만 방송한다.
② 채널2에서 지역 홍보물 프로그램을 추가한다.
③ 채널3에서 영화 이야기 프로그램을 추가한다.
④ 채널2에서 영화 이야기 프로그램 편성을 취소한다.

4. 다음의 조건이 모두 참일 때, 반드시 참인 것을 고르면?

• A, B, C, D, E 5명은 각기 빨간색, 파란색, 검은색, 흰색 옷을 입고 있으며 같은 색 옷을 입은 사람은 2명이다.
• C와 D는 파란색과 검은색 옷을 입지 않았다.
• B와 E는 흰색과 빨간색 옷을 입지 않았다.
• A, B, C, D는 모두 다른 색 옷을 입고 있다.
• B, C, D, E는 모두 다른 색 옷을 입고 있다.

① B가 검은색 옷을 입고 있다면 파란색 옷을 입은 사람이 2명이다.
② D가 흰색 옷을 입고 있다면 C는 E와 같은 색 옷을 입고 있다.
③ E가 파란색 옷을 입고 있다면 A는 검은색 옷을 입고 있다.
④ C가 빨간색 옷을 입고 있다면 A는 흰색 옷을 입고 있다.

5. A교육연구소 아동청소년연구팀에 근무하는 甲은 다음과 같은 연구를 시행하여 결과를 얻었다. 연구결과를 상사에게 구두로 보고하자 결과를 뒷받침할 만한 직접적인 근거를 추가하여 보고서를 작성해 오라는 지시를 받았다. 다음 〈보기〉 중 근거로 추가할 수 있는 자료를 모두 고른 것은?

[연구개요] 한 아동이 다른 사람을 위하여 행동하는 매우 극적인 장면이 담긴 'Lassie'라는 프로그램을 매일 5시간 이상 시청한 초등학교 1∼2학년 아동들은 이와는 전혀 다른 내용이 담긴 프로그램을 시청한 아동들보다 훨씬 더 협조적이고 타인을 배려하는 행동을 보여주었다.
반면에 텔레비전을 통해 매일 3시간 이상 폭력물을 시청한 아동과 청소년들은 텔레비전 속에서 보이는 성인들의 폭력행위를 빠른 속도로 모방하였다.

[연구결과] 텔레비전 속에서 보이는 폭력이 아동과 청소년의 범죄행위를 유발시킬 가능성이 크다.

〈보기〉
㉠ 전국의 소년교도소에 폭행죄로 수감되어 있는 재소자들은 6세 이후 폭력물을 매일 적어도 4시간 이상씩 시청했었다.
㉡ 전국의 성인교도소에 폭행죄로 수감되어 있는 재소자들은 6세 이후 폭력물을 매일 적어도 6시간 이상씩 시청했었다.
㉢ 전국의 소년교도소에 폭행죄로 수감되어 있는 청소년들은 매일 저녁 교도소 내에서 최소한 3시간씩 폭력물을 시청한다.
㉣ 6세에서 12세 사이에 선행을 많이 하는 아동들이 성인이 되어서도 선행을 많이 한다.
㉤ 텔레비전 발명 이후, 아동과 청소년을 대상으로 한 폭력범죄가 증가하였다.

① ㉠
② ㉠, ㉡
③ ㉠, ㉡, ㉤
④ ㉡, ㉢, ㉤

6. 두 명의 한국인과 두 명의 중국인, 그리고 일본인, 미국인, 영국인 각각 한 명씩 모두 일곱 명을 의자에 일렬로 나란히 앉히려고 한다. 영국인이 왼쪽에서 세 번째 자리에 앉아야 하고, 다음과 같이 좌석을 배정해야 한다면, 오른쪽에서 세 번째 자리에 앉아야 하는 사람의 국적은?

• 중국인은 가장 왼쪽 자리에, 일본인은 가장 오른쪽 자리에 앉아야 한다.
• 중국인끼리는 서로 붙어서 앉아야 한다.
• 한국인 사이에는 외국인 한 명이 꼭 사이에 끼어 앉아야 한다.

① 한국인
② 중국인
③ 일본인
④ 미국인

7. 다음 그림은 복도를 사이에 두고 1001∼1003호, 1004∼1007호의 7개 방이 엘리베이터의 양쪽에 늘어서 있는 것을 나타낸 것이다. A∼G 7명이 다음과 같이 각 호에 1명씩 투숙하고 있다고 할 때 1006호에 묵고 있는 사람은 누구인가?

1001	1002	1003	–	
				엘리베이터
1004	1005	1006	1007	

• B의 방 맞은편에는 D의 방이 있다.
• C의 방 양 옆으로 A, G가 묵고 있다.
• F의 양 옆에는 D, E가 묵고 있다.
• G는 엘리베이터와 가장 가깝다.

① B
② C
③ D
④ E

8. A조의 갑, 을, 병, 정과 B조의 무, 기, 경, 신이 어느 법령에 대한 찬반토론을 하고 있다. 8명 중 4명은 찬성, 4명은 반대한다. 이들의 찬반 성향이 다음과 같을 때 반드시 참인 것은?

• 무와 기 중 적어도 한 사람은 반대한다.
• 을이 찬성하면 병과 정은 반대한다.
• 기와 경의 의견은 언제나 같다.
• 을이 찬성하면 기와 경도 찬성하고, 기와 경이 모두 찬성하면 을도 찬성한다.
• 신이 찬성하면 갑도 찬성하고, 신이 반대하면 무도 반대한다.

① 을이 찬성하면 갑은 찬성한다.
② 을이 찬성하면 무는 찬성한다.
③ 을이 찬성하면 신은 찬성한다.
④ 을이 반대하면 갑은 반대한다.

9. 다음을 근거로 판단할 때, 도형의 모양을 옳게 짝지은 것은?

5명의 학생은 5개 도형 A~E의 모양을 맞히는 게임을 하고 있다. 5개의 도형은 모두 서로 다른 모양을 가지며 각각 삼각형, 사각형, 오각형, 원 중 하나의 모양으로 이루어진다. 학생들에게 아주 짧은 시간 동안 5개의 도형을 보여준 후 도형의 모양을 2개씩 진술하게 하였다. 학생들이 진술한 도형의 모양은 다음과 같고, 모두 하나씩만 정확하게 맞혔다.

〈진술〉
甲 : C = 삼각형, D = 사각형
乙 : B = 오각형, E = 사각형
丙 : C = 원, 　　 D = 오각형
丁 : A = 육각형, E = 사각형
戊 : A = 육각형, B = 삼각형

① A = 육각형, D = 사각형

② B = 오각형, C = 삼각형

③ A = 삼각형, E = 사각형

④ C = 오각형, D = 원

10. 다음은 이야기 내용과 그에 관한 설명이다. 이야기에 관한 설명 중 이야기 내용과 일치하는 것은 모두 몇 개인가?

[이야기 내용]
장애 아동을 위한 특수학교가 있다. 그 학교에는 키 성장이 멈추거나 더디어서 110cm 미만인 아동이 10명, 심한 약시로 꾸준한 치료와 관리가 필요한 아동이 10명 있다. 키가 110cm 미만인 아동은 모두 특수 스트레칭 교육을 받는다. 그리고 특수 스트레칭 교육을 받는 아동 중에는 약시인 아동은 없다. 이 학교에는 특수 영상장치가 설치된 학급은 한 개뿐이고, 약시인 어떤 아동은 특수 영상장치가 설치된 학급에서 교육을 받는다. 숙이, 철이, 석이는 모두 이 학교에 다니는 아동이다.

[이야기에 관한 설명]
1. 이 학교의 총 학생 수는 20명이다.
2. 특수 스트레칭 교육을 받는 아동은 최소 10명이다.
3. 특수 스트레칭 교육을 받는 아동은 특수 영상장치가 설치된 학급에서 교육을 받는다.
4. 이 학교의 학급 수는 2개이다.
5. 석이의 키가 100cm라면, 석이는 약시가 아니다.
6. 숙이, 철이, 석이 모두 약시라면 세 사람은 같은 교실에서 교육을 받는다.

① 0개 　　　　　　② 1개

③ 2개 　　　　　　④ 3개

11~12 덕현과 희선이는 가위바위보를 15번 실시하여 각자가 낸 것을 다음과 같이 표로 정리하였다. 이를 보고 이어지는 물음에 답하시오.

구분	가위	바위	보
덕현	2번	9번	4번
희선	5번	6번	4번

11. 위의 표를 참고할 때, 가위바위보의 결과를 올바르게 설명한 것은 어느 것인가? (단, 무승부는 없다고 가정함)

① 덕현의 6승 9패

② 희선의 7승 8패

③ 덕현의 8승 7패

④ 희선의 6승 9패

12. 다음 중 덕현과 희선의 가위바위보 승리 횟수에 따른 최종 승자와 패자가 반드시 뒤바뀔 수 있는 경우는 어느 것인가?

① 덕현의 바위와 보가 각각 1번씩 보와 바위로 바뀐다.

② 덕현과 희선의 바위가 각각 1번씩 가위로 바뀐다.

③ 희선의 가위 2번이 보로 바뀐다.

④ 희선의 바위 2번이 가위로 바뀐다.

13. 서원 그룹의 K부서에서는 자기 부서의 정책을 홍보하기 위해 책자를 제작해 배포하는 프로젝트를 진행하였다. 프로젝트 진행 과정이 다음과 같을 때, 프로젝트 결과에 대한 평가로 항상 옳은 것을 모두 고르면?

> 이번에 K부서에서는 자기 부서의 정책을 홍보하기 위해 책자를 제작해 배포하였다. 이 홍보 사업에 참여한 K부서의 팀은 A와 B 두 팀이다. 두 팀은 각각 500권의 정책홍보 책자를 제작하였다. 그러나 책자를 어떤 방식으로 배포할 것인지에 대해 두 팀 간에 차이가 있었다. A팀은 자신들이 제작한 K부서의 모든 정책홍보책자를 서울이나 부산에 배포한다는 지침에 따라 배포하였다. 한편, B팀은 자신들이 제작한 K부서 정책홍보책자를 서울에 모두 배포하거나 부산에 모두 배포한다는 지침에 따라 배포하였다. 사업이 진행된 이후 배포된 결과를 살펴보기 위해서 서울과 부산을 조사하였다. 조사를 담당한 한 직원은 A팀이 제작 · 배포한 K부서 정책홍보책자 중 일부를 서울에서 발견하였다.
>
> 한편, 또 다른 직원은 B팀이 제작 · 배포한 K부서 정책홍보책자 중 일부를 부산에서 발견하였다. 그리고 배포 과정을 검토해 본 결과, 이번에 A팀과 B팀이 제작한 K부서 정책 홍보책자는 모두 배포되었다는 것과, 책자가 배포된 곳과 발견된 곳이 일치한다는 것이 확인되었다.

> ㉠ 부산에는 500권이 넘는 K부서 정책홍보책자가 배포되었다.
> ㉡ 서울에 배포된 K부서 정책홍보책자의 수는 부산에 배포된 K부서 정책홍보책자의 수보다 적다.
> ㉢ A팀이 제작한 K부서 정책홍보책자가 부산에서 발견되었다면, 부산에 배포된 K부서 정책홍보책자의 수가 서울에 배포된 수보다 많다.

① ㉠
② ㉢
③ ㉠, ㉡
④ ㉡, ㉢

14. A, B, C, D, E, F, G, H 8명이 수영대회 결승전에 진출하였다. 다음 조건을 모두 고려하였을 때, 항상 참인 것을 고르면?

> • 8명 중 순위가 동일한 선수는 없다.
> • H는 C보다 먼저 골인하였으나, F보다는 늦게 골인하였다.
> • B에 이어 바로 E가 골인하였으며, E와 F 사이에 세 사람이 골인하였다.
> • C는 B보다 늦게 골인하였고, B는 F보다 빨리 골인하였으며, A의 순위는 3위가 아니었다.

① A의 순위는 4위이다.
② H보다 늦게 골인한 사람은 2명이다.
③ D의 순위는 최소한 5위이다.
④ G는 3위가 될 수 없다.

15. '총기허가증이 없으면, 사냥총을 사용할 수 없다.'는 규칙이 잘 지켜지고 있는지를 알아내기 위해 꼭 조사해야 하는 두 사람을 고르면?

> • 갑 : 총기허가증이 없음, 사냥총 사용 여부를 알지 못함
> • 을 : 총기허가증이 있는지 알 수 없음, 사냥총을 사용하고 있음
> • 병 : 총기허가증이 있는지 알 수 없음, 사냥총을 사용하고 있지 않음
> • 정 : 총기허가증이 있음, 사냥총 사용 여부를 알지 못함

① 갑, 을
② 갑, 병
③ 을, 병
④ 을, 정

16. 외국계 은행인 A 은행 서울지사에 근무하는 甲과, 런던지사에 근무하는 乙, 시애틀지사에 근무하는 丙은 같은 프로젝트를 진행하면서 다음과 같이 영상업무회의를 진행하였다. 회의 시각은 런던을 기준으로 11월 1일 오전 9시이고, 런던은 GMT+0, 서울은 GMT+9, 시애틀은 GMT-7을 표준시로 사용한다. 회의록을 바탕으로 할 때 빈칸에 들어갈 일시는?

> 甲 : 제가 프로젝트에서 맡은 업무는 오늘 오후 10시면 마칠 수 있습니다. 런던에서 받아서 1차 수정을 부탁드립니다.
>
> 乙 : 네, 저는 甲님께서 제시간에 끝내 주시면 다음날 오후 3시면 마칠 수 있습니다. 시애틀에서 받아서 마지막 수정을 부탁드립니다.
>
> 丙 : 알겠습니다. 저는 앞선 두 분이 제시간에 끝내 주신다면 서울을 기준으로 모레 오전 10시면 마칠 수 있습니다. 제가 업무를 마치면 프로젝트가 최종 마무리 되겠군요.
>
> 甲 : 잠깐, 다들 말씀하신 시각의 기준이 다른 것 같은데요? 저는 처음부터 런던을 기준으로 이해하고 말씀드렸습니다.
>
> 乙 : 저는 처음부터 시애틀을 기준으로 이해하고 말씀드렸는데요?
>
> 丙 : 저는 처음부터 서울을 기준으로 이해하고 말씀드렸습니다. 그렇다면 계획대로 진행될 때 서울을 기준으로 (   )에 프로젝트를 최종 마무리할 수 있겠네요.
>
> 甲, 乙 : 네, 맞습니다.

① 11월 2일 오후 3시
② 11월 2일 오후 11시
③ 11월 3일 오전 10시
④ 11월 3일 오후 7시

17. H 기업 영업부장인 甲은 차장 乙 그리고 직원 丙, 丁과 함께 총 4명이 장거리 출장이 가능하도록 배터리 완전충전 시 주행거리가 200km 이상인 전기자동차 1대를 선정하여 구매팀에 구매를 의뢰하려고 한다. 다음을 근거로 판단할 때, 甲이 선정하게 될 차량은?

□ 배터리 충전기 설치
- 구매와 동시에 회사 주차장에 배터리 충전기를 설치하려고 하는데, 배터리 충전시간(완속 기준)이 6시간을 초과하지 않으면 완속 충전기를, 6시간을 초과하면 급속 충전기를 설치하려고 한다.

□ 정부 지원금
- 정부는 전기자동차 활성화를 위하여 전기자동차 구매 보조금을 구매와 동시에 지원하고 있는데, 승용차는 2,000만 원, 승합차는 1,000만 원을 지원하고 있다. 승용차 중 경차는 1,000만 원을 추가로 지원한다.
- 배터리 충전기에 대해서는 완속 충전기에 한하여 구매 및 설치비용을 구매와 동시에 전액 지원하며, 2,000만 원이 소요되는 급속 충전기의 구매 및 설치비용은 지원하지 않는다.

□ 차량 선택
- 배터리 충전기 설치와 정부 지원금을 감안하여 甲은 차량 A ~D 중에서 실구매 비용(충전기 구매 및 설치비용 포함)이 가장 저렴한 차량을 선택하려고 한다. 단, 실구매 비용이 동일할 경우에는 '점수 계산 방식'에 따라 점수가 가장 높은 차량을 구매하려고 한다.

□ 점수 계산 방식
- 최고속도가 120km/h 미만일 경우에는 120km/h를 기준으로 10km/h가 줄어들 때마다 2점씩 감점
- 승차 정원이 4명을 초과할 경우에는 초과인원 1명당 1점씩 가점

□ 구매 차량 후보

차량	A	B	C	D
최고속도(km/h)	130	100	140	120
완전충전 시 주행거리(km)	250	200	300	300
충전시간(완속 기준)	7시간	5시간	4시간	5시간
승차 정원	6명	8명	4명	5명
차종	승용	승합	승용(경차)	승용
가격(만 원)	5,000	6,000	8,000	8,000

① A
② B
③ C
④ D

---

18. ○○기업은 甲, 乙, 丙 3개 신문사를 대상으로 광고비를 지급하기 위해 3가지 선정 방식을 논의 중에 있다. 3개 신문사의 현황이 다음과 같을 때, 〈선정 방식〉에 따라 판단한 내용으로 옳지 않은 것은?

□ 신문사 현황

신문사	발행부수(부)	유료부수(부)	발행기간(년)
甲	30,000	9,000	5
乙	30,000	11,500	10
丙	20,000	12,000	12

※ 발행부수 = 유료부수 + 무료부수

□ 선정 방식
- 방식 1 : 항목별 점수를 합산하여 고득점 순으로 500만 원, 300만 원, 200만 원을 광고비로 지급하되, 80점 미만인 신문사에는 지급하지 않는다.

평가항목	항목별 점수			
발행부수 (부)	20,000 이상	15,000~ 19,999	10,000~ 14,999	10,000 미만
	50점	40점	30점	20점
유료부수 (부)	15,000 이상	10,000~ 14,999	5,000~ 9,999	5,000 미만
	30점	25점	20점	15점
발행기간 (년)	15 이상	12~14	9~11	6~8
	20점	15점	10점	5점

※ 항목별 점수에 해당하지 않을 경우 해당 항목을 0점으로 처리한다.

- 방식 2 : A등급에 400만 원, B등급에 200만 원, C등급에 100만 원을 광고비로 지급하되, 등급별 조건을 모두 충족하는 경우에만 해당 등급을 부여한다.

등급	발행부수(부)	유료부수(부)	발행기간(년)
A	20,000 이상	10,000 이상	10 이상
B	10,000 이상	5,000 이상	5 이상
C	5,000 이상	2,000 이상	2 이상

※ 하나의 신문사가 복수의 등급에 해당할 경우, 그 신문사에게 가장 유리한 등급을 부여한다.

- 방식 3 : 1,000만 원을 발행부수 비율에 따라 각 신문사에 광고비로 지급한다.

---

① 甲은 방식 3이 가장 유리하다.
② 乙은 방식 2이 가장 유리하다.
③ 丙은 방식 1이 가장 유리하다.
④ 방식 1로 선정할 경우, 甲은 200만 원의 광고비를 지급받는다.

▌19~20 ▐ A유통회사 기획팀에 근무하는 甲은 부서 주간 회의에 참석하여 회의록을 정리하였다. 다음 회의록을 바탕으로 물음에 답하시오.

일시	2020년 2월 20일(화) 오후 1시~3시		
장소	B동 제1회의실	작성자	사원 甲
참석	기획팀 팀장 戊, 차장 丁, 대리 丙, 대리 乙, 사원 甲		

내용	협력부서 및 기한
1. 경쟁업체 '△△아웃렛' 오픈 건 • 자사 동일상권 내 경쟁업체 매장 오픈(3/15)으로 인한 매출 영향력을 최소화하기 위한 경영전략 수립 필요 • 경쟁사 판매 전략 및 입점 브랜드 분석(자사와 비교)	
• 총 3주에 걸쳐 추가 매장 프로모션 기획 – △△사 오픈 1주 전, 오픈 주, 오픈 1주 후 – 주요 할인 브랜드 및 품목 할인율 체크	영업팀 (다음달 1일)
• 미디어 대응 전략 수립 : 대응 창구 및 메시지	홍보팀(2/28)
• 광고 전략 수립 : 옥외광고 및 온라인광고 추가 진행	마케팅팀(2/23)
2. 봄맞이 프로모션 건 • 3월 한 달 간 '봄맞이' 특별 프로모션 기간 지정 – 주요 할인 브랜드 및 할인율 체크	영업팀(2/23)
• 3·1절 고객 참여 현장 이벤트 기획	경영지원팀 (2/27)
3. 윤리경영 캠페인 • 협력사를 비롯해 전사적 참여 독려 • 윤리경영 조직 별도 구성 : 임직원, 협력업체 담당자 • 주요 활동 : 청렴거래 협약서 작성, 정도경영 실천교육, 정기적 윤리경영 평가 등	총무팀 (다음달 1일)
4. 10주년 이벤트 경품 선호도 조사 건 • 회사 창립 10주년(3/2) 기념 사내 이벤트 경품 선호도 조사 • 조사 대상 : 전 직원 • 조사 방법 : 인트라넷을 통한 설문조사(2/22~2/23)	경영지원팀 (2/26)
비고	• 차주부터 부서 주간회의 시간 변경 : 매주 월요일 오전 10시 • 1/4분기 매출 보고 회의 : 5월 1일(시간미정) • 지난달 실시한 포인트 제도 변경 관련 유관 매출 분석 보고(익월 1일) 지시

19. 다음은 甲이 작성한 회의록을 검토한 丙이 지시한 내용이다. 지시한 내용에 따라 甲이 회의 안건으로 정리한 내용으로 옳지 않은 것은?

> 甲씨, 회의록을 작성할 때에는 해당 회의에서 어떠한 주제로 이야기를 나누고 회의를 진행했는지 이해하기 쉽도록 회의 안건을 정리하는 것이 좋습니다. 회의록 양식 중 '내용' 부분이 나오기 전 '회의 안건'을 추가하여 다시 정리해 주세요.

① 윤리경영 시스템 구축
② 다음 달 주요 프로모션 기획
③ 1/4분기 매출 보고 지시
④ 경쟁업체 오픈에 따른 대응 전략

20. 丙의 지시에 따라 회의록을 수정한 甲은 회의에서 나온 안건을 협력부서와 함께 협의하고자 메일을 보내려고 한다. 다음 중 甲이 잘못 작성한 것은?

일시	2020. 02. 21. 17 : 03
수신	① 홍보팀
참조	기획팀
발신	기획팀 사원 甲
제목	② 10주년 이벤트 경품 선호도 조사 건 협력 요청

안녕하세요, 기획팀 사원 甲입니다.
내달 2일 있을 회사 창립 10주년 기념 사내 이벤트 경품 선호도 조사를 실시하고자 합니다. ③ 전 직원을 대상으로 인트라넷을 통해 설문조사를 실시할 예정으로 2/22~2/23 양일간 실시됩니다. 설문조사 결과를 정리하여 ④ 2월 26일까지 회신 주시기 바랍니다. 자세한 내용은 첨부 파일을 확인 부탁드립니다.
감사합니다.

21. 다음 글의 제목으로 가장 적절한 것은?

1992년 6월에 브라질의 리우데자네이루에서 개최되었던 '유엔 환경 개발 회의'는 생물의 종에 대한 생각을 완전히 바꾸는 획기적인 계기를 마련하였다. 그 까닭은 한 나라가 보유하고 있는 생물의 종 수는 곧 그 나라의 생물자원의 양을 가늠하는 기준이 되며, 동시에 장차 그 나라의 부를 평가하는 척도가 될 수 있다는 점을 일깨워 주었기 때문이다.

아울러, 생물자원은 장차 국제 사회에서 자국의 이익을 대변하는 무기로 바뀔 수 있음을 예고하였다. 그래서 생물자원의 부국들, 이를테면 브라질, 멕시코, 마다가스카르, 콜롬비아, 자이르, 오스트레일리아, 인도네시아 등은 현재 전 세계를 대표하는 경제 부국으로 일컬어지는 G(Group)-7 국가들처럼, 전 세계에서 생물자원을 가장 많이 가지고 있는 자원 부국들이라 하여 'M(Megadiversity)-7 국가들'로 불리고 있다. 우연히도 G-7 국가들이 전 세계 부의 54%를 소유하고 있는 것처럼, 이들 M-7 국가들도 전 세계 생물자원의 54%를 차지하고 있어서, 이들이 이 생물자원을 무기로 삼아 세계의 강대국으로 군림할 날이 머지않았으리라는 전망도 나오고 있다.

생물 다양성이란 어떤 지역에 살고 있는 생물 종의 많고 적음을 뜻하는 말이라고 할 수 있다. 한 지역에 살고 있는 생물의 종류가 많고 다양하다는 것은 그 지역에 숲이 우거지고 나무들이 무성하며, 각종 동식물이 생활하기에 알맞은 풍요로운 환경을 이루고 있다는 것을 뜻한다. 따라서 이와 같은 환경 조건은 사람들이 살기에도 좋은 쾌적한 곳이 되기 때문에 생물 다양성은 자연 환경의 풍요로움을 평가하는 지표로 이용되기도 한다. 생물학적으로 생물 다양성이라는 말은 지구상에 서식하는 생물 종류의 다양성, 그러한 생물들이 생활하는 생태계의 다양성, 그리고 생물이 지닌 유전자의 다양성 등을 총체적으로 지칭하는 말이다.

20세기 후반에 들어와 인류는 이와 같이 중요한 의미를 지니고 있는 생물자원이 함부로 다루어질 때 그 자원은 유한할 수 있다는 데 주목하였다. 실제로 과학자들은 지구상에서 생물 다양성이 아주 급격히 감소하고 있다는 사실을 깨닫고 크게 놀랐다.

그리고 이러한 생물 종 감소의 주된 원인은 그 동안 인류가 자연 자원을 남용해 이로 인하여 기후의 변화가 급격히 일어났기 때문이며, 아울러 산업화와 도시화에 따른 자연의 파괴가 너무나 광범위하게 또 급격히 이루어졌기 때문이라는 사실을 알게 되었다.

이 생물 다양성 문제가 최근에 갑자기 우리의 관심 대상으로 떠오르게 된 것은 단순히 쾌적하고 풍요로운 자연 환경에 대한 그리움 때문이 아니라 생물 종의 감소로 인하여 부각될 인류의 생존 문제가 심각하기 때문이다.

① 미래 산업과 유전 공학
② 생물자원과 인류의 미래
③ 국제 협약과 미래의 무기
④ 환경보호와 산업화의 공존

┃22~23┃ 아래의 내용은 한국수자원공사에서 제공하는 건강한 물을 마시는 방법에 관해 설명한 것이다. 내용을 읽고 물음에 답하시오.

☑ 물 많이 마시는 Tip!
• 눈앞에! 눈에 띄게 두기
• 땀에 젖을 만큼 충분하게 운동하기
• 물 마시는 시간대를 정하기
• 한 번에 많이 마시는 것보다 조금씩 자주 마시기

☑ 물은 언제 마시면 좋을까요?
물 마시는 시간도 건강을 위한 Good 타이밍이 있습니다.
• 기상직후 – 체내 신진 대사 촉진
• 식사 30분 전 – 과식 예방, 체내 염분 조절
• 일과 중 – 피로 회복, 흡연 욕구 억제
• 취침 30분 전 – 적절한 수분상태 유지로 숙면 유도
• 운동 시 – 근육신경 회복과 혈전 및 갈증 예방

☑ 우리 몸 안에서 물은 어떤 기능을 할까?

☑ 물을 어떻게 하면 맛있고 건강하게 마실 수 있을까요?
• 가장 맛있는 물의 온도는 청량감을 느낄 수 있는 10~15℃입니다.
• 물맛이 쉽게 변하는 플라스틱, 금속용기보다는 유리나 옹기에 보관해 주세요.
• 위생적으로 마시기 위해서 물은 냉장보관하고 끓인 물은 5일 이내에 드세요.

☑ 수돗물과 먹는 샘물 중 미네랄 비교

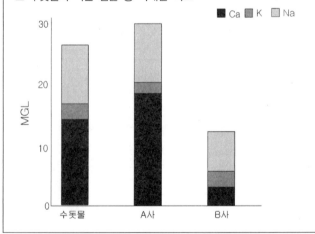

22. 윗글로 미루어 보아 가장 잘못된 내용을 서술하고 있는 것은?

① 지훈 : 물은 조금씩 자주 마시는 것이 좋다.
② 지혜 : 우리 몸의 건강에 도움을 주는 '물 마시는 시간대' 가 따로 있다.
③ 선영 : 물은 몸속의 불필요한 찌꺼기들을 밖으로 내보내는 기능을 수행한다.
④ 준수 : 잠들기 10분 전에 마시는 물은 숙면을 유도하는 데 가장 큰 도움을 준다.

23. 위의 내용을 참조하여 잘못 이야기하고 있는 사람을 고르면?

① 수현 : 직장인들의 경우 평일에 출근하기 위해 잠자리에서 깨어나 마시는 물은 우리 체내의 신진대사를 촉진시킨다고 하네.
② 정미 : 오늘은 월요일인데, 난 위생적으로 물을 마시기 위해 끓인 물을 다음 주 화요일까지 마실 거야.
③ 지현 : 유리 또는 옹기 등에 보관하면 물맛이 쉽게 변하지 않아.
④ 상식 : 물은 우리 몸의 체온조절을 해 주는 기능이 있어.

24. 다음 글의 내용과 일치하지 않는 것은?

미국 코넬 대학교 심리학과 연구팀은 1992년 하계 올림픽 중계권을 가졌던 엔비시(NBC)의 올림픽 중계 자료를 면밀히 분석했는데, 메달 수상자들이 경기 종료 순간에 어떤 표정을 짓는지 감정을 분석하는 연구였다.

연구 팀은 실험 관찰자들에게 23명의 은메달 수상자와 18명의 동메달 수상자의 얼굴 표정을 보고 경기가 끝나는 순간에 이들의 감정이 '비통'에 가까운지 '환희'에 가까운지 10점 만점으로 평정하게 했다. 또한 경기가 끝난 후, 시상식에서 선수들이 보이는 감정을 동일한 방법으로 평정하게 했다. 시상식에서 보이는 감정을 평정하기 위해 은메달 수상자 20명과 동메달 수상자 15명의 시상식 장면을 분석하게 했다.

분석 결과, 경기가 종료되고 메달 색깔이 결정되는 순간 동메달 수상자의 행복 점수는 10점 만점에 7.1로 나타났다. 비통보다는 환희에 더 가까운 점수였다. 그러나 은메달 수상자의 행복 점수는 고작 4.8로 평정되었다. 환희와 거리가 먼 감정 표현이었다. 객관적인 성취의 크기로 보자면 은메달 수상자가 동메달 수상자보다 더 큰 성취를 이룬 것이 분명하다. 그러나 은메달 수상자와 동메달 수상자가 주관적으로 경험한 성취의 크기는 이와 반대로 나왔다. 시상식에서도 이들의 감정 표현은 역전되지 않았다. 동메달 수상자의 행복 점수는 5.7이었지만 은메달 수상자는 4.3에 그쳤다.

왜 은메달 수상자가 3위인 동메달 수상자보다 결과를 더 만족스럽게 느끼지 못하는가? 이는 선수들이 자신이 거둔 객관적인 성취를 가상의 성취와 비교하여 주관적으로 해석했기 때문이다. 은메달 수상자들에게 그 가상의 성취는 당연히 금메달이었다.

최고 도달점인 금메달과 비교한 은메달의 주관적 성취의 크기는 선수 입장에서는 실망스러운 것이다. 반면 동메달 수상자들이 비교한 가상의 성취는 '노메달'이었다. 까딱 잘못했으면 4위에 그칠 뻔했기 때문에 동메달의 주관적 성취의 가치는 은메달의 행복 점수를 뛰어넘을 수밖에 없다.

① 연구팀은 선수들의 표정을 통해 감정을 분석하였다.
② 연구팀은 경기가 끝나는 순간과 시상식에서 선수들이 보이는 감정을 동일한 방법으로 평정하였다.
③ 경기가 끝나는 순간 동메달 수상자는 비통보다는 환희에 더 가까운 행복 점수를 보였다.
④ 동메달 수상자와 은메달 수상자가 주관적으로 경험한 성취의 크기는 동일하게 나타났다.

25. 다음 문서의 목적으로 적절한 것은?

> － ○○공사, 싱가포르서 대한민국 물 관리 역량 선보인다 －
>
> ■ ○○공사는 싱가포르 마리나베이샌즈호텔에서 열리는 '싱가포르 국제물주간'에 참가한다.
> • 2008년 싱가포르 정부 주도로 시작한 '싱가포르 국제 물주간'은 2년마다 개최되는 국제적인 물 행사. 2016년엔 129개 국, 1천여 개 기업이 참가했으며, 올해에도 130개 국, 1천여 개 기업의 참가가 예상된다.
> ■ ○○공사는 이번 행사 참여를 계기로 우리나라의 우수한 물 관리 역량을 비롯해 아시아물위원회 주관으로 2020년 인도네시아 발리에서 열릴 예정인 '제2차 아시아국제물주간'을 국제사회에 알리기 위한 다양한 활동을 펼친다.
> • 먼저, 7월 10일에는 아시아물위원회와 함께 우리나라와 중국, 싱가포르, 필리핀 등 국내외 스마트 물 관리 기술 사례를 공유하는 '스마트 물 관리 특별 세션'을 개최한다.
> • 스마트 물 관리는 물 관리에 최첨단 정보통신기술을 접목해 실시간으로 수질과 수량을 관리하는 기술이며, 미래 물 산업 유망기술로 주목받고 있다.
> ■ ○○○공사는 7월 9일부터 11일까지 국내 10개 중소 물기업과 함께 전 세계 물 산업 교류의 장인 '워터 엑스포'에 참여한다.
> • ○○공사는 스마트 물 관리를 비롯한 최신 물 관리 기술과 아시아물위원회 활동을 소개하는 홍보관을 운영하며, 중소기업은 자사의 우수 제품과 기술을 전시한 개별 홍보관을 운영한다.

① 특정한 업무에 관한 현황이나 진행 상황, 연구·검토 결과 등을 보고하고자 할 때 작성한다.

② 업무에 대한 협조를 구하거나 의견을 전달할 때 작성한다.

③ 아이디어를 바탕으로 기획한 프로젝트에 대해 상대방에게 전달하여 시행하도록 설득한다.

④ 언론을 상대로 자신들의 정보를 기사화 되도록 하기 위해 보내는 자료이다.

26. 다음 중 필자의 생각과 다른 것은?

> 강화 학습 시스템은 현실의 다양한 문제를 자기 주도적으로 해결하는 프로그램을 실현하고자 한다. 대부분의 현실 문제는 매우 복잡하므로 정형화된 규칙에 한정되지 않는 방식으로 대처하는 매우 큰 유연성을 필요로 한다. 그런 유연성이 없는 프로그램은 결국 특정한 목적에만 사용된다. 강화 학습 시스템의 목적은 궁극적으로 자신의 목표를 유연하고도 창의적으로 성취할 수 있는, 다시 말해 자가프로그래밍적인 시스템에 도달하는 것이다.
>
> 1980년대까지 강화 학습 시스템은 실제 세계의 문제를 해결하기에 너무 느렸고 이로 인해 이 시스템에 대한 연구를 지속할 필요가 있는지 의문이 제기되었다. 하지만 이 평가는 적절하지 않다. 그 어떤 학습 시스템도 아무런 가정 없이 학습을 시작할 수는 없는 법이다. 자신이 어떤 문제에 부딪히게 될지, 그 문제로부터 어떻게 학습할 수 있을지 등의 가정도 없는 시스템이라면 그 시스템은 결국 아무 것도 배울 수 없다. 생물계는 그런 가정을 가진 학습 시스템을 가장 잘 보여주는 사례이다. 생명체 모두는 각자의 DNA에 암호화된 생물학적 정보를 가지고 학습을 시작한다. 강화 학습 시스템이 가정을 거의 갖지 않은 상태로 문제를 해결하려고 할 경우, 그 시스템은 매우 느리게 학습하고 아주 간단한 문제조차 풀지 못하게 된다. 이는 생물학적 유기체인 경우에도 마찬가지다. 쥐의 경우 물 밑에 있는 조개를 어떻게 사냥해야 할지에 관해서는 아는 바가 거의 없지만, 어둡고 특히 공간적으로 복잡한 장소에서 먹이를 구하는 데 있어서는 행동에 관한 엄청난 정보를 지니고 있다. 따라서 쥐는 생존에 필수적인 문제들에 대해 풍부한 내적 모형을 사전에 갖고 있다고 봐야 한다. 이를 통해 볼 때 강화 학습 시스템에 대한 연구가 진행되어야 할 이유는 분명하다.

① 강화 학습 시스템의 목적은 자신의 목표를 유연하고도 창의적으로 성취할 수 있는 자가프로그래밍적인 시스템에 도달하는 것이다.

② 자신이 어떤 문제에 부딪히게 될지, 그 문제로부터 어떻게 학습할 수 있을지 등의 가정이 없는 시스템은 창의적인 학습효과를 불러일으킨다.

③ 대부분의 현실 문제는 매우 복잡하므로 정형화된 규칙에 한정되지 않는 방식으로 대처하는 매우 큰 유연성을 필요로 한다.

④ 1980년대까지 강화 학습 시스템은 실제 세계의 문제를 해결하기에 적합하지 않아 시스템에 대한 연구를 지속할 필요가 있는지 의문이 제기되었다.

27. 다음은 건강한 물에 관련된 자료이다. 글을 읽은 독자의 반응으로 옳지 않은 것끼리 짝지어진 것은?

---

1. 건강한 물
- 안전하고 깨끗하면서 인체에 유익한 미네랄 성분이 균형 있게 포함된 물
- 일반적으로 물 냄새가 나지 않고 물 속에 녹아 있는 산소의 양이 충분하여 음용 시 청량감을 느낄 수 있는 물
- ※ 세계보건기구(WHO)는 "깨끗한 물은 사람의 건강을 증진시킨다."라고 물이 인체에 미치는 영향에 대해 강조하였으며, 100세 이상 장수하기로 유명한 지방의 사람들은 한결같이 "물 맑고 공기 좋은 청정지역의 삶이 장수하기에 최고의 조건이다."라고 함

2. 물의 기능
- 여러 가지 영양소를 소화, 흡수
- 내장의 움직임을 매끄럽게 함
- 몸에서 생긴 필요없는 찌꺼기 등을 몸 밖으로 배출
- 체온조절을 통해 건강한 몸을 유지할 수 있도록 함

3. 미네랄(mineral)
- 정의 : 지구상에 존재하는 110가지의 원소 중에 인체의 96.5%를 차지하는 산소(65%), 탄소(18%), 수소(10%), 질소(3.5%)를 제외한 나머지 3.5%(칼슘 1.5%, 인 1%, 기타 1%)의 모든 원소
- 역할 : 생명유지를 위한 인체 5대 필수영양소 중 하나이며, 신체의 성장과 유지, 체내의 여러 생리 기능 조절 및 유지 등을 담당하는 영양물질
- 종류 : 칼슘, 철, 나트륨, 칼륨, 마그네슘 등이 모두 미네랄의 일종
- 구분 : 인체 내에 존재하는 미네랄은 영양미네랄과 유해원소로 나뉨
- ※ 영양미네랄은 그 존재량에 따라 하루에 100mg 이상 필요로 하는 다량 미네랄과 하루에 100mg 이하를 필요로 하는 미량 미네랄로 나뉨
- ※ 유해원소는 체내로 들어가면 배출이 안 되고 독성을 발생시키는데 비소, 수은 등이 있음

4. K-water 수돗물의 미네랄
K-water 광역정수장 37개소 수돗물의 미네랄은 수계별로 수준 차이는 있으나 칼슘은 3~37mg/L, 칼륨 1~5mg/L, 마그네슘 1~6mg/L, 나트륨 3~30mg/L이 녹아있는데 이는 국내에서 생산된 시판 생수와 비슷한 수준

〈보기〉

㉠ 영미 : 수돗물의 미네랄은 시판 생수와 비슷한 수준이야.
㉡ 정수 : 미네랄은 지구상에 존재하는 110가지의 원소를 말해.
㉢ 장미 : 유해원소는 체내로 들어가도 배출이 되기 때문에 걱정할 필요가 없어.
㉣ 미진 : 물은 체온조절을 통해 건강한 몸을 유지할 수 있도록 도와줘.

① ㉠
② ㉠, ㉡
③ ㉡, ㉢
④ ㉡, ㉢, ㉣

---

28. 아래의 내용은 서울 지역의 터미널 소화물 운송약관의 일부를 발췌한 것이다. 이 날 모든 운행을 마친 승무원 4명(A, B, C, D)이 아래에 제시된 약관을 보며 토론을 하고 있다. 이를 보고 판단한 내용으로 바르지 않은 것을 고르면?

제2조(용어의 정의)
1. 고객 : 회사에 소화물 운송을 위탁하는 자로서 송장에 명시되어있는 자
2. 터미널 소화물 운송 : 고속버스를 이용하여 출발지에서 도착지까지 물품을 운송하는 서비스
3. 송장 : 고객이 위탁할 화물 내용을 기재하여 회사에 제출하는 증서
4. 요금 : 회사가 본 서비스 제공을 위해 별도로 산출한 운송료
5. 물품신고가액 : 화물의 분실 손상의 경우 회사의 배상 책임 한도액을 산정하기 위하여 고객이 신고하는 화물의 가격 (현 시세 기준)
6. 탁송 : 고객이 회사에 화물 운송을 신청하는 것
7. 수탁 : 회사가 고객의 운송신청을 수락하는 것
8. 인도 : 회사가 송장에 기재한 화물을 고객에게 넘겨주는 것
9. 수취인 : 운송된 화물을 인수하는 자

제15조(인수거절)
1. 수취인 부재 또는 인수 지연이나 인수를 거절하는 경우 회사는 고객에게 그 사실을 통보하고 고객의 요청에 따라 처리하여야 하며, 이 경우 발생하는 보관비용 등 추가 비용은 고객이 부담한다. 단, 수취인이 15일 이상 물품 인수를 거부하는 경우 고객의 승낙 없이도 회사가 임의로 화물을 처분 또는 폐기할 수 있으며 이로 인해 발생한 비용을 고객에게 요청할 수 있다.
2. 물품 인도예정일로부터 3일이 경과하는 시점까지 수취인이 물품을 인수하지 아니 하는 경우 초과일수에 대하여는 보관료를 수취인에게 징수할 수 있으며, 그 보관료는 인도 초과 일수 × 운송요금 × 0.2로 한다.

제16조(인도불능화물의 처분)

2. 인도화물이 다음 각 호에 해당할 때는 고객의 동의를 확인
하고 처리한다.

　　1) 운송화물의 수취인이 분명하지 않은 때

　　2) 도착 통지를 한 후 상당기간이 경과하여도 인도청구가 없는
　　　경우

　　3) 수취인이 수령을 거절할 때

　　4) 인도에 관하여 다툼이 있을 때

　　5) 화물 보관에 따른 변질이나 부패 등이 예상될 때

　　6) 화물 보관에 과도한 비용이 소요될 때

　　7) 화물 인도지연에 따른 가액 감소가 예상될 때

제17조(회사의 책임)

1. 회사는 화물을 수탁한 이후부터 운송도중의 화물에 대한 보
호, 관리의 책임을 진다.

2. 화물의 운송에 부수하여 회사가 행하는 모든 업무로 기인하
는 화물의 손상, 분실 등에 대한 배상금은 고객이 송장에
기재한 물품신고가액을 초과할 수 없다.

3. 고객이 송장에 허위로 기재하여 발생한 사고 시에는 이를
책임지지 않는다.

4. 회사는 다음 각 호의 경우로 발생된 손해에 대하여는 책임
을 지지 아니한다.

　　1) 정부에서 운송중지를 요구하는 경우

　　2) 천재지변, 전쟁, 쟁의, 소요, 악천후 등 불가항력의 사
　　　유가 발생한 경우

　　3) 화물의 변질 또는 이에 준하는 경우

　　4) 포장의 불완전, 기재내용의 허위가 발견된 경우

　　5) 화물주의 과실로 인해 문제발생 된 경우

　　6) 교통사고 및 도로사정 등으로 인하여 지연도착이 된 경우

　　7) 송장에 명기된 이외의 사항

　　8) 도착 후 수취거부 등으로 발생하는 손해

① A : 어떤 아저씨 손님이 본인의 물품을 수령하기를 거부하
는 거야. 그렇게 거부한 날이 오늘로써 25일째야. 더 이
상은 나도 어쩔 수 없어. 이제는 그 아저씨 의지하고는
관계없이 회사에서 알아서 처분할거야.

② B : 난 이런 일이 있었어. 물품 인도예정일로부터 오늘이
7일째인데 물품 주인 아가씨가 인수를 안 하는 거야. 운
송가격은 15,700원이더라고. 그래서 초과된 일수만큼 보
관료를 징수했어. 약관상에 나온 일수에 따라 계산해 보
니 32,751원이 되더라고.

③ C : 맞아, 또한 운송된 화물이 보관에 의해 변하거나 부패
될 거 같으면 고객의 동의를 확인한 후에 처리해야 해.

④ D : 난 오늘 운행을 하다가 물품 운송 중에 빗길에 차가
미끄러져서 몇몇 고객의 화물이 파손되었어. 나중에 들었
는데 회사에서 파손물품에 대한 책임을 졌다고 하더라고.

29. 다음 글을 통해 알 수 없는 내용은?

희생제의란 신 혹은 초자연적 존재에게 제물을 바침으로써
인간 사회에서 발생하는 중요한 문제를 해결하려는 목적으로
이루어지는 의례를 의미한다. 이 제의에서는 제물이 가장 주요
한 구성요소인데, 이때 제물은 제사를 올리는 인간들과 제사를
받는 대상 사이의 유대 관계를 맺게 해주어 상호 소통할 수 있
도록 매개하는 역할을 수행한다.

희생제의의 제물, 즉 희생제물의 대명사로 우리는 '희생양'
을 떠올린다. 이는 희생제물이 대게 동물일 것이라고 추정하게
하지만, 희생제물에는 인간도 포함된다. 인간 집단은 안위를
위협하는 심각한 위기 상황을 맞게 되면, 이를 극복하고 사회
안정을 회복하기 위해 처녀나 어린아이를 제물로 바쳤다. 이러
한 사실은 인신공희(人身供犧) 설화를 통해 찾아볼 수 있다.
이러한 설화에서 인간들은 신이나 괴수에게 처녀나 어린아이를
희생제물로 바쳤다.

희생제의는 원시사회의 산물로 머문 것이 아니라 아주 오랫
동안 동서양을 막론하고 여러 문화권에서 지속적으로 행해져
왔다. 이에 희생제의의 기원이나 형식을 밝히기 위한 종교현상
학적 연구들이 시도되어 왔다. 그리고 인류학적 연구에서는 희
생제의에 나타난 인간과 문화의 본질에 대한 탐색이 있어 왔
다. 인류학적 관점의 대표적인 학자인 지라르는 「폭력과 성스
러움」, 「희생양」 등을 통해 인간 사회의 특징, 사회 갈등과 그
해소 등의 문제를 '희생제의'와 '희생양'으로 설명했다.

인간은 끊임없이 타인과 경쟁하고 갈등하는 존재이다. 이러
한 인간들 간의 갈등은 공동체 내에서 무차별적이면서도 심각
한 갈등 양상으로 치닫게 되고 극도의 사회적 긴장 관계를 유
발한다. 이때 다수의 사회 구성원들은 사회 갈등을 희생양에게
전이시켜 사회 갈등을 해소하고 안정을 되찾고자 하였다는 것
이 지라르 논의의 핵심이다.

희생제의에서 희생제물로서 처녀나 어린아이가 선택되는 경
우가 한국뿐 아니라 많은 나라에서도 발견된다. 처녀와 어린아
이에게는 인간 사회의 세속적이고 부정적인 속성이 깃들지 않았
다는 관념이 오래 전부터 지배적이었기 때문이다. 그러나 지라
르는 근본적으로 이들이 희생제물로 선택된 이유를, 사회를 주
도하는 주체인 성인 남성들이 스스로 일으킨 문제를 자신들이
해결하지 않고 사회적 역할 차원에서 자신들과 대척점에 있는
타자인 이들을 희생양으로 삼았기 때문인 것으로 설명하였다.

① 종교현상학적 연구는 인간 사회의 특성과 사회 갈등 형성
및 해소를 희생제의와 희생양의 관계를 통해 설명한다.

② 지라르에 의하면 다수의 사회 구성원들은 사회 갈등을 희
생양에게 전이시킴으로써 사회 안정을 이루고자 하였다.

③ 희생제물을 통해 위기를 극복하고 사회의 안정을 회복하
고자 한 의례 행위는 동양에 국한된 것이 아니다.

④ 지라르에 따르면 희생제물인 처녀나 어린아이들은 성인
남성들과 대척점에 있는 존재이다.

30. 다음 글에 대한 이해로 적절하지 않은 것은?

외국 통화에 대한 자국 통화의 교환 비율을 의미하는 환율은 장기적으로 한 국가의 생산성과 물가 등 기초 경제 여건을 반영하는 수준으로 수렴된다. 그러나 단기적으로 환율은 이와 괴리되어 움직이는 경우가 있다. 만약 환율이 예상과는 다른 방향으로 움직이거나 또는 비록 예상과 같은 방향으로 움직이더라도 변동 폭이 예상보다 크게 나타날 경우 경제 주체들은 과도한 위험에 노출될 수 있다. 환율이나 주가 등 경제 변수가 단기에 지나치게 상승 또는 하락하는 현상을 오버슈팅(overshooting)이라고 한다. 이러한 오버슈팅은 물가 경직성 또는 금융 시장 변동에 따른 불안 심리 등에 의해 촉발되는 것으로 알려져 있다. 여기서 물가 경직성은 시장에서 가격이 조정되기 어려운 정도를 의미한다.

물가 경직성에 따른 환율의 오버슈팅을 이해하기 위해 통화를 금융 자산의 일종으로 보고 경제 충격에 대해 장기와 단기에 환율이 어떻게 조정되는지 알아보자. 경제에 충격이 발생할 때 물가나 환율은 충격을 흡수하는 조정 과정을 거치게 된다. 물가는 단기에는 장기 계약 및 공공요금 규제 등으로 인해 경직적이지만 장기에는 신축적으로 조정된다. 반면 환율은 단기에서도 신축적인 조정이 가능하다. 이러한 물가와 환율의 조정 속도 차이가 오버슈팅을 초래한다. 물가와 환율이 모두 신축적으로 조정되는 장기에서의 환율은 구매력 평가설에 의해 설명되는데, 이에 의하면 장기의 환율은 자국 물가 수준을 외국 물가 수준으로 나눈 비율로 나타나며, 이를 균형 환율로 본다. 가령 국내 통화량이 증가하여 유지될 경우 장기에서는 자국 물가도 높아져 장기의 환율은 상승한다. 이때 통화량을 물가로 나눈 실질 통화량은 변하지 않는다.

그런데 단기에는 물가의 경직성으로 인해 구매력 평가설에 기초한 환율과는 다른 움직임이 나타나면서 오버슈팅이 발생할 수 있다. 가령 국내 통화량이 증가하여 유지될 경우, 물가가 경직적이어서 실질 통화량은 증가하고 이에 따라 시장 금리는 하락한다. 국가 간 자본 이동이 자유로운 상황에서, 시장 금리 하락은 투자의 기대 수익률 하락으로 이어져, 단기성 외국인 투자 자금이 해외로 빠져나가거나 신규 해외 투자 자금 유입을 위축시키는 결과를 초래한다. 이 과정에서 자국 통화의 가치는 하락하고 환율은 상승한다. 통화량의 증가로 인한 효과는 물가가 신축적인 경우에 예상되는 환율 상승에, 금리 하락에 따른 자금의 해외 유출이 유발하는 추가적인 환율 상승이 더해진 것으로 나타난다. 이러한 추가적인 상승 현상이 환율의 오버슈팅인데, 오버슈팅의 정도 및 지속성은 물가 경직성이 클수록 더 크게 나타난다. 시간이 경과함에 따라 물가가 상승하여 실질 통화량이 원래 수준으로 돌아오고 해외로 유출되었던 자금이 시장 금리의 반등으로 국내로 복귀하면서, 단기에 과도하게 상승했던 환율은 장기에는 구매력 평가설에 기초한 환율로 수렴된다.

① 환율의 오버슈팅이 발생한 상황에서 물가 경직성이 클수록 구매력 평가설에 기초한 환율로 수렴되는 데 걸리는 기간이 길어질 것이다.

② 환율의 오버슈팅이 발생한 상황에서 외국인 투자 자금이 국내 시장 금리에 민감하게 반응할수록 오버슈팅 정도는 커질 것이다.

③ 물가 경직성에 따른 환율의 오버슈팅은 물가의 조정 속도보다 환율의 조정 속도가 빠르기 때문에 발생하는 것이다.

④ 국내 통화량이 증가하여 유지될 경우 장기에는 실질 통화량이 변하지 않으므로 장기의 환율도 변함이 없을 것이다.

31. 다음은 어느 리서치 회사의 업무 관련 자료이다. 이를 바탕으로 추론할 수 있는 것을 모두 고르면?

대선후보 경선 여론조사에서 후보에 대한 지지 정도에 따라 피조사자들은 세 종류로 분류된다. 특정 후보를 적극적으로 지지하는 사람들과 소극적으로 지지하는 사람들, 그리고 기타에 해당하는 사람들이다.

후보가 두 명인 경우로 한정해서 생각해 보자. 여론조사 방식은 설문 문항에 따라 두 가지로 분류된다. 하나는 선호도 방식으로 "차기 대통령 후보로 누구를 더 선호하느냐?"라고 묻는다. 선호도 방식은 적극적으로 지지하는 사람들과 소극적으로 지지하는 사람들을 모두 지지자로 계산하는 방식이다. 이 여론조사 방식에서 적극적 지지자들과 소극적 지지자들은 모두 지지 의사를 답한다.

다른 한 방식은 지지도 방식으로 "내일(혹은 오늘) 투표를 한다면 누구를 지지하겠느냐?"라고 묻는다. 특정 후보를 적극적으로 지지하는 지지자들은 두 경쟁 후보를 놓고 두 물음에서 동일한 반응을 보일 것이다.

문제는 어느 한 후보를 적극적으로 지지하지 않는 소극적 지지자들이다. 이들은 특정 후보가 더 낫다고 생각하기 때문에 선호도를 질문할 경우에는 지지하는 후보가 없다는 '무응답'을 선택한다. 따라서 지지도 방식은 적극적 지지자만 지지자로 분류하고 나머지는 기타로 분류하는 방식에 해당한다.

ㄱ. A후보가 B후보보다 적극적 지지자의 수가 많고 소극적 지지자의 수는 적을 경우 지지도 방식을 사용할 때 A후보가 B후보보다 더 많은 지지를 받을 것이다.

ㄴ. A후보가 B후보보다 적극적 지지자의 수는 적고 소극적 지지자의 수가 많을 경우, 선호도 방식을 사용할 때 A후보가 B후보보다 더 많은 지지를 받을 것이다.

ㄷ. A후보가 B후보보다 적극적 지지자와 소극적 지지자의 수가 각각 더 많다면, 선호도 방식에 비해 지지도 방식에서 A후보와 B후보 사이의 지지자 수의 격차가 더 클 것이다.

① ㄱ

② ㄷ

③ ㄱ, ㄴ

④ ㄱ, ㄷ

32. 다음에 제시된 글의 주제와 연결하여 이어질 글의 주제로 판단하기에 가장 적절한 것은 어느 것인가?

국민경제는 크게 생산 활동을 통한 소득의 창출과정, 창출된 소득을 분배하고 처분하는 과정, 그리고 처분하고 남은 자본을 축적하거나 부족한 자본을 조달하는 과정을 반복하면서 성장을 하게 되는데 이 순환과정을 소득의 순환이라고 한다.

생산자는 기계나 건물과 같은 기초자산에 노동력 등의 생산요소와 원료 등을 투입하여 새로운 재화와 서비스를 생산하는데 생산된 재화와 서비스가 투자나 소비의 목적으로 판매될 때 판매액 중 생산원가를 초과하는 부분이 바로 소득의 창출에 해당된다.

소득의 분배는 창출된 소득을 노동, 자본, 경영 등의 생산요소를 제공한 경제주체들에게 분배하는 과정으로 노동을 제공한 가계에 대해서는 임금과 급여 등 피용자보수가, 생산 활동을 주관한 생산주체인 기업에게는 영업잉여가, 정부에 대해서는 생산 및 수입세가 각각 분배된다.

소득의 처분은 경제주체에게 분배된 소득을 각자의 경제활동을 수행하기 위해 필요한 재화와 서비스를 구입하는 데 사용하고 나머지는 투자재원으로 활용되기 위해 저축하는 과정으로 설명할 수 있다.

경제주체가 지속적으로 소득을 창출하기 위해서는 반드시 생산시설에 대한 투자가 수반되어야 하는데 자본의 조달은 투자에 필요한 자금의 원천을 의미하고, 자본의 축적은 생산시설에 대한 투자로 나타난다. 예를 들어 기업의 경우 투자에 필요한 자본은 우선 자체 사내유보(저축, 감가상각비)로 충당하고 부족한 자금은 은행 등 금융기관으로부터 차입(간접금융)을 하거나 직접 주식 및 회사채를 발행(직접금융)하여 조달한다. 이렇게 다양한 방법으로 조달된 자본은 기계, 공장부지, 건물 등을 구입(자본축적)하는 데 쓰인다.

이러한 국민경제의 순환을 구체적인 수치로 나타낸 것이 바로 국민소득계정(생산계정, 소득계정, 자본계정, 금융계정)이며, 동 계정을 통해 국민경제의 흐름을 신속·정확하게 종합적·체계적으로 파악할 수 있다.

	윗글의 주제	이어질 글의 주제
①	국민경제의 순환	국민 생활수준과 경제상황
②	소득 창출과 투자	국민소득과 관련 계정체계
③	국민소득계정	국민경제의 핵심요소
④	국민경제의 순환	국민소득과 관련 계정체계

33. 다음 글을 읽고 이 글을 뒷받침할 수 있는 주장으로 가장 적합한 것은?

X선 사진을 통해 폐질환 진단법을 배우고 있는 의과대학 학생을 생각해 보자. 그는 암실에서 환자의 가슴을 찍은 X선 사진을 보면서, 이 사진의 특징을 설명하는 방사선 전문의의 강의를 듣고 있다. 그 학생은 가슴을 찍은 X선 사진에서 늑골뿐만 아니라 그 밑에 있는 폐, 늑골의 음영, 그리고 그것들 사이에 있는 아주 작은 반점들을 볼 수 있다. 하지만 처음부터 그럴 수 있었던 것은 아니다.

첫 강의에서는 X선 사진에 대한 전문의의 설명을 전혀 이해하지 못했다. 그가 가리키는 부분이 무엇인지, 희미한 반점이 과연 특정질환의 흔적인지 전혀 알 수가 없었다. 전문의가 상상력을 동원해 어떤 가상적 이야기를 꾸며내는 것처럼 느껴졌을 뿐이다. 그러나 몇 주 동안 이론을 배우고 실습을 하면서 지금은 생각이 달라졌다. 그는 문제의 X선 사진에서 이제는 늑골 뿐 아니라 폐와 관련된 생리적인 변화, 흉터나 만성 질환의 병리학적 변화, 급성질환의 증세와 같은 다양한 현상들까지도 자세하게 경험하고 알 수 있게 될 것이다. 그는 전문가로서 새로운 세계에 들어선 것이고, 그 사진의 명확한 의미를 지금은 대부분 해석할 수 있게 되었다. 이론과 실습을 통해 새로운 세계를 볼 수 있게 된 것이다.

① 관찰은 배경지식에 의존한다.
② 과학에서의 관찰은 오류가 있을 수 있다.
③ 과학 장비의 도움으로 관찰 가능한 영역은 확대된다.
④ 관찰정보는 기본적으로 시각에 맺혀지는 상에 의해 결정된다.

34. 가전제품 회사 홍보팀에 근무하는 H는 상사로부터 다음 주에 시작하는 프로모션 관련 자료를 전달받았다. 다음의 자료를 보고 H가 이해한 내용으로 틀린 것은?

제목 : △△전자 12월 프로모션 안내

당 부서에서는 아래와 같이 12월 프로모션을 기획하였으니 업무에 참고하시기 바랍니다.

-아래-

1. 기간 : 2019년 12월 1일~12월 31일
2. 대상 : 전 구매 고객(구매예약 포함)
3. 내용 : 구매 제품별 혜택 상이

차종	혜택	비고
S-53	최대 10만 원 가격 인하	내년 시행되는 개별소비세 인하 선(先)적용해 가격 혜택 제공
Q-12	최대 20만 원 가격 인하	
A-8 (신제품)	50만 원 상당 백화점 상품권 또는 5년 소모품 무상 교체 서비스	2019년 12월 1일 출시
B-01	친환경 프리미엄 농산물 제공	◇◇농협과 업무 협업
P-0	12개월 무이자 할부 혜택	선수금 30% 납부 시

4. 기타 : 전국 매장 방문 상담 시 구매여부와 관계없이 내년도 탁상 캘린더 증정(5,000부 선착순)

별첨1. 제품별 판매 가격표 1부
별첨2. 금년도 월별 프로모션 진행사항 1부
별첨3. 신제품(A-8) 공식 이미지 파일 1부

-끝-

---

① 이번 행사는 프로모션 기간 내 구매 예약자를 포함한 전 구매 고객을 대상으로 마련되었구나.

② A-8 구매 고객에게는 50만 원 상당의 백화점 상품권 내지는 5년 소모품 무상 교체 이용권을 증정하네.

③ 전국 매장에서는 방문 고객을 대상으로 선착순 5,000부에 한해 탁상 캘린더를 증정하는 이벤트도 진행하는구나.

④ P-0의 구매 고객이 혜택을 명확하게 인지할 수 있게 잔금에 대한 12개월 무이자 할부를 제공해 준다는 것을 강조해야 할 것 같아.

---

35. 다음 글의 내용과 부합하지 않는 것은?

디지털 연산은 회로의 동작으로 표현되는 논리적 연산에 의해 진행되며 아날로그 연산은 소자의 물리적 특성에 의해 진행된다. 하지만 디지털 연산의 정밀도는 정보의 연산 과정에서 최종적으로 정보를 출력할 때 필요한 것보다 항상 같거나 높게 유지해야 하므로 동일한 양의 연산을 처리해야 하는 경우라면 디지털 방식이 아날로그 방식에 비해 훨씬 더 많은 소자를 필요로 한다. 아날로그 연산에서는 회로를 구성하는 소자 자체가 연산자이므로 온도 변화에 따르는 소자 특성의 변화, 소자 간의 특성 균질성, 전원 잡음 등의 외적 요인들에 의해 연산 결과가 크게 달라질 수 있다.

그러나 디지털 연산에서는 회로의 동작이 0과 1을 구별할 정도의 정밀도만 유지하면 되므로 회로를 구성하는 소자 자체의 특성 변화에 거의 영향을 받지 않는다. 또한 상대적으로 쉽게 변경 가능하고 프로그램하기 편리한 점도 있다.

사람의 눈이나 귀 같은 감각기관은 아날로그 연산에 바탕을 둔 정보 처리 조직을 가지고 있지만 이로부터 발생되는 정보는 디지털 정보이다. 감각기관에 분포하는 수용기는 특별한 목적을 가지는 아날로그-디지털 변환기로 볼 수 있는데, 이것은 전달되는 입력의 특정 패턴을 감지하여, 디지털 신호와 유사한 부호를 발생시킨다. 이 신호는 다음 단계의 신경세포에 입력되고, 이 과정이 거미줄처럼 연결된 무수히 많은 신경세포의 연결 구조 속에서 반복되면서 뇌의 다양한 인지 활동을 형성한다.

사람의 감각기관에서 일어나는 아날로그 연산은 감각되는 많은 양의 정보 중에서 필요한 정보만을 걸러 주는 역할을 한다. 그렇기 때문에 실제 신경세포를 통해 뇌에 전달되는 것은 지각에 꼭 필요한 내용만이 축약된 디지털 정보이다. 사람의 감각은 감각기관의 노화 등으로 인한 생체 조직 구조의 변화에 따라 둔화될 수 있다. 그럼에도 불구하고 노화된 사람의 감각기관은 여전히 아날로그 연산이 가지는 높은 에너지 효율을 얻을 수 있다.

---

① 사람의 신경세포는 디지털화된 정보를 뇌로 전달한다.

② 디지털 연산은 소자의 물리적 특성을 연산자로 활용한다.

③ 사람이 감각기관은 아날로그 연산을 기초로 정보를 처리한다.

④ 디지털 연산은 소자 자체의 특성 변화에 크게 영향을 받지 않는다.

36. 다음은 신재생에너지 보급 확대와 시장 활성화를 추진하기 위하여 신재생에너지 공급의무화(RPS) 제도에 대해 검토한 자료이다. 현행 제도의 개선 방향으로 적절하지 않은 의견을 제시한 사람은?

- **수익성 악화**
- 전 세계적인 공급과잉과 가격폭락으로 태양광 기업들의 수익성 악화, 국내 기업들도 심각한 어려움에 직면
- 태양광 공급여력은 충분하나, RPS 태양광 별도 의무공급량이 제한되어 있어 시장 확대·신재생보급에 제약
- **지역주민 갈등**
- 대규모 송전선로 등 에너지 시설 건설 시 현지 주민들의 수익 창출과 연계되지 않아 지역주민 갈등 증가
- 에너지 설비 외 풍력 등 신재생 발전소에 대한 주민 수용성도 저하
- **소규모 사업자 보호**
- 공급의무자들의 대규모 사업자 선호로 소규모 사업자 소외 방지를 위해 일정규모는 에너지관리공단에 사업자 선정의뢰 의무화
- 사업자 선정시장에 사업자의 규모에 대한 제한이 없이 참여가 가능하여 소규모 사업자 보호 목적 달성 곤란
- **설치보조지원 사업**
- 정부의 설치보조지원 사업(그린홈 100만 호)은 소비자의 초기투자 부담, 직접 시공업체를 선정해야하는 불편 초래
  ※ 3kW 설치 시 정부보조금 420만 원, 소비자 부담금 500만 원
- 설비 수명(20년)에 비해 보조금 지원사업의 A/S 기간(3~5년)이 짧아 기간 경과 이후 유지·보수에 애로
- **의무이행**
- 연도별 의무이행비율, 공급인증서 가중치 검토주기(3년)가 정해져 있어 환경변화에 적기 대응 곤란
- 의무이행의 유연성 확보를 위해 미이행 시 이행연기가 가능하나, 연기량을 차년도에 우선 이행해야 하여 사업자 부담

---

① 甲 : 송전선로 주변지역 등에 다수 주민이 참여하는 신재생 발전소 건설 시 주민지분비율에 따라 가중치를 우대한다.

② 乙 : 소규모 사업자에 입찰 물량의 30%를 배정하고 발전소 분할 등 악용 방지를 위한 조치를 병행한다.

③ 丙 : 3kW 설치 시 정부보조금을 현행 420만 원에서 500만 원으로 인상하고, 보조금 지원사업의 A/S 기간을 10년으로 늘린다.

④ 丁 : 이행연기량을 '차년도 우선 이행'에서 '향후 3년 이내에 분할하여 우선 이행'할 수 있도록 개선한다.

|37~38| 다음 글을 읽고 물음에 답하시오.

광통신은 빛을 이용하기 때문에 정보의 전달은 매우 빠를 수 있지만, 광통신 케이블의 길이가 증가함에 따라 빛의 세기가 감소하기 때문에 원거리 통신의 경우 수신되는 광신호는 매우 약해질 수 있다. 빛은 광자의 흐름이므로 빛의 세기가 약하다는 것은 단위 시간당 수신기에 도달하는 광자의 수가 적다는 뜻이다. 따라서 광통신에서는 적어진 수의 광자를 검출하는 장치가 필수적이며, 약한 광신호를 측정이 가능한 크기의 전기신호로 변환해 주는 반도체 소자로서 애벌랜치 광다이오드가 널리 사용되고 있다.

애벌랜치 광다이오드는 크게 흡수층, <u>애벌랜치 영역</u>, 전극으로 구성되어 있다. 흡수층에 충분한 에너지를 가진 광자가 입사되면 전자(−)와 양공(+) 쌍이 생성될 수 있다. 이때 입사되는 광자 수 대비 생성되는 전자−양공 쌍의 개수를 양자 효율이라 부른다. 소자의 특성과 입사광의 파장에 따라 결정되는 양자 효율은 애벌랜치 광다이오드의 성능에 영향을 미치는 중요한 요소 중 하나이다.

흡수층에서 생성된 전자와 양공은 각각 양의 전극과 음의 전극으로 이동하며, 이 과정에서 전자는 애벌랜치 영역을 지나게 된다. 이곳에는 소자의 전극에 걸린 역방향 전압으로 인해 강한 전기장이 존재하는데, 이 전기장은 역방향 전압이 클수록 커진다. 이 영역에서 전자는 강한 전기장 때문에 급격히 가속되어 큰 속도를 갖게 된다. 이후 충분한 속도를 얻게 된 전자는 애벌랜치 영역의 반도체 물질을 구성하는 원자들과 충돌하여 속도가 줄어들며 새로운 전자−양공 쌍을 만드는데, 이 현상을 충돌 이온화라 부른다. 새롭게 생성된 전자와 기존의 전자가 같은 원리로 전극에 도달할 때까지 애벌랜치 영역에서 다시 가속되어 충돌 이온화를 반복적으로 일으킨다. 그 결과 전자의 수가 크게 늘어나는 것을 '애벌랜치 증배'라고 부르며 전자의 수가 늘어나는 정도, 즉 애벌랜치 영역으로 유입된 전자당 전극으로 방출되는 전자의 수를 증배 계수라고 한다. 증배 계수는 애벌랜치 영역의 전기장의 크기가 클수록, 작동 온도가 낮을수록 커진다. 전류의 크기는 단위 시간당 <u>흐르는</u> 전자의 수에 비례한다. 이러한 일련의 과정을 거쳐 광신호의 세기는 전류의 크기로 변환된다.

한편 애벌랜치 광다이오드는 흡수층과 애벌랜치 영역을 구성하는 반도체 물질에 따라 검출이 가능한 빛의 파장 대역이 다르다. 예를 들어 실리콘은 300~1,100nm, 저마늄은 800~1,600nm 파장 대역의 빛을 검출하는 것이 가능하다. 현재 다양한 사용자의 요구와 필요를 만족시키기 위해 여러 종류의 애벌랜치 광다이오드가 제작되어 사용되고 있다.

37. 윗글의 내용과 일치하는 것은?

① 애벌랜치 광다이오드의 흡수층에서 생성된 양공은 애벌랜치 영역을 통과하여 양의 전극으로 이동한다.

② 저마늄을 사용하여 만든 애벌랜치 광다이오드는 100nm 파장의 빛을 검출할 때 사용 가능하다.

③ 입사된 광자의 수가 크게 늘어나는 과정은 애벌랜치 광다이오드의 작동에 필수적이다.

④ 애벌랜치 광다이오드의 흡수층에서 전자-양공 쌍이 발생하려면 광자가 입사되어야 한다.

38. 밑줄 친 '애벌랜치 영역'에 대한 이해로 적절하지 않은 것은?

① 흡수층에서 '애벌랜치 영역'으로 들어오는 전자의 수가 늘어나면 충돌 이온화의 발생 횟수가 증가한다.

② '애벌랜치 영역'에서 충돌 이온화가 많이 일어날수록 전극에서 측정되는 전류가 증가한다.

③ '애벌랜치 영역'에 유입된 전자가 생성하는 전자-양공 쌍의 수는 양자 효율을 결정한다.

④ '애벌랜치 영역'에 형성된 강한 전기장은 충돌 이온화가 일어나는 데 필수적이다.

┃39~40┃ 다음은 어느 회사 약관의 일부이다. 약관을 읽고 물음에 답하시오.

제6조(보증사고)

① 보증사고라 함은 아래에 열거된 보증사고 사유 중 하나를 말합니다.

　1. 보증채권자가 전세계약기간 종료 후 1월까지 정당한 사유 없이 전세보증금을 반환받지 못하였을 때

　2. 전세계약 기간 중 전세목적물에 대하여 경매 또는 공매가 실시되어, 배당 후 보증채권자가 전세보증금을 반환받지 못하였을 때

② 제1항 제1호의 보증사고에 있어서는 전세계약기간이 갱신(묵시적 갱신을 포함합니다)되지 않은 경우에 한합니다.

제7조(보증이행 대상이 아닌 채무)

보증회사는 다음 각 호의 어느 하나에 해당하는 사유가 있는 경우에는 보증 채무를 이행하지 아니합니다.

　1. 천재지변, 전쟁, 내란 기타 이와 비슷한 사정으로 주채무자가 전세계약을 이행하지 못함으로써 발생한 채무

　2. 주채무자의 전세보증금 반환의무 지체에 따른 이자 및 지연손해금

　3. 주채무자가 실제 거주하지 않는 명목상 임차인 등 정상 계약자가 아닌 자에게 부담하는 채무

---

　4. 보증채권자가 보증채무이행을 위한 청구서류를 제출하지 아니하거나 협력의무를 이행하지 않는 등 보증채권자의 책임 있는 사유로 발생하거나 증가된 채무 등

제9조(보증채무 이행청구시 제출서류)

① 보증채권자가 보증채무의 이행을 청구할 때에는 보증회사에 다음의 서류를 제출하여야 합니다.

　1. 보증채무이행청구서

　2. 신분증 사본

　3. 보증서 또는 그 사본(보증회사가 확인 가능한 경우에는 생략할 수 있습니다)

　4. 전세계약이 해지 또는 종료되었음을 증명하는 서류

　5. 명도확인서 또는 퇴거예정확인서

　6. 배당표 등 전세보증금 중 미수령액을 증명하는 서류(경·공매시)

　7. 회사가 요구하는 그 밖의 서류

② 보증채권자는 보증회사로부터 전세계약과 관계있는 서류사본의 교부를 요청받은 때에는 이에 응하여야 합니다.

③ 보증채권자가 제1항 내지 제2항의 서류 중 일부를 누락하여 이행을 청구한 경우 보증회사는 서면으로 기한을 정하여 서류보완을 요청할 수 있습니다.

제18조(분실·도난 등)

보증채권자는 이 보증서를 분실·도난 또는 멸실한 경우에는 즉시 보증회사에 신고하여야 합니다. 만일 신고하지 아니함으로써 일어나는 제반 사고에 대하여 보증회사는 책임을 부담하지 아니합니다.

39. 이 회사의 사원 L은 약관을 읽고 질의응답에 답변을 했다. 질문에 대한 답변으로 옳지 않은 것은?

① Q : 2년 전세 계약이 만료되고 묵시적으로 계약이 연장되었는데, 이 경우도 보증사고에 해당하는 건가요?

　A : 묵시적으로 전세계약기간이 갱신된 경우에는 보증사고에 해당하지 않습니다.

② Q : 보증서를 분실하였는데 어떻게 해야 하나요?

　A : 즉시 보증회사에 신고하여야 합니다. 그렇지 않다면 제반 사고에 대하여 보증회사는 책임지지 않습니다.

③ Q : 주채무자가 전세보증금 반환의무를 지체하는 바람에 생긴 지연손해금도 보증회사에서 이행하는 건가요?

　A : 네. 주채무자의 전세보증금 반환의무 지체에 따른 이자 및 지연손해금도 보증 채무를 이행하고 있습니다.

④ Q : 보증회사에 제출해야 하는 서류는 어떤 것들이 있나요?

　A : 보증채무이행청구서, 신분증 사본, 보증서 또는 그 사본, 전세계약이 해지 또는 종료되었음을 증명하는 서류, 명도확인서 또는 퇴거예정확인서, 배당표 등 전세보증금중 미수령액을 증명하는 서류(경·공매시) 등이 있습니다.

40. 다음과 같은 상황이 발생하여 적용되는 약관을 찾아보려고 한다. 적용되는 약관의 조항과 그에 대한 대응방안으로 옳은 것은?

> 보증채권자인 A는 보증채무 이행을 청구하기 위하여 보증채무이행청구서, 신분증 사본, 보증서 사본, 명도확인서를 제출하였다. 이를 검토해 보던 사원 L은 A가 전세계약이 해지 또는 종료되었음을 증명하는 서류를 제출하지 않은 것을 알게 되었다. 이 때, 사원 L은 어떻게 해야 하는가?

① 제9조 제2항, 청구가 없었던 것으로 본다.
② 제9조 제2항, 기간을 정해 서류보완을 요청한다.
③ 제9조 제3항, 청구가 없었던 것으로 본다.
④ 제9조 제3항, 기간을 정해 서류보완을 요청한다.

┃41~44┃ 다음 숫자들의 배열 규칙을 찾아 빈 칸에 들어갈 알맞은 숫자를 고르시오.

41.

3 5 8 13 21 34 ( ) 89

① 45 ② 55
③ 65 ④ 75

42.

3 5 1 7 -1 9 ( )

① 0 ② -1
③ -2 ④ -3

43.

<u>22 4 2</u> <u>19 3 1</u> <u>37 5 2</u> <u>5 3 2</u> <u>54 6</u> ( )

① 0 ② 1
③ 2 ④ 3

44.

4	1	9
9	25	64
25	36	( )

① 144 ② 121
③ 100 ④ 81

45. 아래의 글을 읽고 판단할 시에 1단계에서 A가 나눈 두 묶음의 구슬의 개수는?

> A는 다음 세 가지의 단계를 순서대로 거쳐서 16개의 구슬을 네 묶음으로 나누었다. 이렇게 나타난 네 묶음의 구슬 개수는 각각 1개, 5개, 5개, 5개이다.
>
> • 1단계 : 16개의 구슬을 두 개의 묶음으로 나누어, 한 묶음의 구슬 개수가 다른 묶음의 구슬 개수의 n배(n은 자연수)가 되도록 하였다.
> • 2단계 : 5개 이상의 구슬이 있던 한 묶음에서 다른 묶음으로 5개의 구슬을 옮겼다.
> • 3단계 : 두 가지의 묶음을 각각 두 묶음씩으로 다시 나누어 총 네 가지 묶음이 되도록 했다.

① 15개, 1개 ② 10개, 2개
③ 8개, 4개 ④ 6개, 6개

46. 앗싸 무역주식회사는 플라즈마 TV 핵심부품을 항공편으로 미국 뉴욕에 수출할 예정이다. 수출 시 보험과 다른 수송비 등 여타조건은 무시하고 아래 사항만을 고려할 경우에 항공운임은 얼마인가? (단, 항공운임은 6,000cm³당 1kg으로 취급한다)

> ㉠ 플라즈마 TV 핵심부품이 내장되고 포장된 상자의 무게는 40kg이다.
> ㉡ 상기 상자의 용적은 가로 80cm, 세로 60cm, 높이 70cm인 직육면체이다.
> ㉢ 항공운임은 중량 또는 부피 중 큰 것을 적용하기로 한다.
> ㉣ 요율(최저운임은 US$ 200)
> • 50kg 미만:US$ 17/kg
> • 50kg 이상~60kg 미만 : US$ 13/kg
> • 60kg 이상~80kg 미만 : US$ 10/kg
> • 80kg 이상~100kg 미만 : US$ 7/kg

① US$ 315 ② US$ 334
③ US$ 680 ④ US$ 728

47. ○○전기 A지역본부의 작년 한 해 동안의 송전과 배전 설비 수리 건수는 총 238건이다. 설비를 개선하여 올해의 송전과 배전 설비 수리 건수가 작년보다 각각 40%, 10%씩 감소하였다. 올해 수리 건수의 비가 5 : 3일 경우, 올해의 송전 설비 수리 건수는 몇 건인가?

① 102건   ② 100건

③ 98건   ④ 95건

48. A제품은 작년에 400개를 생산하였고, 올해 5%를 추가 생산하였다. A제품과 B제품은 작년에 총 730개를 생산하였고, 올해 20개를 추가 생산하였다. 다음 중 작년 대비 올해 B제품의 생산량 증가량은?

① 변화 없음   ② 5% 증가

③ 10% 증가   ④ 15% 증가

49. ㈜○○의 김 대표는 비서로부터 5월 중 자재에 관한 거래 내역을 보고받았으며 그 내역은 다음과 같다. 이때 아래의 자료를 기반할 때 선입선출(FIFO) 방법으로 5월에 출고한 자재의 재료비를 구하면?

일자	활동내역	개수	단가
5월 2일	매입	50개	₩100
5월 10일	매입	50개	₩120
5월 15일	출고	60개	
5월 20일	매입	50개	₩140
5월 24일	출고	70개	

① ₩10,536   ② ₩11,090

③ ₩13,450   ④ ₩15,200

50. 다음은 주요국의 5G 스마트폰 도입률 전망에 관한 자료이다. 다음 자료를 올바르게 해석한 것을 〈보기〉에서 골라 짝지은 것은 어느 것인가?

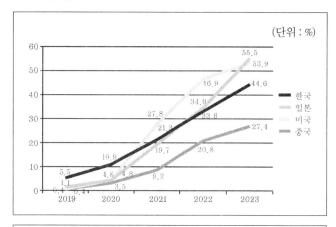

〈보기〉
㈎ 2019년 대비 2023년의 도입률의 증가율은 중국이 가장 낮다.
㈏ 2023년의 전년대비 도입률의 증가율은 한국이 가장 높다.
㈐ 2020~2022년의 기간 동안 가장 성장세가 가파른 국가는 미국이다.
㈑ 2020년 이후 도입률 전망치의 순위가 전년도와 동일한 해는 없다.

① ㈎, ㈏   ② ㈎, ㈐

③ ㈏, ㈑   ④ ㈐, ㈑

51. 다음 자료를 통해 알 수 있는 사항을 올바르게 설명하지 못한 것은 어느 것인가?

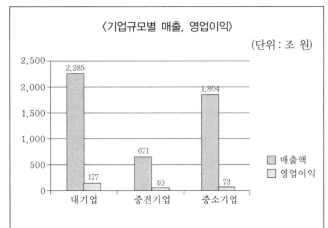

〈기업규모별 매출, 영업이익〉

(단위 : 조 원)

〈기업 및 종사자 현황〉

(단위 : 개, 만 명)

구분	대기업	중견기업	중소기업
기업 수	2,191(0.3%)	3,969(0.6%)	660,003(99.1%)
종사자 수	204.7(20.4%)	125.2(12.5%)	675.3(67.1%)

① 1개 기업당 매출액과 영업이익 실적은 대기업에 속한 기업이 가장 우수하다.

② 기업규모별 매출액 대비 영업이익률은 대기업, 중견기업, 중소기업 순으로 높다.

③ 전체 기업 수의 약 99%에 해당하는 기업이 전체 매출액의 40% 이상을 차지한다.

④ 전체 기업 수의 약 1%에 해당하는 기업이 전체 영업이익의 70% 이상을 차지한다.

52. 다음 도표와 〈보기〉의 설명을 참고할 때, 빈 칸 ㉠ ~ ㉣에 들어갈 알맞은 병명을 순서대로 나열한 것은 어느 것인가?

〈주요 사망원인별 사망자 수〉

(단위 : 인구 10만 명당 사망자 수)

	2006	2010	2011	2012	2013	2014	2015	2016
㉠	134.0	144.4	142.8	146.5	149.0	150.9	150.8	153.0
㉡	41.1	46.9	49.8	52.5	50.1	52.3	55.6	58.2
㉢	61.3	53.2	50.7	51.1	50.3	48.2	48.0	45.8
㉣	23.7	20.7	21.5	23.0	21.5	20.7	20.7	19.2

〈보기〉

1. 암과 심장질환에 의한 사망자 수는 2006년 대비 2016년에 증가하였다.
2. 당뇨병에 의한 사망자 수는 매년 가장 적었다.
3. 2006년 대비 2016년의 사망자 증감률은 심장질환이 암보다 더 크다.

① 당뇨병 – 심장질환 – 뇌혈관 질환 – 암

② 암 – 심장질환 – 뇌혈관 질환 – 당뇨병

③ 암 – 심장질환 – 당뇨병 – 뇌혈관 질환

④ 심장질환 – 암 – 뇌혈관 질환 – 당뇨병

53. 다음 〈표〉는 3D기술 분야 특허등록건수 상위 10개국의 국가별 영향력지수와 기술력지수를 나타낸 자료이다. 이에 대한 설명으로 옳은 것은?

〈3D기술 분야 특허등록건수 국가별 영향력지수 및 기술력지수〉

구분 \ 국가	특허등록 건수(건)	영향력지수	기술력지수
미국	500	( )	600.0
일본	269	1.0	269.0
독일	( )	0.6	45.0
한국	59	0.3	17.7
네덜란드	( )	0.8	24.0
캐나다	22	( )	30.8
이스라엘	( )	0.6	10.2
태국	14	0.1	1.4
프랑스	( )	0.3	3.9
핀란드	9	0.7	6.3

1) 해당국가의 기술력지수 = 해당국가의 특허등록건수 × 해당국가의 영향력지수

2) 해당국가의 영향력지수 = $\dfrac{해당국가의\ 피인용비}{전세계\ 피인용비}$

3) 해당국가의 피인용비 = $\dfrac{해당국가의\ 특허피인용건수}{해당국가의\ 특허등록건수}$

4) 3D기술 분야의 전세계 피인용비는 10임.

① 캐나다의 영향력지수는 미국의 영향력지수보다 작다.

② 프랑스와 태국의 특허피인용건수의 차이는 프랑스와 핀란드의 특허피인용건수의 차이보다 크다.

③ 특허등록건수 상위 10개국 중 한국의 특허피인용건수는 네 번째로 많다.

④ 네덜란드의 특허등록건수는 한국의 특허등록건수의 50% 미만이다.

54. 다음 〈표〉는 서울시 10개구의 대기 중 오염물질 농도 및 오염물질별 대기환경지수 계산식에 관한 것이다. 이에 대한 설명으로 옳은 것은?

〈대기 중 오염물질 농도〉

오염물질 지역	미세먼지 $(\mu g/m^3)$	초미세먼지 $(\mu g/m^3)$	이산화질소 (ppm)
종로구	46	36	0.018
중구	44	31	0.019
용산구	49	35	0.034
성동구	67	23	0.029
광진구	46	10	0.051
동대문구	57	25	0.037
중랑구	48	22	0.041
성북구	56	21	0.037
강북구	44	23	0.042
도봉구	53	14	0.022
평균	51	24	0.033

〈오염물질별 대기환경지수 계산식〉

계산식 오염물질	조건	계산식
미세먼지 $(\mu g/m^3)$	농도가 51 이하일 때	0.9 × 농도
	농도가 51 초과일 때	1.0 × 농도
초미세먼지 $(\mu g/m^3)$	농도가 25 이하일 때	2.0 × 농도
	농도가 25 초과일 때	1.5 × (농도 − 25) + 51
이산화질소 (ppm)	농도가 0.04 이하일 때	1,200 × 농도
	농도가 0.04 초과일 때	800 × (농도 − 0.04) + 51

* 통합대기환경지수는 오염물질별 대기환경지수 중 최댓값임.

① 용산구의 통합대기환경지수는 성동구의 통합대기환경 지수보다 크다.

② 강북구의 미세먼지 농도와 초미세먼지 농도는 각각의 평균보다 낮고, 이산화질소 농도는 평균보다 높다.

③ 중랑구의 통합대기환경지수는 미세먼지의 대기환경 지수와 같다.

④ 세 가지 오염물질 농도가 각각의 평균보다 모두 높은 구는 2개 이상이다.

55. 다음 〈그림〉은 A기업의 2011년과 2012년 자산총액의 항목별 구성비를 나타낸 자료이다. 이에 대한 설명으로 옳은 것을 고르면?

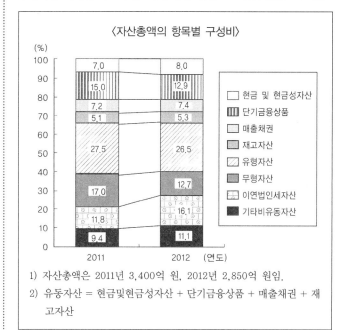

〈자산총액의 항목별 구성비〉

1) 자산총액은 2011년 3,400억 원, 2012년 2,850억 원임.

2) 유동자산 = 현금및현금성자산 + 단기금융상품 + 매출채권 + 재고자산

① 2011년 항목별 금액의 순위가 2012년과 동일한 항목은 3개이다.

② '현금및현금성자산' 금액은 2012년이 2011년보다 크다.

③ 2011년 대비 2012년에 '무형자산' 금액은 4.3% 감소하였다.

④ 2011년 유동자산 중 '단기금융상품'의 구성비는 45% 미만이다.

56. A, B, C 직업을 가진 부모 세대 각각 200명, 300명, 400명을 대상으로 자녀도 동일 직업을 갖는지 여부를 물은 설문조사 결과가 다음과 같았다. 다음 조사 결과에 대한 설명으로 옳지 않은 것은?

〈세대 간의 직업 이전 비율〉

(단위 : %)

부모 직업 \ 자녀 직업	A	B	C	기타
A	35	20	40	5
B	25	25	35	15
C	25	40	25	10

* 한 가구 내에서 부모의 직업은 따로 구분하지 않으며, 모든 자녀의 수는 부모 당 1명이라고 가정한다.

① 부모와 동일한 직업을 갖는 자녀의 수는 C직업이 A직업보다 많다.
② 부모의 직업과 다른 직업을 갖는 자녀의 비중은 B와 C직업이 동일하다.
③ 응답자의 자녀 중 A직업을 가진 사람은 B직업을 가진 사람보다 더 많다.
④ 기타 직업을 가진 자녀의 수는 B직업을 가진 부모가 가장 많다.

┃57~58┃ 다음 표는 법령에 근거한 신고자 보상금 지급기준과 신고자별 보상대상가액 사례이다. 물음에 답하시오.

〈표 1〉 신고자 보상금 지급기준

보상대상가액	지급기준
1억 원 이하	보상대상가액의 10 %
1억 원 초과 5억 원 이하	1천만 원 + 1억 원 초과금액의 7 %
5억 원 초과 20억 원 이하	3천8백만 원 + 5억 원 초과금액의 5 %
20억 원 초과 40억 원 이하	1억1천3백만 원 + 20억 원 초과금액의 3 %
40억 원 초과	1억7천3백만 원 + 40억 원 초과금액의 2 %

※ 보상금 지급은 보상대상가액의 총액을 기준으로 함
※ 공직자가 자기 직무와 관련하여 신고한 경우에는 보상금의 100분의 50 범위 안에서 감액할 수 있음

〈표 2〉 신고자별 보상대상가액 사례

신고자	공직자 여부	보상대상가액
A	예	8억 원
B	예	21억 원
C	예	4억 원
D	아니요	6억 원
E	아니요	2억 원

57. 다음 설명 중 옳은 것을 모두 고르면?

㉠ A가 받을 수 있는 최대보상금액은 E가 받을 수 있는 최대보상금액의 3배 이상이다.
㉡ B가 받을 수 있는 최대보상금액과 최소보상금액의 차이는 6,000만 원 이상이다.
㉢ C가 받을 수 있는 보상금액이 5명의 신고자 가운데 가장 적을 수 있다.
㉣ B가 받을 수 있는 최대보상액은 다른 4명의 신고자가 받을 수 있는 최소보상금액의 합계보다 적다.

① ㉠, ㉡
② ㉠, ㉢
③ ㉠, ㉣
④ ㉡, ㉢

58. 올해부터 공직자 감면액을 30%로 인하한다고 할 때 B의 최소보상금액은 기존과 비교하여 얼마나 증가하는가?

① 2,218만 원
② 2,220만 원
③ 2,320만 원
④ 2,325만 원

59. 아래의 표는 어느 TV 제조업체의 최근 5개월 동안 컬러 TV 판매량을 나타낸 것이다. 6월의 컬러 TV 판매량을 단순이동평균법, 가중이동평균법, 단순지수평활법을 이용하여 예측한 값을 각각 ㉠, ㉡, ㉢이라고 할 때, 그 크기를 비교한 것으로 옳은 것을 고르면?

□ 1~5월 컬러 TV 판매량

(단위 : 천대)

	1월	2월	3월	4월	5월	6월
판매량	10	14	9	13	15	
가중치	0.0	0.1	0.2	0.3	0.4	

□ 6월 컬러 TV 판매량 예측
- 6월의 컬러 TV 판매량은 단순이동평균법, 가중이동평균법, 단순지수평활법을 이용하여 예측할 수 있다.
- 이동평균법에서 주기는 4개월로 한다.
- 단순지수평활법을 이용하기 위해서는 전월의 예측치, 전월의 실제치, 지수평활계수가 필요하며 이를 식으로 나타내면 당월 예측치 = 전월 예측치 + 지수평활계수(전월 실제치 − 전월 예측치)이다.
  - 지수평활계수는 0.4를 적용한다.
  - 전월의 예측치가 없을 경우 단순이동평균법에 따른 예측치를 사용한다.

① ㉠ > ㉡ > ㉢ 　　　　② ㉡ > ㉠ > ㉢

③ ㉠ > ㉢ > ㉡ 　　　　④ ㉡ > ㉢ > ㉠

60. 甲공단에 근무하는 乙은 빈곤과 저출산 문제를 해결하기 위한 대안을 분석 중이다. 상황이 다음과 같을 때, 대안별 월 소요 예산 규모를 비교한 것으로 옳은 것은?

◈ 현재 상황
- 전체 1,500가구는 자녀 수에 따라 네 가지 유형으로 구분할 수 있는데, 그 구성은 무자녀 가구 300가구, 한 자녀 가구 600가구, 두 자녀 가구 500가구, 세 자녀 이상 가구 100가구이다.
- 전체 가구의 월 평균 소득은 200만 원이다.
- 각 가구 유형의 30%는 맞벌이 가구이다.
- 각 가구 유형의 20%는 빈곤 가구이다.
◈ 대안
A안 : 모든 빈곤 가구에게 전체 가구 월 평균 소득의 25%에 해당하는 금액을 가구당 매월 지급한다.
B안 : 한 자녀 가구에는 10만 원, 두 자녀 가구에는 20만 원, 세 자녀 이상 가구에는 30만 원을 가구당 매월 지급한다.
C안 : 자녀가 있는 모든 맞벌이 가구에 자녀 1명당 30만 원을 매월 지급한다. 다만 세 자녀 이상의 맞벌이 가구에는 일률적으로 가구당 100만 원을 매월 지급한다.

① A < B < C 　　　　② A < C < B

③ B < A < C 　　　　④ B < C < A

61. A기업 기획팀에서는 새로운 프로젝트를 추진하면서 업무추진력이 높은 직원은 프로젝트의 팀장으로 발탁하려고 한다. 성취행동 경향성이 높은 사람을 업무추진력이 높은 사람으로 규정할 때, 아래의 정의를 활용해서 〈보기〉의 직원들을 업무추진력이 높은 사람부터 순서대로 바르게 나열한 것은?

성취행동 경향성(TACH)의 강도는 성공추구 경향성(Ts)에서 실패회피 경향성(Tf)을 뺀 점수로 계산할 수 있다(TACH = Ts − Tf). 성공추구 경향성에는 성취동기(Ms)라는 잠재적 에너지의 수준이 영향을 준다. 왜냐하면 성취동기는 성과가 우수하다고 평가받고 싶어 하는 것으로 어떤 사람의 포부수준, 노력 및 끈기를 결정하기 때문이다. 어떤 업무에 대해서 사람들이 제각기 다양한 방식으로 행동하는 것은 성취동기가 다른데도 원인이 있지만, 개인이 처한 환경요인이 서로 다르기 때문이기도 하다. 이 환경요인은 성공기대확률(Ps)과 성공결과의 가치(Ins)로 이루어진다. 즉 성공추구 경향성은 이 세 요소의 곱으로 결정된다(Ts = Ms × Ps × Ins).

한편 실패회피 경향성은 실패회피동기, 실패기대확률 그리고 실패결과의 가치의 곱으로 결정된다. 이때 성공기대확률과 실패기대확률의 합은 1이며, 성공결과의 가치와 실패결과의 가치의 합도 1이다.

〈보기〉
- A는 성취동기가 3이고, 실패회피동기가 1이다. 그는 국제환경협약에 대비한 공장건설환경규제안을 만들었는데, 이 규제안의 실현가능성을 0.7로 보며, 규제안이 실행될 때의 가치를 0.2로 보았다.
- B는 성취동기가 2이고, 실패회피동기가 1이다. 그는 도시고속화도로 건설안을 기획하였는데, 이 기획안의 실패가능성을 0.7로 보며, 도로건설사업이 실패하면 0.3의 가치를 갖는다고 보았다.
- C는 성취동기가 3이고, 실패회피동기가 2이다. 그는 △△지역의 도심재개발계획을 주도하였는데, 이 계획의 실현가능성을 0.4로 보며, 재개발사업이 실패하는 경우의 가치를 0.3으로 보았다.

① A, B, C 　　　　② B, A, C

③ B, C, A 　　　　④ C, B, A

62. F사는 사내 식사 제공을 위한 외식 업체를 선정하기 위해 다음과 같이 4개 업체에 대한 평가를 실시하였다. 다음 평가 방식과 평가 결과에 의해 외식 업체로 선정될 업체는 어느 곳인가?

〈최종결과표〉

(단위 : 점)

	A업체	B업체	C업체	D업체
제안가격	84	82	93	93
위생도	92	90	91	92
업계평판	92	89	91	90
투입인원	90	92	94	93

※ 각 평가항목별 다음과 같은 가중치를 부여하여 최종 점수 고득점 업체를 선정한다.
 • 투입인원 점수 15%
 • 업계평판 점수 15%
 • 위생도 점수 30%
 • 제안가격 점수 40%
※ 어느 항목이라도 5개 업체 중 최하위 득점이 있을 경우(최하위 점수가 90점 이상일 경우 제외), 최종 업체로 선정될 수 없다.
※ 동점 시, 가중치가 높은 항목 순으로 고득점 업체가 선정

① A업체　　　　② B업체
③ C업체　　　　④ D업체

63. 아래의 내용은 자원관리에 관련한 기사의 일부분이다. 이를 읽고 알 수 없는 사실을 고르면?

　경기불황이 지속되고 취업난이 가중되면서 빚을 갚기가 어려워 파산을 신청하거나 신용회복지원을 요구하는 20~30대 젊은 층이 급증하고 있다.
　특히 이 같은 젊은 층의 파산자 및 신용회복 지원자는 직장 취업이나 금융권의 카드, 통장 개설 등이 어려워지는 등 사실상의 경제적 사형선고로까지 이어지고 있어 그 심각성을 더해주고 있다.
　전주지방법원이 최근 파산선고 면책결정을 공고(11일자)한 파산자는 110명으로 이 중 30대는 전체의 39.1%인 43명으로 가장 많았으며 20대는 11.8%인 13명으로 20 · 30대의 젊은 층이 모두 50.9%를 차지하며 과반수를 웃돌았다. 이어 40대는 37.3%(41명)이고 50대는 9.1%(10명), 기타 3명 등으로 나타났다.
　이는 과거에 주로 사업실패나 빚보증 등으로 인해 40대 이상의 개인파산이 많았으나, 최근에는 젊은 층의 취업난과 과소비문화 등으로 인한 신용카드대금 등의 연체에 따른 것으로 분석되고 있다.

① 예산관리에 있어서의 중요성을 언급하고 있다.
② 개인의 예산관리와 조직에서의 예산관리는 별개의 문제이다.
③ 20 · 30대 젊은 층에서의 파산이 늘고 있다는 것은 개인의 차원에서 보면 많은 문제가 될 수 있음을 알 수 있다.
④ 용돈 및 생활비에 관한 관리능력이 젊은 층에서 상당히 취약하다.

64. '가' 은행 '나' 지점에서는 3월 11일 회계감사 관련 서류 제출을 위해 본점으로 출장을 가야 한다. 다음에 제시된 〈조건〉과 〈상황〉을 바탕으로 판단할 때, 출장을 함께 갈 수 있는 직원들의 조합으로 가능한 것은?

〈조건〉

1) 08시 정각 출발이 확정되어 있으며, 출발 후 '나' 지점에 복귀하기까지 총 8시간이 소요된다. 단, 비가 오는 경우 1시간이 추가로 소요된다.
2) 출장인원 중 한 명이 직접 운전하여야 하며, '운전면허 1종 보통' 소지자만 운전할 수 있다.
3) 출장시간에 사내 업무가 겹치는 경우에는 출장을 갈 수 없다.
4) 출장인원 중 부상자가 포함되어 있는 경우, 서류 박스 운반 지연으로 인해 30분이 추가로 소요된다.
5) 차장은 책임자로서 출장인원에 적어도 한 명 포함되어야 한다.
6) 주어진 조건 외에는 고려하지 않는다.

〈상황〉

1) 3월 11일은 하루 종일 비가 온다.
2) 3월 11일 당직 근무는 17시 10분에 시작한다.

직원	직급	운전면허	건강상태	출장 당일 사내 업무
A	차장	1종 보통	부상	없음
B	차장	2종 보통	건강	17시 15분 계약업체 담당
C	과장	없음	건강	17시 35분 고객 상담
D	과장	1종 보통	건강	당직 근무
E	대리	2종 보통	건강	없음

① A, B, C
② A, C, D
③ B, C, E
④ B, D, E

▌65~66▐ M대리는 차를 타고 회사에서 출발하여 A~E를 모두 거쳐 다시 회사로 돌아오려고 하며, 각 지점 간의 거리가 아래와 같다. 이를 보고 이어지는 물음에 답하시오.

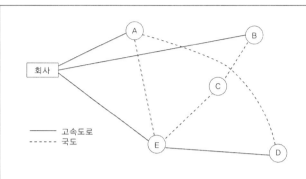

〈각 지점 간의 거리〉

(단위 : km)

구분	A	B	C	D	E
회사	150	170		175	160
A				172	187
B			100		
C					120
D					148

〈도로별 연비〉

(단위 : km/L)

고속도로	20
국도	10

* 휘발유 가격은 편의상 1,000원/L로 가정한다.

65. M대리가 최단 거리로 모든 지점을 방문하고 돌아온다고 할 때, 이동한 총 거리는 얼마인가?

① 856km
② 858km
③ 860km
④ 862km

66. M대리가 최단 거리로 이동하였을 경우 사용한 총 연료비는 얼마인가?

① 60,500원
② 61,600원
③ 62,600원
④ 63,600원

▌67~68▐ 다음은 J공단 민원센터의 상담원 다섯 명에 대한 고객 설문지 조사 결과를 표로 나타낸 것이다. 공단에서는 이를 근거로 최우수 상담원을 선정하여 포상을 하려 한다. 제시된 표를 바탕으로 이어지는 물음에 답하시오.

〈상담원별 고객 부여 득점 결과표〉

구분	대면		비대면		
	응대친절	의사소통	신속처리	전문성	사후 피드백
상담원A	75	80	83	92	88
상담원B	92	94	82	82	90
상담원C	80	82	85	94	96
상담원D	84	90	95	90	82

〈최우수 상담원 선정 방법〉

• 각 항목별 득점에 다음 구간 기준을 적용하여 점수를 부여한다.

96점 이상	90~95점	85~89점	80~84점	79점 이하
5점	4점	3점	2점	1점

• 각 항목별 점수의 합이 큰 상담원 순으로 선정하되, 다음과 같은 가중치를 적용한다.
 – 응대친절과 의사소통 항목: 점수의 30% 가산
 – 신속처리와 전문성 항목: 점수의 20% 가산
 – 사후 피드백 : 점수의 10% 가산
• 점수가 동일한 경우 왼쪽 항목부터 얻은 점수가 높은 상담원을 우선순위로 선정한다.

67. 다음 중 위의 기준에 의해 최우수 상담원으로 선정될 사람은 누구인가?

① 상담원A
② 상담원B
③ 상담원C
④ 상담원D

68. 다음 중 위와 같은 평가 방식과 결과를 잘못 이해한 의견은?

① 이 평가방식은 대면 상담을 비대면 상담보다 더 중요하게 여기는구나.
② 고객에게 친절하게 응대하는 것을 가장 중요시하는 평가 기준이군.
③ 평가 항목당 가중치가 없다면 상담원D가 최우수 상담원이 되었겠어.
④ 상담원A는 고객이 부여한 득점 결과가 1위인 항목이 하나도 없군.

69. 기업에서의 자원관리능력은 실제 직장생활에서 업무를 수행함에 있어 시간, 예산, 물적 자원, 인적자원 등이 얼마나 필요한지 확인하고, 확보하여, 계획대로 활용할 수 있도록 하는데 중점을 두어야 하며, 실제 업무와의 상황과 밀접하게 계획을 한다. 아래의 사례는 각 4개 지점 간의 거리와 각 지점에서의 취급 물동량이 다음과 같을 때, 거리만을 고려한 최적의 물류 거점의 입지(㉠)와 거리 및 물동량을 고려한 최적의 물류거점의 입지(㉡)로 옳은 것을 고르면?

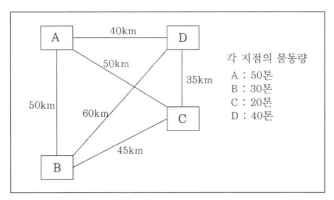

각 지점의 물동량
A : 50톤
B : 30톤
C : 20톤
D : 40톤

① ㉠ : B, ㉡ : A 　　② ㉠ : B, ㉡ : A

③ ㉠ : B, ㉡ : C 　　④ ㉠ : C, ㉡ : A

┃70~71┃ K공사 홍보팀에 근무하는 이 대리는 사내 홍보 행사를 위해 행사 관련 준비를 진행하고 있다. 다음을 바탕으로 물음에 답하시오.

〈행사장 도면〉

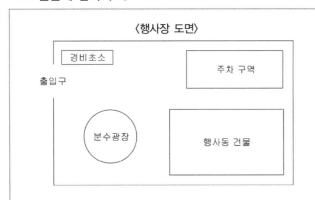

〈행사 장소〉
행사동 건물 1층 회의실

〈추가 예상 비용〉
• 금연 표지판 설치
– 단독 입식 : 45,000원
– 게시판 : 120,000원
• 쓰레기통 설치
– 단독 설치 : 25,000원/개
– 벤치 2개 + 쓰레기통 1개 : 155,000원

• 안내 팸플릿 제작

구분	단면	양면
2도 인쇄	5,000원/100장	10,000원/100장
5도 인쇄	1,300원/100장	25,000원/100장

70. 행사를 위해 홍보팀에서 추가로 설치해야 할 물품이 다음과 같을 때, 추가 물품 설치에 필요한 비용은 총 얼마인가?

• 금연 표지판 설치
– 분수대 후면 1곳
– 주차 구역과 경비초소 주변 각 1곳
– 행사동 건물 입구 1곳
※ 실외는 게시판 형태로 설치하고 행사장 입구에는 단독 입식 형태로 설치
• 쓰레기통
– 분수광장 금연 표지판 옆 1곳
– 주차 구역과 경비초소 주변 각 1곳
※ 분수광장 쓰레기통은 벤치와 함께 설치

① 550,000원

② 585,000원

③ 600,000원

④ 610,000원

71. 이 대리는 추가 비용을 정리하여 팀장에게 보고하였다. 이를 검토한 팀장은 다음과 같이 별도의 지시사항을 전달하였다. 팀장의 지시사항에 따른 팸플릿의 총 인쇄에 소요되는 비용은 얼마인가?

"이 대리, 아무래도 팸플릿을 별도로 준비하는 게 좋겠어. 한 800명 정도 참석할 거 같으니 인원수대로 준비하고 2도 단면과 5도 양면 인쇄를 반씩 섞도록 하게."

① 99,000원

② 100,000원

③ 110,000원

④ 120,000원

72. 다음 표와 보기는 대중교통 환승유형과 환승정책에 관한 자료이다. 신규 환승정책 시행 전과 후를 비교할 때 환승유형 종류 중 연간 총 교통요금 절감액이 큰 순서대로 바르게 나열한 것은?

〈표〉 연간 환승유형별 이용건수

환승유형	환승내용	연간 환승유형 이용건수
A	버스→버스	1,650
B	버스→지하철	1,700
C	지하철→버스	1,150
D	버스→버스→버스	800
E	버스→지하철→버스	600

〈보기〉
- 모든 승객은 교통카드만 이용하고, 교통카드를 통해서 환승유형이 확인되었다.
- 신규 환승정책 시행 전후, 지하철과 버스의 기본요금은 각각 950원이고, 기본요금에 대한 할인요금은 없다.
- 신규 환승정책 시행 전에는 대중교통 수단을 이용할 때마다 각각의 기본요금을 지불하였다.
- 신규 환승정책 시행 후에는 환승유형 이용 1건당 지불요금은 다음과 같다.
 – 최초 탑승 시 기본요금
 – 동일 교통수단으로 환승 시 마다 150원의 환승요금
 – 다른 교통수단으로 환승 시 마다 200원의 환승요금

① A – B – D – C – E
② A – D – B – E – C
③ B – A – D – C – E
④ D – A – B – E – C

|73~74| 다음은 '대한 국제 회의장'의 예약 관련 자료이다. 이를 보고 이어지는 물음에 답하시오.

〈대한 국제 회의장 예약 현황〉

행사구분	행사주체	행사일	시작 시간	진행 시간	예약 인원	행사장
학술대회	A대학	3/10	10:00	2H	250명	전시홀
공연	B동아리	2/5	17:00	3H	330명	그랜드볼룸
학술대회	C연구소	4/10	10:30	6H	180명	전시홀
국제회의	D국 무역관	2/13	15:00	4H	100명	컨퍼런스홀
국제회의	E제품 바이어	3/7	14:00	3H	150명	그랜드볼룸
공연	F사 동호회	2/20	15:00	4H	280명	전시홀
학술대회	G학회	4/3	10:00	5H	160명	컨퍼런스홀
국제회의	H기업	2/19	11:00	3H	120명	그랜드볼룸

〈행사장별 행사 비용〉

	행사 비용
전시홀	350,000원(기본 2H), 1시간당 5만 원 추가, 200명 이상일 경우 기본요금의 15% 추가
그랜드볼룸	450,000원(기본 2H), 1시간당 5만 원 추가, 250명 이상일 경우 기본요금의 20% 추가
컨퍼런스홀	300,000원(기본 2H), 1시간당 3만 원 추가, 150명 이상일 경우 기본요금의 10% 추가

73. 다음 중 대한 국제 회의장이 2월 중 얻게 되는 기본요금과 시간 추가 비용의 수익금은 모두 얼마인가? (인원 추가 비용 제외)

① 172만 원
② 175만 원
③ 177만 원
④ 181만 원

74. 다음 중 인원 추가 비용이 가장 큰 시기부터 순서대로 올바르게 나열된 것은 어느 것인가?

① 4월, 2월, 3월
② 3월, 4월, 2월
③ 3월, 2월, 4월
④ 2월, 3월, 4월

75. 주공정(Critical Path)이란 작업 개시에서 종료까지의 작업을 조합시킨 경로 중에서 가장 긴 경로, 전체 공정 중 시간이 가장 많이 걸리는 경로(다시 말해 정해진 주공정의 일수를 넘지 아니한다)를 의미한다. 어느 날 현장공사 소장 A는 아파트 시공을 수주 받아 공사를 할 예정이다. 하지만 건설사의 요청으로 인해 빠른 시일 내에 공사를 끝내야 한다. 이때 주공정의 개념을 도입하여 공사소장인 A가 공사 일정이 얼마나 걸릴 건지에 대해 건설사 대표에게 보고를 할 때 아래의 공정도표(일정표)에서 나타나는 주공정을 계산하여 그 값을 보고해야 한다. 그렇다면 아래의 공정도표를 보고 주공정이 얼마인지 구하면? (아래의 도표는 아파트 공사 시작(A)에서 완료(H)까지 나타낸 일정표이다.)

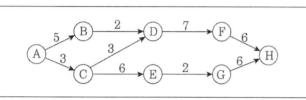

① 20일   ② 19일

③ 18일   ④ 17일

76. 전기안전관리 대행업체의 인사팀 직원 K는 다음의 기준에 의거하여 직원들의 자격증 취득 전후 경력을 산정하려고 한다. 다음 중 K가 산정한 경력 중 옳은 것을 모두 고르면?

〈전기안전관리자 경력 조건 인정 범위〉

조건	인정 범위
1. 자격 취득 후 경력 기간 100% 인정	• 전력시설물의 설계·공사·감리·유지보수·관리·진단·점검·검사에 관한 기술업무 • 전력기술 관련 단체·업체 등에서 근무한 자의 전력기술에 관한 업무
2. 자격 취득 후 경력 기간 80% 인정	• 「전기용품안전관리법」에 따른 전기용품의 설계·제조·검사 등의 기술업무 • 「산업안전보건법」에 따른 전기분야 산업안전 기술업무 • 건설관련법에 의한 전기 관련 기술업무 • 전자·통신관계법에 의한 전기·전자통신기술에 관한 업무
3. 자격 취득 전 경력 기간 50% 인정	1.의 각목 규정에 의한 경력

사원 甲	• 2001.1.1~2005.12.31 전기 안전기술 업무 • 2015.10.31 전기산업기사 자격 취득
사원 乙	• 2010.1.1~2012.6.30 전기부품제조 업무 • 2009.10.31 전기기사 자격 취득
사원 丙	• 2011.5.1~2012.7.31 전자통신기술 업무 • 2011.3.31 전기기능장 자격 취득
사원 丁	• 2013.1.1~2014.12.31 전기검사 업무 • 2015.7.31 전기기사 자격 취득

ㄱ 甲 : 전기산업기사로서 경력 5년

ㄴ 乙 : 전기기사로서 경력 1년

ㄷ 丙 : 전기기능장으로서 경력 1년

ㄹ 丁 : 전기기사로서 경력 1년

① ㄱ, ㄴ   ② ㄱ, ㄷ

③ ㄴ, ㄷ   ④ ㄷ, ㄹ

77. 다음은 A그룹 근처의 〈맛집 정보〉이다. 주어진 평가 기준에 따라 가장 높은 평가를 받은 곳으로 신년회를 예약하라는 지시를 받았다. A그룹의 신년회 장소는?

〈맛집 정보〉

평가항목 음식점	음식 종류	이동 거리	가격 (1인 기준)	맛 평점 (★ 5개 만점)	방 예약 가능 여부
자금성	중식	150m	7,500원	★★☆	○
샹젤리제	양식	170m	8,000원	★★★	○
경복궁	한식	80m	10,000원	★★★★	○
도쿄타워	일식	350m	9,000원	★★★★☆	×

※ ☆은 ★의 반 개이다.

〈평가 기준〉
• 평가항목 중 이동거리, 가격, 맛 평점에 대하여 각 항목별로 4, 3, 2, 1점을 각각의 음식점에 하나씩 부여한다.
  −이동거리가 짧은 음식점일수록 높은 점수를 준다.
  −가격이 낮은 음식점일수록 높은 점수를 준다.
  −맛 평점이 높은 음식점일수록 높은 점수를 준다.
• 평가항목 중 음식종류에 대하여 일식 5점, 한식 4점, 양식 3점, 중식 2점을 부여한다.
• 방 예약이 가능한 경우 가점 1점을 부여한다.
• 총점은 음식종류, 이동거리, 가격, 맛 평점의 4가지 평가항목에서 부여 받은 점수와 가점을 합산하여 산출한다.

① 자금성   ② 샹젤리제

③ 경복궁   ④ 도쿄타워

78. 무역상사 영업팀에 근무 중인 당신은 상사인 과장님과의 파리 출장스케줄을 조율하는 업무를 맡아 처리해야 한다. 항공편을 알아보던 도중 "속보입니다. 중국과 러시아 간의 천연 가스 갈등이 카자흐스탄 내전으로 확대되는 형국입니다. 현재 카자흐스탄 전역이 내전에 휘말렸으며, 이에 따라 카자흐스탄 영공을 지나가는 항공편의 안전이 위협받고 있습니다."라는 뉴스를 들었을 때, 당신이 해야 할 행동으로 가장 적절한 것은?

〈예약 가능한 비행기 스케줄〉

항공편	ICN, 서울 (현지 시간 기준)		CDG, 파리 (현지 시간 기준)		경유 여부
240	출발	7/1 09:30	출발	7/1 16:30	1회 (핀란드 헬싱키)
	도착	7/5 08:00	도착	7/4 11:00	
241	출발	7/1 10:30	출발	7/1 16:00	직항
	도착	7/5 07:30	도착	7/4 12:00	
501	출발	7/1 12:00	출발	7/1 21:00	1회 (중국 홍콩)
	도착	7/5 09:30	도착	7/4 10:30	

※ 항공료 : 240편 - 1,120,000원, 241편 - 1,400,000원, 501편 - 1,008,000원

※ 서울과 파리 간 시차는 서울이 7시간 빠르다.

※ 같은 항공편 안에서 소용되는 비행시간은 동일하다.

① 240 항공편을 예약한다.

② 241 항공편을 예약한다.

③ 501 항공편을 예약한다.

④ 현재 상황을 과장님에게 보고하고 출장스케줄을 조정한다.

79. 김 과장은 회사 워크숍에 참석하기 위해 퇴근 후 목적지까지 승용차를 이용해 움직이려고 한다. 김 과장이 A지역(출발지)에서 G 지역(목적지)으로 가기 위해 최단거리의 경로를 선택해 도착할 경우의 그 경로(루트)를 구하면? (단, 각 구간별 숫자는 거리(km)를 나타낸다.)

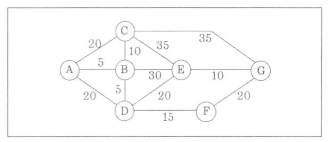

① A − C − G

② A − C − B − E − G

③ A − B − D − E − G

④ A − D − B − E − G

80. 다음 지원계획과 연구모임 현황 및 평가결과를 근거로 판단할 때, 연구모임 A~D 중 가장 많은 총지원금을 받는 모임은?

■ 지원계획

· 지원을 받기 위해서는 한 모임당 6명 이상 9명 미만으로 구성되어야 한다.

· 기본지원금 : 한 모임당 1,500천 원을 기본으로 지원한다. 단, 상품개발을 위한 모임의 경우는 2,000천 원을 지원한다.

· 추가지원금 : 연구 계획 사전평가결과에 따라, '상' 등급을 받은 모임에는 구성원 1인당 120천 원을, '중' 등급을 받은 모임에는 구성원 1인당 100천 원을, '하' 등급을 받은 모임에는 구성원 1인당 70천 원을 추가로 지원한다.

· 협업 장려를 위해 협업이 인정되는 모임에는 위의 두 지원금을 합한 금액의 30%를 별도로 지원한다.

■ 연구모임 현황 및 평가결과

모임	상품개발 여부	구성원 수	연구 계획 사전평가결과	협업 인정 여부
A	○	5	상	○
B	×	6	중	×
C	×	8	상	○
D	○	7	중	×

① A

② B

③ C

④ D

K-water
(한국수자원공사)
기출동형 모의고사

정답 및 해설

SEOWONGAK
(주)서원각

제1회 정답 및 해설

1 ①

신입사원 오리엔테이션 당시 다섯 명의 자리 배치는 다음과 같다.

| 김 사원 | 이 사원 | 박 사원 | 정 사원 | 최 사원 |

확정되지 않은 자리를 SB(somebody)라고 할 때, D에 따라 가능한 경우는 다음의 4가지이다.

㉠	이 사원	SB 1	SB 2	정 사원	SB 3
㉡	SB 1	이 사원	SB 2	SB 3	정 사원
㉢	정 사원	SB 1	SB 2	이 사원	SB 3
㉣	SB 1	정 사원	SB 2	SB 3	이 사원

이 중 ㉠, ㉡은 B에 따라 불가능하므로, ㉢, ㉣의 경우만 남는다. 여기서 C에 따라 김 사원과 박 사원 사이에는 1명이 앉아 있어야 하므로 ㉢의 SB 2, SB 3과 ㉣의 SB 1, SB 2가 김 사원과 박 사원의 자리이다. 그런데 B에 따라 김 사원은 ㉣의 SB 1에 앉을 수 없고 박 사원은 ㉢, ㉣의 SB 2에 앉을 수 없으므로 다음의 2가지 경우가 생긴다.

㉢	정 사원	SB 1 (최 사원)	김 사원	이 사원	박 사원
㉣	박 사원	정 사원	김 사원	SB 3 (최 사원)	이 사원

따라서 어떤 경우에도 바로 옆에 앉는 두 사람은 김 사원과 최 사원이다.

2 ①

첫 번째와 두 번째 조건을 정리해 보면, 세 사람은 모두 각기 다른 건물에 연구실이 있으며, 오늘 갔던 서점도 서로 겹치지 않는 건물에 있다.

세 번째 조건에서 최 교수와 김 교수는 오늘 문학관 서점에 가지 않았다고 하였으므로 정 교수가 문학관 서점에 간 것을 알 수 있다. 즉, 정 교수는 홍보관에 연구실이 있고 문학관 서점에 갔다.

네 번째 조건에서 김 교수는 정 교수가 오늘 갔던 서점이 있는 건물에 연구실이 있다고 하였으므로 김 교수의 연구실은 문학관에 있고, 따라서 최 교수는 경영관에 연구실이 있다.

두 번째 조건에서 자신의 연구실이 있는 건물이 아닌 다른 건물에 있는 서점에 갔었다고 했으므로, 김 교수가 경영관 서점을 갔고 최 교수가 홍보관 서점을 간 것이 된다. 이를 표로 나타내면 다음과 같다.

교수	정 교수	김 교수	최 교수
연구실	홍보관	문학관	경영관
서점	문학관	경영관	홍보관

3 ③

제시된 명제를 기호로 나타내면 다음과 같다.

• 오 대리 출장→정 사원 야근
• ~남 대리 교육→~진급 시험 자격
• 정 사원 야근→~남 대리 교육

이 명제를 연결하면 '오 대리 출장→정 사원 야근→~남 대리 교육→~진급 시험 자격'이 성립한다.(대우 : 진급 시험 자격→남 대리 교육→~정 사원 야근→~오 대리 출장)

①~④의 보기를 기호로 나타내면 다음과 같으므로 항상 참인 것은 ③이다.

① ~남 대리 교육→오 대리 출장(연결 명제 중 오 대리 출장→~남 대리 교육의 역임으로 항상 참인지는 알 수 없다.)
② 정 사원 야근→오 대리 출장(첫 번째 명제의 역임으로 항상 참인지는 알 수 없다.)
③ 진급 시험 자격→~오 대리 출장(연결 명제의 대우 명제이므로 항상 참이다.)
④ ~진급 시험 자격→~오 대리 출장(주어진 명제만으로는 알 수 없다.)

4 ③

조건에 따라 정리하면 다음과 같다.

㉠ 다솜 > 마야+바울+사랑
㉡ 마야+바울=사랑
㉢ 바울 > 가영+라임
㉣ 가영 > 나리

ⓜ 가영＝라임

ⓗ 마야＝바울

따라서 ③은 반드시 거짓이다.

5 ①

사절 1과 사절 2의 주장으로 보면 서로 반대되는 내용이 있다.

사절 1 - 문화적으로 미개 / 봉건적 지배권 약화

사절 2 - 독창적이고 훌륭한 문화 / 봉건적 지배권이 약화되었다고 보기 어려움

각 사절의 주장 중 2개는 옳고 나머지 한 개는 거짓이므로 이 두 가지 주장을 제외한 한 주장은 무조건 옳은 것이 된다.

즉, 사절 1의 첫 번째 주장이 참이고, 사절 3의 두 번째 주장이 거짓일 경우 사절 3의 나머지 주장은 참이 된다. 그런데 사절 3의 첫 번째 주장이 참이라면, 사절 2의 첫 번째 주장은 참이고 사절 1의 3번째 주장은 거짓이 된다. 사절 1의 세 번째 주장이 거짓이면, 사절 1의 나머지 주장들은 참이 된다. B국이 문화적으로 미개하다는 사절 1의 두 번째 주장이 참이면 사절 2의 두 번째 주장은 거짓이 되고, 사절 2의 나머지 주장들은 참이 된다.

그러므로 B국은 문화적으로 미개하다는 주장이 옳다.

6 ②

甲 : 5㎢는 500ha이므로 사과를 수확하여 무농약농산물 인증신청을 하려면 농약을 사용하지 않고, 화학비료는 50,000kg(＝50t)의 2분의 1 이하로 사용하여 재배해야 한다.

乙 : 복숭아의 농약 살포시기는 수확 14일 전까지이다. 저농약농산물 인증신청을 위한 살포시기를 지키지 못하였으므로 인증을 받을 수 없다.

丙 : 5ha(100m×500m)에서 감을 수확하여 저농약농산물 인증신청을 하려면 화학비료는 600kg의 2분의 1 이하로 사용하고, 농약은 살포시기를 지켜(수확 14일 전까지) 살포 최대횟수인 4회의 2분의 1 이하로 사용하여 재배해야 한다.

7 ①

B어학원에 다니는 사람 중 일부는 A기업에 취직했고, A기업에 다니는 모든 사람은 영어를 잘하므로, 'B어학원에 다니는 어떤 사람은 영어를 잘 한다'는 결론은 반드시 참이 된다.

8 ③

③ 창의적인 사람은 우유부단하지 않고, 우유부단한 사람은 창의적이지 않으므로(대우) 창의적이면서 동시에 우유부단한 사람은 없다.

9 ②

조건에 따라 정리하면 다음과 같다.

월	화	수	목	금	토	일
A	C	D	B	E	G 또는 F	F 또는 G
A	C	D	F	B	E	G
A	C	G 또는 F	D	B	E	F 또는 G
A	C	B	E	D	F	G

10 ②

예산 60억 원을 모두 사용한다고 했을 때, 건축비 15억 원이 소요되는 시설 4개를 지을 수 있는 경우는 (조건 3, 4에 의해) 'A구에 복지회관 2개, B구에 어린이집 2개'인 경우(만족도 126)뿐이다. 3개를 지을 때 최대로 만족도를 얻을 수 있는 경우는 다음과 같다.

지역-시설종류	건축비	만족도	지역-시설종류	건축비	만족도
B-복지회관	20억 원	50	B-복지회관	20억 원	50
B-어린이집	15억 원	40	B-복지회관	20억 원	40^{조건5}
A-어린이집	20억 원	35	A-어린이집	20억 원	35
	55억 원	125		60억 원	125

따라서 A구에 복지회관 2개, B구에 어린이집 2개를 신축할 경우에 시민 만족도가 가장 높다.

11 ④

한주가 수도인 나라는 평주가 수도인 나라의 바로 전 시기에 있었고, 금주가 수도인 나라는 관주가 수도인 나라 바로 다음 시기에 있었으나 정보다는 이전 시기에 있었으므로 수도는 관주 > 금주 > 한주 > 평주 순임을 알 수 있다. 병은 가장 먼저 있었던 나라는 아니지만, 갑보다 이전 시기에 있었으므로 두 번째나 세 번째가 되는데, 병과 정이 시대 순으로 볼 때 연이어 존재하지 않았으므로 을 > 병 > 갑 > 정이 되어야 한다. 따라서 나라와 수도를 연결해 보면, 을 - 관주, 병 - 금주, 갑 - 한주, 정 - 평주가 되며 [이야기 내용]과 일치하는 것은 3, 5, 6이다.

12 ④

농부와 의사의 집은 서로 이웃해 있지 않으므로, 가운데 집에는 광부가 산다. 가운데 집에 사는 사람은 광수이고, 개를 키우지 않는다. 파란색 지붕 집에 사는 사람이 고양이를 키우므로, 광수는 원숭이를 키운다. 노란 지붕 집은 의사의 집과 이웃해 있으므로, 가운데 집의 지붕은 노란색이다. 따라서 수덕은 파란색 지붕 집에 살고 고양이를 키운다. 원태는 빨간색 지붕 집에 살고 개를 키운다.

13 ③

⊙ "옆에 범인이 있다."고 진술한 경우를 ○, "옆에 범인이 없다."고 진술한 경우를 ×라고 하면

1	2	3	4	5	6	7	8	9
○	×	×	○	×	○	○	○	×
							시민	

• 9번이 범인이라고 가정하면,
9번은 "옆에 범인이 없다."고 진술하였으므로 8번과 1번 중에 범인이 있어야 한다. 그러나 8번이 시민이므로 1번이 범인이 된다. 1번은 "옆에 범인이 있다."라고 진술하였으므로 2번과 9번에 범인이 없어야 한다. 그러나 9번이 범인이므로 모순이 되어 9번은 범인일 수 없다.

• 9번이 시민이라고 가정하면,
9번은 "옆에 범인이 없다."라고 진술하였으므로 1번도 시민이 된다. 1번은 "옆에 범인이 있다."라고 진술하였으므로 2번은 범인이 된다. 2번은 "옆에 범인이 없다."라고 진술하였으므로 3번도 범인이

된다. 8번은 시민인데 "옆에 범인이 있다."라고 진술하였으므로 9번은 시민이므로 7번은 범인이 된다. 그러므로 범인은 2, 3, 7번이고 나머지는 모두 시민이 된다.

ⓛ 모두가 "옆에 범인이 있다."라고 진술하면 시민 2명, 범인 1명의 순으로 반복해서 배치되므로 옳은 설명이다.

ⓒ 다음과 같은 경우가 있음으로 틀린 설명이다.

1	2	3	4	5	6	7	8	9
○	○	○	○	○	○	○	×	○
범인	시민	시민	범인	시민	범인	시민	시민	시민

14 ②

㉮ 충전시간당 통화시간은 'A모델 6.8H > D모델 5.9H > B모델 4.8H > C모델 4.0H' 순이다. 음악재생시간은 'D모델 > A모델 > C모델 > B모델' 순으로 그 순위가 다르다.

㉯ 충전시간당 통화시간이 5시간 이상인 것은 A모델 6.8H과 D모델 5.9H이다.

㉰ 통화 1시간을 감소하여 음악재생 30분의 증가 효과가 있다는 것은 음악재생에 더 많은 배터리가 사용된다는 것을 의미하므로 A모델은 음악재생에, C모델은 통화에 더 많은 배터리가 사용된다.

㉱ B모델은 통화시간 1시간 감소 시 음악재생시간 30분이 증가한다. 현행 12시간에서 10시간으로 통화시간을 2시간 감소시키면 음악재생시간이 1시간 증가하여 15시간이 되므로 C모델과 동일하게 된다.

15 ③

두 개의 제품 모두 무게가 42g 이하여야 하므로 B모델은 제외된다. K씨는 충전시간이 짧고 통화시간이 길어야 한다는 조건만 제시되어 있으므로 나머지 세 모델 중 A모델이 가장 적절하다.

친구에게 선물할 제품은 통화시간이 16시간이어야 하므로 통화시간을 더 늘릴 수 없는 A모델은 제외되어야 한다. 나머지 C모델, D모델은 모두 음악재생시간을 조절하여 통화시간을 16시간으로 늘릴 수 있으며 이때 음악재생시간 감소는 C, D모델이 각각 8시간(통화시간 4시간 증가)과 6시간(통화시간 3시간 증가)이 된다. 따라서 두 모델의 음악재생 가능시간은 15 - 8 = 7시간, 18 - 6 = 12시간이 된다. 그런데 일주일 1회 충전하여 매일 1시간씩의 음악을 들을 수 있으면 된다

고 하였으므로 7시간 이상의 음악재생시간이 필요하지는 않으며, 7시간만 충족될 경우 고감도 스피커 제품이 더 낫다고 요청하고 있다. 따라서 D모델보다 C모델이 더 적절하다는 것을 알 수 있다.

16 ③

1명의 투표권자가 후보자에게 줄 수 있는 점수는 1순위 5점, 2순위 3점으로 총 8점이다. 현재 투표까지 중간집계 점수가 640이므로 80명이 투표에 참여하였으며, 아직 투표에 참여하지 않은 사원은 120−80＝40명이다. 따라서 신입사원 A는 40명의 사원에게 문자를 보내야 한다.

17 ④

甲 국장은 전체적인 근로자의 주당 근로시간 자료 중 정규직과 비정규직의 근로시간이 사업장 규모에 따라 어떻게 다른지를 비교하고자 하는 것을 알 수 있다. 따라서 국가별, 연도별 구분 자료보다는 ④와 같은 자료가 요청에 부합하는 적절한 자료가 된다.

18 ④

선거 결과와 의석 배분의 규칙에 따라 당선된 후보를 정리하면 다음과 같다.

정당	후보	제1선거구	제2선거구	제3선거구	제4선거구
A	1번	당선	당선		당선
	2번				
B	1번	당선	당선	당선	
	2번				당선
C	1번				당선
	2번				

④ 가장 많은 당선자를 낸 정당은 4명의 후보가 당선된 B정당이다.
① A정당은 제3선거구에서 의석을 차지하지 못했다.
② B정당은 제4선거구에서 의석을 차지하지 못했다.
③ C정당의 후보가 당선된 곳은 제4선거구이다.

19 ④

A~D의 내진성능평가지수와 내진보강공사지수를 구하면 다음과 같다.

구분	A	B	C	D
내진성능평가지수	82(3점)	90(5점)	80(1점)	83(3점)
내진보강공사지수	91(3점)	95(3점)	90(1점)	96(5점)
총점	6점	8점	2점	8점

B와 D의 총점이 동일하므로 내진보강대상건수가 많은 D가 더 높은 순위를 차지한다. 최종순위는 D − B − A − C이다.

20 ②

기준 점수에 따라 통과 및 미통과, 2018년도 예산편성을 정리하면 다음과 같다.

정책	계획의 충실성 (기준 점수 90점)	계획 대비 실적 (기준 점수 85점)	성과지표 달성도 (기준 점수 80점)	예산편성
A	통과	통과	미통과	10% 감액
B	통과	미통과	통과	15% 감액
C	통과	통과	통과	동일
D	통과	미통과	미통과	15% 감액
E	통과	통과	미통과	10% 감액
F	통과	통과	통과	동일

② 각 정책별 2018년도 예산은 A 18억, B 17억, C 20억, D 17억, E 18억, F 20억으로 총 110억 원이다. 따라서 재무부의 2018년도 A~F 정책 예산은 전년 대비 10억 원이 줄어든다.
① 전년과 동일한 금액의 예산을 편성해야 하는 정책은 C, F 총 2개이다.
③ 정책 B는 '성과지표 달성도' 영역에서 '통과'로 판단되었지만, '계획 대비 실적'에서 미통과로 판단되어 예산을 감액해야 한다.
④ 예산을 전년 대비 15% 감액하여 편성하는 정책들은 B와 D로 모두 '계획 대비 실적' 영역이 '미통과'로 판단되었다.

21 ④

몇 개 국가의 남녀평등 문화와 근로정책에 대하여 간략하게 기술하고 있으며, 노르웨이와 일본의 경우에는 법률을 구체적으로 언급하고 있지 않다. 또한 단순한 근로정책 소개가 아닌, 남녀평등에 관한 내용을 일관되게 소개하고 있으므로 전체를 포함하는 논지는 '남녀평등과 그에 따른 근로정책'에 관한 것이라고 볼 수 있다.

22 ③

㈐ 단락에서는 사학연금 제도의 비용부담 방식을 설명하고 있다. '갹출형 제도'와 '비갹출형 제도'에 대한 설명이 중심내용이 아니며, 사학연금 제도에서 경우에 따라 채택하고 있는 비용부담 방식을 '갹출형 제도'와 '비갹출형 제도'로 나누어 설명하는 글이다.

23 ④

애완동물을 데리고 승강기에 탑승할 경우 반드시 안고 탑승해야 하며, 타인에게 공포감을 주지 말아야 한다는 규정은 있으나, 승강기 이용이 제한되거나 반드시 계단을 이용해야만 하는 것은 아니므로 잘못된 안내 사항이다.

24 ③

필자가 주장하는 바의 핵심적인 사항은 단순히 노동시장에서의 여성의 차별이 아니라, 여성의 다양성을 인정하지 못하는 정책으로 인해 모든 여성이 각자가 처한 상황보다 통계에 의한 공통의 생애사적 단일 집단으로 처우 받는다는 점이다. 따라서 ③의 내용이 가장 적절한 주제라고 볼 수 있다.

25 ①

상하이와 요코하마에서는 영국인에 의해 영자신문이 창간되었다고 언급했다. 그러나 주어진 글로는 이들이 서양 선교사들인지는 알 수 없다.

② 정부 차원에서 관료들에게 소식을 전하는 관보가 있었으나 민간인을 독자로 하는 신문은 개항 이후 새롭게 나타난 신문들이다.

③ 'ㅇㅇ신보'라는 용어가 유래된 것은 「상하이신보」로 영국의 민간회사에서 만들었고, '△△일보'라는 용어가 유래된 것은 「순후안일보」로 상인에 의해 창간되었다.

④ 자국민에 의한 중국어 신문은 1874년에 출간된 「순후안일보」가 최초이고, 자국민에 의한 일본어 신문은 1871년에 출간된 「요코하마마이니치신문」이 최초이다.

26 ②

단순히 하천수 사용료의 문제점을 제시한 것이 아니라, 그에 대한 구체적인 대안과 사용료 부과 및 징수를 위한 실효성을 확보해야 한다는 의견이 제시되어 있으므로 문제점 지적을 넘어 전향적인 의미를 지닌 제목이 가장 적절할 것이다. 또한, 제시글은 하천의 관리를 언급하는 것이 아닌, 하천수 사용료에 대한 개선방안을 다루고 있으며, 하천수 사용료의 현실화율이나 지역 간 불균형 등의 요금체계 자체에 대한 내용을 소개하고 있지는 않다.

27 ③

아리스토텔레스는 모든 자연물이 목적을 추구하는 본성을 타고나며, 외적 원인이 아니라 내재적 본성에 따른 운동을 한다는 목적론을 제시하였다. 아리스토텔레스에 따르면 이러한 본성적 운동의 주체는 단순히 목적을 갖는 데 그치는 것이 아니라 목적을 실현할 능력도 타고난다.

28 ④

K-water에서 관리중인 수도시설의 기술진단과 수도 및 댐 시설물의 안전점검을 정기적으로 실시하고, 정기점검의 경우 1회/6월, 정밀점검의 경우 1회/1~3년에 한하여 실시한다.

29 ④

두 번째 문단에서 '컨스터블의 그림은 당시 풍경화의 주요 구매자였던 영국 귀족의 취향에서 어긋나 그다지 인기를 끌지 못했다. 당시 유행하던 픽처레스크 풍경화는 도식적이고 이상화된 풍경 묘사에 치중했지만, 컨스터블의 그림은 평범한 시골의 전원 풍경을 사실적으로 묘사한 것처럼 보인다.'라고 하였다.

30 ②

셋째 문단에 "숙련 노동자에 대한 수요의 증가율, 곧 증가 속도는 20세기 내내 일정하게 유지된 반면"에서 보면 알 수 있듯이 20세기 내내 숙련노동자가 선호되고 있었음을 알 수 있다.

31 ③

'다각화를 하는 이유에 대해서는 여러 가지 설명들이 제시되었는데 크게 보자면 주주들의 이익에서 그 이유를 찾는 설명들과 경영자들의 이익에서 그 이유를 찾는 설명들로 나눌 수 있다.'라는 부분을 통해 제시문에서 다각화의 이유를 설명하는 두 가지 관점이 제시될 것임을 파악할 수 있다. 먼저 '주주들의 이익 추구가 다각화의 목적'이라는 입장이 제시되었으므로 이어질 내용은 '경영자들의 이익 추구가 다각화의 목적'이라는 입장이다.

32 ①

ⓛ 지난 20년 동안 육지의 온난화가 해양보다 빠르게 진행되어 왔다.
ⓒ 산업혁명 이후 6대 온실가스의 농도 증가율 순위는 알 수 없다.
ⓔ 북극지방의 평균온도 증가율이 지구 평균온도 증가율의 약 2배에 이르고 있다.

33 ③

ⓐ 남1의 발언에는 두 명의 성인 남녀라는 조건만 있을 뿐 민족과 국적에 대한 언급은 없다. 따라서 민족과 국적이 서로 다른 두 성인 남녀가 결혼하여 자녀를 입양한 가정은 가족으로 인정할 수 있다.
ⓑ 여1은 동성 간의 결합을 가족으로 인정하고 지지할 수 있지만, 남2는 핵가족 구조를 전통적인 성역할에 기초한다고 보기 때문에 동성 간의 결합을 가족으로 인정하고 지지하지 않을 것이다.
ⓒ 남2는 여성의 경제활동 참여율 증가를 전통적인 가족 기능의 위기를 가져오는 심각한 사회문제로 보고 있다. 따라서 여성의 경제활동 참여를 지원하는 아동보육시설의 확대정책보다는 아동을 돌보는 어머니에게 매월 일정액을 지급하는 아동수당 정책을 더 선호할 것이다.

ⓓ 여2는 남성 혼자서 가족을 부양하기 어려운 현실을 지적하며 남녀 모두 경제활동에 참여할 수 있도록 지원하는 국가의 정책이 필요하다고 보는 입장이다. 따라서 여성 직장인이 휴직을 해야 하는 육아휴직 확대정책보다는 여성의 경제활동이 유지될 수 있도록 육아도우미의 가정파견을 전액 지원하는 국가정책을 더 선호할 것이다.

34 ④

ⓐ 사건의 확률로 미래를 예측→도박사의 오류가 아니다.
ⓑ 도박사의 오류 B(확률이 낮은 사건이 일어난 것은 시행을 많이 해봤을 것이다)
ⓒ 도박사의 오류는 특정사건을 예측하거나 과거를 추측하는 문제이지 확률이 높고 낮음을 추론하는 것이 아니다. 도박사의 오류 A, B 둘 다 아니다.

35 ④

① 단절 전 형성 방식은 이동단말기와 기존 기지국 간의 통화 채널이 단절되기 전에 새로운 기지국과의 통화 채널을 형성하는 방식이다. 각 기지국이 같은 주파수를 사용하고 있다면, 그런 주파수 조정이 필요 없으며 새로운 통화 채널을 형성하고 나서 기존 통화 채널을 단절할 수 있다.
② 신호의 세기가 특정 값 이하로 떨어지게 되면 핸드오버가 명령되어 이동단말기와 새로운 기지국 간의 통화 채널이 형성된다. 형성 전 단절 방식과 단절 전 형성 방식의 차이와는 상관없다.
③ 새로운 기지국 간의 통화 채널이 형성되어야 함도 포함되어야 한다.

36 ③

③ 지문 및 얼굴 정보 제공은 17세 이상의 외국인에 해당한다.

37 ④

네 번째 문단에서 '수많은 반증 사례가 있음에도 자신의 관점에 부합하는 사료만을 편파적으로 선택한 역사 서술은 '사실성'의 측면에서 신뢰받기 어렵다.'고 언급하고 있다. 따라서 ④는 글쓴이의 생각으로 적절하지 않다.

①③ 두 번째 문단

② 첫 번째 문단

38 ②

보고서 작성 개요에 따르면 결론 부분에서 '공공 데이터 활용의 장점을 요약적으로 진술'하고 '공공 데이터가 앱 개발에 미칠 영향 언급'하고자 한다. 따라서 ②의 '공공 데이터는 앱 개발에 필요한 실생활 관련 정보를 담고 있으며 앱 개발 비용의 부담을 줄여 준다.(→공공 데이터 활용의 장점을 요약적으로 진술). 그러므로 앱 개발 시 공공 데이터 이용이 활성화되면 실생활에 편의를 제공하는 다양한 앱이 개발될 것이다.(→공공 데이터가 앱 개발에 미칠 영향 언급).'가 결론으로 가장 적절하다.

39 ②

증빙자료를 추가로 제출할 수 있다고 규정하고 있을 뿐, 증빙자료의 요건에 대해서는 언급되어 있지 않다.

① 절차 규정에서 이송 주체는 '공단'임을 알 수 있다.

③ 안내문 '개요'에 유족보상금, 직무상요양비, 장해급여, 사망조위금, 재해부조금, 퇴직급여, 유족 급여 등 사학연금법에서 규정하고 있는 급여에 대해 언급되어 있다.

④ 급여재심위원회는 청구인, 학교기관, 기타관계인, 공단에 결정서를 송부하여야 한다.

40 ③

처분이 있음을 알게 된 날로부터 90일 이내에 심사청구 하여야 한다. '처분이 있음을 안 날'은 통상적으로 '공단의 처분 문서를 수령한 날'을 의미한다.

41 ②

일의 자리에 온 숫자를 그 항에 더한 값이 그 다음 항의 값이 된다.

$78 + 8 = 86$, $86 + 6 = 92$, $92 + 2 = 94$, $94 + 4 = 98$, $98 + 8 = 106$, $106 + 6 = 112$

42 ①

각 항에서의 증가폭이 +1, +2, +4, +8, +16이다. 각각 2^0, 2^1, 2^2, 2^3, 2^4이므로 다음 항에서는 2^5($= 32$)만큼 증가할 것을 알 수 있다. 따라서 $37 + 32 = 69$가 된다.

43 ④

모든 숫자는 시계의 '분'을 의미한다. 왼쪽 사각형의 네 개의 숫자 중 왼쪽 위의 숫자로부터 시작해 시계 방향으로 15분씩을 더하면 다음 칸의 '분'이 된다. 따라서 오른쪽 사각형에는 37분+15분 = 52분, 52분+15분 = 7분, 7분+15분 = 22분이 된다.

44 ②

제시된 숫자를 약분하여 나타내면 각각 $\frac{1}{2}$, $\frac{2}{3}$, $\frac{3}{4}$, $\frac{4}{5}$, $\frac{5}{6}$, ( ), $\frac{7}{8}$, $\frac{8}{9}$이 된다. 분모는 1씩 증가하고 있고, 분자는 분모 값보다 1 작은 수를 나타내고 있으므로 괄호 안에 들어갈 수는 $\frac{6}{7}$과 같은 값을 가지는 분수여야 한다. 보기 중 $\frac{18}{21}$이 이에 해당한다.

45 ③

터널을 완전히 통과한다는 것은 터널의 길이에 열차의 길이를 더한 것을 의미한다. 따라서 열차의 길이를 x라 하면, '거리 = 시간 × 속력'을 이용하여 다음과 같은 공식이 성립한다.

$(840 + x) ÷ 50 = 25$, $x = 410$m가 된다. 이 열차가 1,400m의 터널을 통과하게 되면 $(1,400 + 410) ÷ 50 = 36.2$초가 걸리게 된다.

46 ②

2개의 생산라인을 하루 종일 가동하여 3일간 525병의 생수를 생산하므로 하루에 2개 생산라인에서 생산되는 생수의 개수는 525 ÷ 3 = 175병이 된다. 이때, A라인만을 가동하여 생산할 수 있는 생수의 개수가 90병/일이므로 B라인의 하루 생산 개수는 175 − 90 = 85병이 된다.

따라서 A라인 5일, B라인 2일, A + B라인 2일의 생산 결과를 계산하면, 생산한 총 생수의 개수는 (90 × 5) + (85 × 2) + (175 × 2) = 450 + 170 + 350 = 970병이 된다.

47 ①

네 자리수를 $a \times 10^3 + b \times 10^2 + c \times 10 + d$ 라 하면, 조건에 의하여 $(a \times 10^3 + b \times 10^2 + c \times 10 + d) + (d \times 10^3 + c \times 10^2 + b \times 10 + a) = 8778$이 된다.

즉, $(a+d) \times 10^3 + (b+c) \times 10^2 + (b+c) \times 10 + (a+d) = 8778$이 된다.

따라서 각 조건에 따라, $a+d=8$, $b+c=7$, $b-1=c$, $2c=d$가 된다.

이에 따라 $a=2$, $b=4$, $c=3$, $d=6$이 되어 원래의 네 자리 숫자는 2436이 되며, 이 네 자리 수를 모두 더한 값은 15가 되는 것을 알 수 있다.

48 ③

입사 지원자 중 남자의 수를 $3x$ 라고 하면 여자의 수는 x 가 된다.

합격자의 수가 140명이라고 하였으므로

합격자 중 남자의 수는 $140 \times \dfrac{5}{7} = 100$명, 합격자 중 여자의 수는 40명이 된다.

불합격한 남자의 수는 $3x - 100$이고 불합격한 여자의 수는 $x - 40$이며, 이 비율이 10 : 3이므로

$3x - 100 : x - 40 = 10 : 3$에서

$x = 100$

입사 지원자의 수는 $3x + x = 4x$이므로

$4 \times 100 = 400$명

49 ③

① 독일 정부가 부담하는 연구비
  : $6,590 + 4,526 + 7,115 = 18,231$
  미국 정부가 부담하는 연구비
  : $33,400 + 71,300 + 28,860 = 133,560$

② 정부부담 연구비 중에서 산업의 사용 비율이 가장 높은 것은 미국이며, 가장 낮은 것은 일본이다.

④ 미국 대학이 사용하는 연구비
  : $28,860 + 2,300 = 31,160$
  일본 대학이 사용하는 연구비
  : $10,921 + 458 = 11,379$

50 ②

각 공급처로부터 두 물품 개별 구매할 경우와 함께 구매할 경우의 총 구매가격을 표로 정리해 보면 다음과 같다. 구매 수량은 각각 400개 이상이어야 한다.

공급처	물품	세트당 포함 수량(개)	세트 가격	개별 구매	동시 구매
A업체	경품1	100	85만 원	340만 원	5,025,500원
	경품2	60	27만 원	189만 원	(5% 할인)
B업체	경품1	110	90만 원	360만 원	5,082,500원
	경품2	80	35만 원	175만 원	(5% 할인)
C업체	경품1	90	80만 원	400만 원	5,120,000원
	경품2	130	60만 원	240만 원	(20% 할인)

51 ④

④ 경품1의 세트당 가격을 5만 원 인하하면 총 판매가격이 4,920,000원이 되어 가장 낮은 공급가가 된다.

① 경품1의 세트당 포함 수량이 100개가 되면 세트 수량이 5개에서 4개로 줄어들어 경품1의 판매가격이 80만 원 낮아지나, 할인 적용이 되지 않아 최종 판매가는 오히려 비싸진다.

② 경품2의 세트당 가격을 2만 원 인하하면 총 판매가격이 5,056,000원이 되어 A업체보다 여전히 비싸다.

③ 경품1의 세트당 수량을 85개로 줄여도 판매가격은 동일하다.

52 ②

2018년 채용되는 직무별 사원수를 구하면 사무직 974명, 연구직 513명, 기술직 308명, 고졸사원 205명이다. 기술직 사원 수는 전년대비 감소하며, 연구직 사원은 전년대비 313명 증가하고, 2018년 고졸사원 수는 2017년보다 감소한다.

53 ①

2017년에는 국내채권과 해외채권을 합한 비중은 48%로 전체 비중의 절반에 미치지 못한다.

② 2016년, 2017년 모두 현금성 자금이 2.2%로 동일하므로 전체 금액이 같다면 현금성 자금에 해당하는 금액도 같다.

③ 해외주식 비중 : 8.3%(2015년) < 10.2%(2016년) < 10.4%(2017년) < 13.2%(2018년) < 16.5%(2019년)

④ 2017년에서 2018년으로 가면서 해외채권의 비중이 0.1% 줄었다. 2018년 전체자금이 2017년보다 크다고 했으므로, 2017년 전체 금액 18조 원의 0.1%에 해당하는 180억 원보다 큰 폭으로 금액이 줄었음을 알 수 있다.

54 ①

① 점유 형태가 무상인 경우의 미달가구 비율은 시설기준 면에서 전세가 더 낮음을 알 수 있다.

② 각각 60.8%, 28.0%, 11.2%이다.

③ 광역시(15.5%)와 고소득층(9.1%)이 가장 낮은 미달 비율을 보이고 있다.

④ 33.4%로 45.6%보다 더 낮다.

55 ③

모두 100%의 가구를 비교 대상으로 하고 있으므로 백분율을 직접 비교할 수 있다.

• 광역시의 시설기준 미달가구 비율 대비 수도권의 시설기준 미달가구 비율의 배수는 37.9 ÷ 22.9 = 1.66배가 된다.

• 저소득층의 침실기준 미달가구 비율 대비 중소득층의 침실기준 미달가구 비율의 배수는 위와 같은 방식으로 45.6 ÷ 33.4 = 1.37배가 된다.

56 ③

9~12시 사이에 출국장 1/2를 이용한 사람 수는 2,176명으로 이날 오전 출국장 1/2를 이용한 사람 수의 50% 이하이다.

57 ③

금강 부분에서 보았을 시에 Ca, Mg, K, Na 중에서 가장 높은 최대치를 기록하고 있는 것은 Ca의 18.39mg/L이다.

58 ②

급여성 복리후생비에서 선택적 복지제도는 2013년 2,049,745원이었지만 2017년에는 이에 대해 금액이 전혀 배정되어 있지 않음을 알 수 있다.

59 ③

㈎ 남편과 아내가 한국국적인 경우에 해당하는 수치가 되므로 우리나라 남녀 모두 다문화 배우자와 결혼하는 경우가 전년보다 감소하였음을 알 수 있다.

㈏ (88,929 − 94,962) ÷ 94,962 × 100 = 약 −6.35%가 된다. 따라서 다문화 신혼부부 전체의 수는 2018년에 전년대비 감소한 것이 된다.

㈐ 베트남은 5.0 → 6.9(남편), 32.2 → 32.6(아내)로 구성비가 증가하였다.

㈑ 중국인과 미국인 남편의 경우 2017년이 61.1%, 2018년이 60.2%이며, 중국인과 베트남인 아내의 경우 2017년이 71.4%, 2018년이 71.0%로 두 시기에 모두 50% 이상의 비중을 차지한다.

60 ①

일본인이 남편인 경우는 2017년에 22,448쌍 중 7.5%를 차지하던 비중이 2018년에 22,114쌍 중 6.5%의 비중으로 변동되었다. 따라서 22,448 × 0.075 = 1,683쌍에서 22,114 × 0.065 = 1,437쌍으로 변동되어 246쌍이 감소되었다.

61 ②

A지점에서 E지점으로 가야 하므로 A로 시작하는 경로를 찾는 것보다는 E에 도착하기 위해서 거쳐야 하는 A, C, D점을 먼저 파악하고, 그 A, C, D점에 도달하는 방법을 찾아보는 것이 더 빠르다. 즉 역순으로 접근해야 문제를 해결하는 게 수월해진다.

A→B→C→E의 경우 $10+50+10=70$

A→D→C→E의 경우 $30+20+10=60$

A→D→E의 경우 $30+60=90$

최단거리는 A→D→C→E가 된다.

62 ③

1번째 기준에 의해 X사는 200억의 10%인 20억을 분배 받고, Y사는 600억의 10%인 60억을 분배 받는다. Y가 분배 받은 금액이 총 150억이라고 했으므로 X사가 분배 받은 금액은 50억이다. X사가 두 번째 기준에 의해 분배 받은 금액은 30억이고, Y사가 두 번째 기준에 의해 분배 받은 금액은 90억이다. 두 번째 기준은 연구개발비용에 비례하여 분배 받은 것이므로 X사의 연구개발비의 3배로 계산하면 300억이다.

63 ④

금요일 17시에 회의를 개최할 경우 C, D를 포함하여 A, B, F가 회의에 참여할 수 있다.

① 금요일 16시 회의에 참여 가능한 전문가는 A, B, C, F이며 네 명의 회의 장소 선호도는 '가 : 19점', '나 : 28점', '다 : 24점'으로 가장 높은 점수인 '나'가 회의 장소가 된다.

② 금요일 18시 회의에 참여하는 전문가는 C, D, F이고 회의 장소 선호도를 합산한 결과 '나' 장소가 된다(나 : 22점 > 가 : 16점 > 다 : 15점).

③ 목요일 16시에 회의를 개최하면 참여 가능한 전문가는 A, E 둘뿐이므로 회의개최가 불가능하다.

64 ④

완성품 납품 개수는 $30+20+30+20$으로 총 100개이다. 완성품 1개당 부품 A는 10개 필요하므로 총 1,000개가 필요하고, B는 300개, C는 500개가 필요하다. 이때 각 부품의 재고 수량에서 부품 A는 500개를 가지고 있으므로 필요한 1,000개에서 가지고 있는

500개를 빼면 500개의 부품을 주문해야 한다. 부품 B는 120개를 가지고 있으므로 필요한 300개에서 가지고 있는 120개를 빼면 180개를 주문해야 하며, 부품 C는 250개를 가지고 있으므로 필요한 500개에서 가지고 있는 250개를 빼면 250개를 주문해야 한다.

65 ④

㉠ 운재가 지불한 금액은
- 정가 : $(5,000 \times 3) + (2,000 \times 10) = 35,000$원
- 할인 혜택 : 20% 할인 = $35,000 \times 0.2 = 7,000$원
- 배송 지연 : 5,000원

∴ 결제 금액 : $35,000 - 7,000 + 5,000 = 33,000$원

㉡ 성운이 지불한 금액은
- 정가 : $30,000 + (1,000 \times 5) = 35,000$원
- 할인 혜택 : 20% 할인, 2,000원 추가 할인 = $(35,000 \times 0.2) + 2,000 = 9,000$원
- 배송 지연 : $5,000 \times 2$일 = 10,000원

∴ 결제 금액 : $35,000 - 9,000 + 10,000 = 36,000$원

㉢ 영주가 지불한 금액은
- 정가 : $50,000 + (3,000 \times 2) + (1,000 \times 4) = 60,000$원
- 할인 혜택 : 20% 할인 = $60,000 \times 0.2 = 12,000$원
- 배송 지연 : 없음

∴ 결제 금액 : $60,000 - 12,000 = 48,000$원

㉣ 준하가 지불한 금액은
- 정가 : $(5,000 \times 2) + (3,000 \times 4) + (1,000 \times 2) = 24,000$원
- 할인 혜택 : 20% 할인 = $24,000 \times 0.2 = 4,800$원
- 배송 지연 : 5,000원

∴ 결제 금액 : $24,000 - 4,800 + 5,000 = 24,200$원

66 ③

구분	축구 유니폼	동물 옷	칼라 티셔츠	무지 티셔츠	린넨 셔츠
남학생	7표	3표	5표	1표	1표
여학생	2표	3표	4표	3표	2표
총계	9표	6표	9표	4표	3표

67 ①

구분	축구 유니폼	축구 유니폼	칼라 티셔츠	칼라 티셔츠
	독일, 긴팔	스페인, 반팔	흰색, 긴팔	회색, 반팔
남학생	4표	5표	3표	5표
여학생	3표	2표	5표	4표
총계	7표	7표	8표	9표
금액	• 칼라 티셔츠(회색, 반팔)의 1장 금액 : 17,000원 • 총 구매량 : 31장 • 할인율 : 20% ∴ 최종 금액 : 17,000×31×0.8=421,600원			

68 ④

C거래처 사원(9시~10시) − A거래처 과장(10시~12시) − B거래처 대리(12시~14시) − F은행(14시~15시) − G미술관(15시~16시) − E서점(16~18시) − D거래처 부장(18시~)

① E서점까지 들리면 16시가 되는데, 그 이후에 G미술관을 관람할 수 없다.
② F은행까지 들리면 13시가 되는데, B거래처 대리 약속은 18시에 가능하다.
③ G미술관 관람을 마치고 나면 11시가 되는데 F은행은 12시에 가야 한다. 1시간 기다려서 F은행 일이 끝나면 13시가 되는데, B거래처 대리 약속은 18시에 가능하다.

69 ③

사원별로 성과상여금을 계산해보면 다음과 같다.

사원	평점 합	순위	산정금액
현우	20	5	200만원×100%=200만원
미현	25	3	200만원×130%=260만원
소영	22	4	500만원×80%=400만원
상민	18	6	500만원×80%=400만원
유주	28	1	400만원×150%=600만원
정민	27	2	400만원×150%=600만원

가장 많이 받은 금액은 600만 원이고 가장 적게 받은 금액은 200만 원이므로 이 둘의 차는 400만 원이다.

70 ②

각 영역의 '통과'와 '미통과'를 판단하면 다음과 같다. 모든 영역이 통과로 판단된 프로젝트인 C와 F는 전년과 동일한 금액을 편성해야 한다.

프로젝트	계획의 충실성 (90점 이상)	계획 대비 실적 (85점 이상)	성과지표 달성도 (80점 이상)
A	96 → 통과	95 → 통과	76 → 미통과
B	93 → 통과	83 → 미통과	81 → 통과
C	94 → 통과	96 → 통과	82 → 통과
D	98 → 통과	82 → 미통과	75 → 미통과
E	95 → 통과	92 → 통과	79 → 미통과
F	95 → 통과	90 → 통과	85 → 통과

71 ①

각 프로젝트의 2018년도 예산 편성은 다음과 같다.

프로젝트	예산 편성액
A	2개 영역 통과→20 × 0.9 =18억 원
B	계획 대비 실적 영역 미통과→20 × 0.85 = 17억 원
C	전년 동일 20억 원
D	계획 대비 실적 영역 미통과→20 × 0.85 = 17억 원
E	2개 영역 통과→20 × 0.9 =18억 원
F	전년 동일 20억 원

따라서 甲기업의 2018년도 A~F 프로젝트 예산 총액은 110억 원으로 2017년보다 10억 원 감소한다.

72 ①

기업의 경쟁력은 앞으로 인적자원에 의해 좌우된다고 한다. 여기에서는 인적자원을 인재라는 말로 표현하고 있다. 다시 말해 인재는 곧 사람이라는 말이다. 기업에서 혁신을 주도하고 새로운 기술을 개발하는 것 역시 사람이 하는 것이기 때문에 오늘날의 경쟁력은 사람이라는 것을 의미한다.

73 ②

월 유지비는 '전기요금+월 관리비'로 계산하면 된다.
1년을 사용할 경우, 전체비용은 구입가격+(전기요금+
월 관리비)×12개월이므로

PW7000
$= 1,100,000 + [(10,000+10,000) \times 12] = 1,340,000$

PH2500
$= 800,000 + [(20,000+20,000) \times 12] = 1,280,000$

RTSB5R
$= 700,000 + [(40,000+10,000) \times 12] = 1,300,000$

따라서 RTSB5R의 전체비용이 가장 적게 든다는 것은
잘못된 판단이다.

74 ③

30일 동안 최대 수익을 올릴 수 있는 진행공정은 다
음과 같다.

F(20일, 70명)		C(10일, 50명)
B(10일, 30명)	A(5일, 20명)	

F(85억) + B(20억) + A(15억) + C(40억) = 160억 원

75 ④

	신 부장	이 차장	오 과장	김 대리	박 대리
외국어 성적	25점	25점	40점	50점	근무경력이 5년 미만이므로 선발 자격이 없다.
근무 경력	20점	20점	14점	10점	
근무 성적	9점	10점	9점	9점	
포상	10점	20점	0점	20점	
계	64점	75점	63점	89점	

76 ③

일자별 출장비 지급액을 살펴보면 다음과 같다. 화요
일 일정에는 거래처 차량이 지원되므로 5,000원이 차
감되며, 금요일 일정에는 거래처 차량 지원과 오후 일
정으로 인해 5,000＋7,000＝12,000원이 차감된다.

출장 일자	지역	출장 시간	이동 계획	출장비
화요일	'갑'시	09:00 ~18:00	거래처 배차	30,000－5,000 = 25,000원
수요일	'갑'시 외 지역	10:30 ~16:00	대중 교통	40,000원
금요일	'갑'시	14:00 ~19:00	거래처 배차	30,000－5,000－7,000 = 18,000원

따라서 출장비 총액은
25,000＋40,000＋18,000＝83,000원이 된다.

77 ④

상품별 은행에 내야 하는 총금액은 다음과 같다.

• A상품 : (1,000만 원 × 1% × 12개월) + 1,000만 원
  = 1,120만 원
• B상품 : 1,200만 원
• C상품 : 90만 원 × 12개월 = 1,080만 원

㉠ A상품의 경우 자동차를 구입하여 소유권을 취득할
때, 은행이 자동차 판매자에게 즉시 구입금액을 지
불하는 상품으로 자동차 소유권을 얻기까지 은행
에 내야 하는 금액은 0원이다.

㉡ 1년 내에 사고가 발생해 50만 원의 수리비가 소요
된다면 각 상품별 총비용은 A상품 1,170만 원, B
상품 1,200만 원, C상품 1,080만 원이다. 따라서
A상품보다 C상품을 선택하는 것은 유리하지만, B
상품은 유리하지 않다.

㉢ 자동차 소유권을 얻는 데 걸리는 시간은 A상품 구
입 즉시, B상품 1년, C상품 1년이다.

㉣ B상품과 C상품 모두 자동차 소유권을 얻기 전인 1
년까지는 발생하는 모든 수리비를 부담해 준다. 따
라서 사고 여부와 관계없이 총비용이 작은 C상품
을 선택하는 것이 유리하다.

78 ②

甲~戊의 심사기준별 점수를 산정하면 다음과 같다. 단, 丁은 신청마감일(2014. 4. 30.) 현재 전입일부터 6개월 이상의 신청자격을 갖추지 못하였으므로 제외한다.

구분	거주기간	가족 수	영농 규모	주택 노후도	사업 시급성	총점
甲	10	4	4	8	10	36점
乙	4	8	10	6	10	38점
丙	6	6	8	10	10	40점
戊	8	6	10	8	4	36점

따라서 상위 2가구는 丙과 乙이 되는데, 2가구의 주소지가 B읍·면으로 동일하므로 총점이 더 높은 丙을 지원하고, 나머지 1가구는 甲, 戊의 총점이 동점이므로 가구주의 연령이 더 높은 甲을 지원하게 된다.

79 ②

주어진 설명에 의해 4명의 자질과 가능 업무를 표로 정리하면 다음과 같다.

	오 대리	최 사원	남 대리	조 사원
스페인어	○	×	○	×
국제 감각	○	×	×	○
설득력	×	○	○	○
비판적 사고	×	○	○	×
의사 전달력	○	○	×	○

위 표를 바탕으로 4명의 직원이 수행할 수 있는 업무를 정리하면 다음과 같다.

• 오 대리 : 계약실무, 현장교육
• 최 사원 : 시장조사
• 남 대리 : 협상, 시장조사
• 조 사원 : 현장교육

따라서 필요한 4가지 업무를 모두 수행하기 위해서는 오 대리와 남 대리 2명이 최종 선발되어야만 함을 알 수 있다.

80 ④

인건비, 출장비, 재료비 등은 비용 총액을 특정 제품이나 서비스의 생산에 기여한 몫만큼 배분하여 계산할 수 있기 때문에 해당 제품이나 서비스의 직접비용으로 간주할 수 있는 것이다. 반면, 보험료, 광고료, 건물관리비 등 공통적인 비용으로 계산될 수밖에 없는 비용들은 간접비로 분류한다. 제시된 내용들은 모두 이러한 비용들의 기여도별 분배가 가능한 것인지의 여부에 따라 구분되고 있다고 볼 수 있다.

제2회 정답 및 해설

1 ①

제시된 네 개의 명제의 대우명제를 정리하면 다음과 같다.

㉠ 乙 지역이 1급 상수원이면 甲 지역은 1급 상수원이 아니다.

㉡ 乙 지역이 1급 상수원이 아니면 丙 지역도 1급 상수원이 아니다.

㉢ 甲 지역이 1급 상수원이 아니면 丁 지역도 1급 상수원이 아니다.

㉣ 戊 지역이 1급 상수원이면 丙 지역은 1급 상수원이다.

戊 지역이 1급 상수원임을 기준으로 원래의 명제와 대우명제를 함께 정리하면 '戊 지역→丙 지역→乙 지역→~甲 지역→~丁 지역'의 관계가 성립하게 되고, 이것의 대우인 '丁 지역→甲 지역→~乙 지역→~丙 지역→~戊 지역'도 성립한다. 따라서 甲 지역이 1급 상수원이면 丙 지역은 1급 상수원이 아니므로 ①은 거짓이다.

2 ④

이런 유형은 문제에서 제시한 상황, 즉 1명이 당직을 서는 상황을 각각 설정하여 1명만 진실이 되고 3명은 거짓말이 되는 경우를 확인하는 방식의 풀이가 유용하다. 각각의 경우, 다음과 같은 논리가 성립한다.

고 대리가 당직을 선다면, 진실을 말한 사람은 윤 대리와 염 사원이 된다.

윤 대리가 당직을 선다면, 진실을 말한 사람은 고 대리, 염 사원, 서 사원이 된다.

염 사원이 당직을 선다면, 진실을 말한 사람은 윤 대리가 된다.

서 사원이 당직을 선다면, 진실을 말한 사람은 윤 대리와 염 사원이 된다.

따라서 진실을 말한 사람이 1명이 되는 경우는 염 사원이 당직을 서고 윤 대리가 진실을 말하는 경우가 된다.

3 ②

㉠ 명제의 대우 역시 참이므로, 세 번째와 네 번째 명제의 대우는

· 눈을 싫어하는 사람은 바람을 좋아하는 사람이다.

· 바람을 좋아하는 사람은 구름을 좋아하는 사람이다.

㉡ 나머지 명제들과 연결시켜보면,

= 태양○ → 비○ → 눈× → 바람○ → 구름○

그러므로 태양을 좋아하는 사람은 구름을 좋아하는 사람이다.

4 ③

㉠ 명제의 대우 역시 참이므로, 두 번째와 세 번째 명제의 대우는

· 축구를 싫어하는 사람은 야구를 싫어한다.

· 야구를 싫어하는 사람은 농구를 싫어한다.

㉡ 나머지 명제들과 연결시켜보면,

= 탁구○ → 축구× → 야구× → 농구× → 배구○

그러므로 탁구를 좋아하는 사람은 배구를 좋아한다.

5 ③

주어진 조건에 의해 가장 먼 거리에 있는 네 군데 끝자리에는 양 사원, 나 대리, 오 대리, 김 사원이 앉게 되며, 최 대리 – 박 사원 – 나 대리 세 명의 자리가 확정된 조건임을 알 수 있다. 따라서 다음의 두 가지 경우의 수가 생길 수 있다.

김 사원 (오 대리)	최 대리	박 사원	나 대리
양 사원	A	B	오 대리 (김 사원)

양 사원	A	B	오 대리 (김 사원)
김 사원 (오 대리)	최 대리	박 사원	나 대리

두 가지 경우 모두 A, B에 임 대리와 민 사원이 앉게 되므로 각 라인 당 2명이 같은 라인으로 이동한 것이 된다. 또한 8명 모두 자리를 이동하였다고 했으므로 두 가지 경우 모두 A, B 자리는 각각 임 대리와 민 사원의 자리가 되어야 한다.

따라서 '임 대리는 최 대리와 마주보고 앉게 된다.'가 올바른 설명이 된다.

① 양 사원의 옆 자리에는 임 대리가 앉게 된다.

② 김 사원의 옆 자리에는 민 사원 또는 최 대리가 앉게 된다.

④ 민 사원은 어떤 경우에도 박 사원과 마주보고 앉게 된다.

6 ②

조건대로 하나씩 채워나가면 다음과 같다.

	A	B	C	D	E
해외펀드	×	×	○	×	×
해외부동산	×	○	×	×	×
펀드	×	×	×	×	○
채권	○	×	×	×	×
부동산	×	×	×	○	×

A와 E가 추천한 항목은 채권, 펀드이다.

7 ①

청용 – 영표 – 지성

주영 – 성용 – 두리

영표 – 주영 – 지성

정수 – 두현 – 영표

종합해보면 다음과 같다.

영표 – 주영 – 성용 – 두리 – 지성

정수, 두형, 청용의 위치는 ①과 같이 진술하면 정리가 되므로 순서가 확정된다.

8 ①

• 자영업자와 작가와 A는 등산동호회 멤버이다. → A는 작가, 자영업자는 아니다.

• B와 C와 피아니스트는 죽마고우이다. → A는 피아니스트이다.

• 피아니스트는 변호사로부터 법률적인 자문을 받았다. → A는 변호사는 아니다. A는 변호사, 작가, 자영업자는 아니다.

• 펀드매니저는 피아니스트의 누이와 결혼을 약속하였다. → A는 펀드매니저도 아니다. 그럼 남은 것은 교수 밖에 없다.

9 ②

모두 거짓말을 한 것이므로 B는 D의 옆이 아니고, C도 E의 옆이 아니다.

D의 오른쪽에는 C, E는 올 수 없고 C는 D의 왼쪽 옆도 될 수 없다.

그러므로 D의 오른쪽에는 A만 올 수 있다. C와 E, B와 D는 바로 옆에 앉을 수 없으므로 멀리 앉아야 한다.

10 ④

① 2동과 4동은 빨간색과 보라색 건물과 연결되어 있으므로 노란색과 초록색으로 칠해야 한다. 두 동 또한 연결되어 있으므로 2동이 노란색이면 4동은 초록색이어야 한다.

② 5동은 1동에만 연결되어 있으므로 빨간색 이외의 모든 색을 칠할 수 있다.

③ ①과 ②에 의해 알 수 있는 내용이다. 2동과 4동을 칠하는 방법은 2개의 경우의 수를 갖고, 5동을 칠하는 방법은 4개의 경우의 수를 가지므로 총 8가지 방법으로 건물을 칠할 수 있다.

④ 2동과 4동은 무조건 노란색과 초록색을 사용해야 하므로 건물은 적어도 4개의 색을 사용해서 칠할 수 있다.

11 ③

위의 상황은 고객이 제품을 구매하기 위해 회사로 전화를 한 경우로 인바운드 텔레마케팅의 상황이다. 정황상 자연인 A씨가 구매를 최종적으로 결정했으므로 구매에 대한 감사 표현을 전달해야 하며, 어디로 입금하는지를 알아야 하므로 현금이 입금되는 은행명, 이름, 기한을 명확히 언급해야 한다. 또한 구매와 동시에 설치에 대한 새로운 조건이 질문되었으므로 이에 대한 언급이 있어야 한다.

12 ②

컴퓨터 설치 문제로 고객이 걱정을 하고 있는 상황이므로 이에 대한 언급이 있어야 하며 고객이 당면한 문제에 대한 해결내용(컴퓨터 설치를 하지 못하는 상태)을 모르는 부분들에 대해 고객에게 안정과 보장을 해 주는 언급 등이 제시되어야 한다.

13 ②

• 〈구매 목록〉에 따르면,

상품	개수(개)	금액(원)
감자빵	1	1,500
연유빵	2	3,100
호두빵	2	3,500
피자빵	3	5,600
소시지빵	3	6,500
총액		20,200

• 〈조건〉과 〈할인 혜택〉에 따르면,

할인 조건	할인액(원)
20,000원 이상 구매 시 1,000원 할인	1,000
적립금 100원 단위로 사용	3,100
총액	4,100

따라서 최종 지불할 금액은 20,200 − 4,100 = 16,100원 이다.(제휴카드 사용 시 추가 적립은 바로 사용 가능한 금액이 아니므로 제외한다.)

14 ④

• 〈구매 목록〉에 따르면,

상품	개수(개)	금액(원)
감자빵	3	3,500
연유빵	1	1,800
호두빵	2	3,500
피자빵	1	2,200
소시지빵	2	4,500
총액		15,500

따라서 적용 가능한 〈할인 혜택〉은 없다.

15 ④

A~D에서 '집→수영장→회사→학원→집'의 경로에 대한 거리를 구하면 다음과 같다.

• A : 4 + 5 + 9 + 6 = 24
• B : 2 + 5 + 9 + 6 = 22
• C : 6 + 5 + 9 + 2 = 22
• D : 1 + 5 + 9 + 3 = 18

'수영장→회사→학원'을 거치는 경로는 A~D 모두에서 동일하므로 '집→수영장', '학원→집'의 거리만 계산하여 빠르게 구할 수도 있다.

16 ②

㉠ 설립방식 : {(고객만족도 효과의 현재가치) − (비용의 현재가치)}의 값이 큰 방식 선택
• ㈎ 방식 : 5억 원 − 3억 원 = 2억 원 → 선택
• ㈏ 방식 : 4.5억 원 − (2억 원 + 1억 원 + 0.5억 원) = 1억 원
㉡ 설립위치 : {(유동인구) × (20~30대 비율) / (교통혼잡성)} 값이 큰 곳 선정(20~30대 비율이 50% 이하인 지역은 선정대상에서 제외)
• 甲 : 80 × 75 / 3 = 2,000
• 乙 : 20~30대 비율이 50%이므로 선정대상에서 제외
• 丙 : 75 × 60 / 2 = 2,250 → 선택

17 ④

오전 9시부터 2시간 무대 준비를 하고 나면, 본 행사까지 2시간 동안 시설 사용 없이 대기하여야 하므로 본 공연 기본 사용료의 30%가 추가 징수된다. 따라서 900,000원에 270,000원이 추가되어야 한다.

① 공연 종류별 사용료가 다르며, 오전보다 오후, 오후보다 야간의 사용료가 더 비싸다.
② 1층과 2층이며, 10:00~18:00까지로 명시되어 있다.
③ 토요일은 30% 가산되므로 150,000 × 1.3 = 195,000원이 된다.

18 ②

요일별 총 사용료를 계산해 보면 다음과 같다.

- 금요일 : 창립기념식(대공연장, 오후, 일반행사, 1시간 연장) 90 + 10 = 100만 원
  연극 공연(아트 홀, 야간) 16만 원
- 토요일 : 사진전(전시실, 토요일 30% 가산) 19.5만 원
  클래식 기타 연주회(아트 홀, 야간, 토요일 30% 가산) 20.8만 원
- 총 합계 : 100 + 16 + 19.5 + 20.8 = 156.3만 원
① 전시를 1개 층에서만 한다고 했으므로 적절한 의문 사항이라고 볼 수 있다.
③ 전시실 사용료에는 전기·수도료가 포함되어 있다고 명시되어 있다.
④ 사진전은 가산금 포함하여 19.5만 원, 연극 공연은 16만 원의 시설 사용료가 발생한다.

19 ③

A는 2호선을 이용하였고, D는 1호선, B와 D는 같은 호선을 이용하였으므로 B도 1호선을 이용한 것이다. F와 G는 같은 호선을 이용하지 않으므로 둘 중 한 명은 1호선이고 나머지는 2호선을 이용한 것이 된다. 1호선은 3명이 이용하였으므로 B, D, (F or G)가 된다.

	A	B	C	D	E	F	G
1호선	×	○	×	○	×	○ or ×	○ or ×
2호선	○	×	○	×	○	○ or ×	○ or ×

20 ③

7개의 지사 위치를 대략적으로 나타내면 다음과 같다. 따라서 A에서 가장 멀리 떨어진 지사는 E이다.

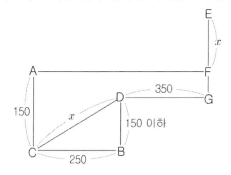

21 ③

위 글은 귀솟음 기법에 대해 설명하고 있지만 ㉢은 '안쏠림 기법은 착시 현상을 교정하는 효과가 크지 않다'고 하여 글의 흐름을 해치고 있다.

22 ④

④ 걷잡을 수 없어진 지구 온난화에 적응을 하지 못한 식물들이 한꺼번에 죽어 부패하면 그 속에 가두어져 있는 탄소가 대기로 방출된다고 언급하고 있다. 따라서 생명체가 소멸되면 탄소 순환 고리가 끊길 수 있지만, 대기 중의 탄소가 사라지는 것은 아니다.

23 ③

③ 하수처리 사업에 해당하는 내용이다. 전국 12개 지자체의 59개소 하수처리시설을 건설·운영하고 있다.
① 댐 및 보 시설 운영관리사업
② 광역 및 공업용수도 사업
④ 지방상수도 효율화사업

24 ④

④ 맞춤형 공업용수사업은 당진시 현대제철, 서산시 대산5사(한화토탈, 현대오일뱅크, 롯데케미칼, LG화학, KCC), 울산시 현대자동차 등 주요 7개사를 대상으로 기업니즈에 맞는 다양한 수질의 맞춤형 공업용수를 제공하고 있다.

25 ①

마지막 문단에서 공간 정보 활용 범위의 확대 사례 사례로 여행지와 관련한 공간 정보 활용과 도시 계획 수립을 위한 공간 정보 활용, 자연재해 예측 시스템에서의 공간 정보 활용 등을 제시하여 내용을 타당성 있게 뒷받침하고 있다.

26 ①

① 기한은 효과의 발생이나 소멸이 장래에 확실히 발생할 사실에 의존하도록 하는 것이다. 승소하면 그때 수강료를 내겠다고 할 때 승소는 장래에 일어날 수도 있는 사실에 의존하도록 하는 것으로 수강료 지급 의무에 대한 조건이다.

27 ②

산재보험의 소멸은 명확한 서류나 행정상의 절차를 완료한 시점이 아닌 사업이 사실상 폐지 또는 종료된 시점에 이루어진 것으로 판단하며, 법인의 해산 등기 완료, 폐업신고 또는 보험관계소멸신고 등과는 관계없다.
① 마지막 부분에 고용보험 해지에 대한 특이사항이 기재되어 있다.
③ '직권소멸'은 적절한 판단에 의해 근로복지공단이 취할 수 있는 소멸 형태이다.

28 ②

글의 첫 문장에서 4차 산업혁명이 문화예술에 미치는 영향은 어떤 것들이 있는지를 소개하였으며, 이어지는 내용은 모두 그러한 영향들에 대한 부연설명이라고 볼 수 있다. 후반부에서 언급된 문화여가와 디지털기기의 일상화 등에 대한 내용 역시 4차 산업혁명이 사회에 깊숙이 관여해 있는 모습을 보여준다는 점에서 문화예술에 미치는 4차 산업혁명의 영향을 뒷받침하는 것이라고 볼 수 있다.
① 노인들의 삶에 변화가 있을 것이라는 언급을 하고 있으나, 이는 글의 일부분에 해당하는 내용이므로 제목으로 선정할 수는 없다.
③ 4차 산업혁명에 의해 나타나는 사회적 부작용에 대하여 언급하지는 않았다.
④ 글 전체를 포괄하는 제목으로는 부족한 내용을 언급하고 있다.

29 ④

지식과 경험을 획득하고 삶의 의미를 찾고 성취감을 느끼고 싶어 하는 진지한 여가에 대한 열망도 점차 높아질 것으로 관측된다는 설명을 통해 내적이고 진지한 여가 시간에 대한 욕구가 줄어들 것이라는 것은 필자의 의견과 다른 것임을 알 수 있다.
① 필자는 4차 산업혁명의 영향으로 문화예술 활동을 다양하게 즐기는 사람들이 많아지고 있다는 언급을 하고 있다.
② 순수문화예술 부분에서는 스마트폰 등 디지털기기가 아직 홍보 수단 정도의 기능에 머물러 있다고 설명하였다.
③ 문화 자체의 다양성뿐 아니라 문화를 누리는 대상층 역시 어린이, 장애인, 시니어 등으로 점차 다양화될 것을 전망하고 있다.

30 ④

④ 형태가 일정한 물체의 회전 운동 에너지는 회전 속도의 제곱에 정비례하므로 물체의 회전 속도가 2배가 되면 회전 운동 에너지는 4배가 된다.

31 ④

① 돌림힘의 크기는 회전축에서 힘을 가하는 점까지의 거리와 가해 준 힘의 크기의 곱으로 표현된다. 따라서 갑의 돌림힘의 크기는 1m × 300N = 300N · m이고, 을의 돌림힘의 크기는 2m × 200N = 400N · m이다. 따라서 갑의 돌림힘의 크기가 을의 돌림힘의 크기보다 작다.
② 두 돌림힘의 방향이 서로 반대이므로 알짜 돌림힘의 방향은 더 큰 돌림힘의 방향과 같다. 따라서 알짜 돌림힘의 방향의 을의 돌림힘의 방향과 같다.
③ 두 돌림힘의 방향이 반대이지만, 돌림힘의 크기가 다르므로 알짜 돌림힘은 0이 아니고, 돌림힘의 평형도 유지되지 않는다.

32 ②

윗글은 한국인들의 여가를 즐길 줄 모르는 문화를 지적하며, 여가문화를 올바르게 누릴 수 있는 방안을 제시하고 있다. 따라서 서구 사회에서 이미 학문화되어 있는 여가학에 보다 많은 관심을 가져 진정한 의미의 여가를 즐길 수 있어야 한다는 것이 글에서 이야기하는 궁극적인 목적이라고 할 수 있다.

33 ②

필자는 여가를 잘 보내기 위해서는 사소하고 작은 일에도 재미를 느낄 수 있어야 한다고 주장하고 있으나, 이것은 여가를 특별하지 않은 일로 구성해야 한다고 주장하는 것은 아니다. 특별한 일을 해야만 한다는 관념을 버리고 의미 있는 일을 찾아 행하는 것이 진정한 여가라는 것이므로, 각자의 환경과 특성에 맞고 재미를 찾을 수 있는 활동이 여가의 핵심이라고 주장하는 것이다.

34 ④

㉠은 '실제로 공공 부문의 수익률이 민간 부문보다 높지 않다'는 정보와 '정부는 공공 부문에 투자해야 한다'는 정보를 연상할 수 있다. 따라서 '정부는 낮은 수익률이 발생하는 공공 부문에 투자해야 한다'는 내용을 전제로 하므로 ④가 가장 적합하다.

35 ④

글쓴이는 사회적 할인율이 공공사업의 타당성을 진단할 때 사용되는 개념이며 미래 세대까지 고려하는 공적 차원의 성격을 갖고 있음을 밝히고 있으며 이런 면에서 사회적 할인율을 결정할 때 시장 이자율이나 민간 자본의 수익률과 같은 사적 부문에 적용되는 요소들을 고려하자는 주장에 대한 반대 의견과 그 근거를 제시하고 있다. 또한 사회적 할인율은 공익적 차원에서 결정되어야 한다는 자신의 견해를 제시하고 있으므로 사회적 할인율을 결정할 때 고려해야 할 수준에 대해 언급한 것이 가장 핵심적인 질문이라 할 수 있다.

36 ②

② 면세지역에서는 면세점의 위치를 알려주는 기능에 대해서는 언급되어 있지만, 면세점에서 갖추고 있는 물품 정보 및 재고 수량을 검색할 수 있다는 정보는 언급되지 않았다.

37 ②

항공보안검색의 대상은 모든 승객 및 휴대수하물이다.

38 ③

군인연금의 경우 최소가입기간은 20년이며, 11년차인 '다영'은 최소가입기간을 충족하지 못했으므로 연계신청이 가능하다.
① 합계 20년이 되지 않으므로 연금수급이 불가하다.
② 연계제도 적용 대상에 특례가 있다고 하였다.
④ 사학연금 가입자는 퇴직일로부터 5년 이내에 연계신청 하여야 한다.

39 ④

항공기 식별코드의 앞부분은 (현재상태부호)(특수임무부호)(기본임무부호)(항공기종류부호)로 구성된다.
㉠ K는 (현재상태부호)와 (항공기종류부호)에 해당하지 않으므로 (특수임무부호)와 (기본임무부호)인데, 특수임무는 항공기가 개량을 거쳐 기본임무와 다른 임무를 수행할 때 붙이는 부호이므로 같은 기본임무와 같은 임무를 수행할 때에는 붙이지 않는다.
㉡ G(현재상태부호) → 영구보존처리된 항공기 B(특수임무부호) → 폭격기 C(기본임무부호) → 수송기 V(항공기종류부호) → 수직단거리이착륙기
㉢ C(특수임무부호) → 수송기 A(기본임무부호) → 지상공격기 H(항공기종류부호) → 헬리콥터
㉣ R은 (기본임무부호)이거나 개량으로 인하여 더 이상 기본임무를 수행하지 못하게 된 경우의 (특수임무부호)이다.

40 ③

현재 정상적으로 사용 중이므로 (현재상태부호)가 붙지 않으며, 일반 비행기이므로 (항공기종류부호)도 붙지 않는다. 따라서 식별코드 앞부분에는 (기본임무부호)에 특수임무를 수행한다면 (특수임무부호)가 붙고, 뒷부분에는 1~100번 사이의 (설계번호)와 (개량형부호) A가 붙는다.

41 ②

홀수 항만 보면 +7씩, 짝수 항만 보면 −7씩 변화하는 규칙을 가진다.

42 ④

첫 번째 수와 두 번째 수를 더한 후, 그 숫자에 두 번째 수를 곱하면 세 번째 수가 된다.
$(2 + 3) \times 3 = 15$, $(3 + 4) \times 4 = 28$, $(5 + 6) \times 6 = \underline{66}$, $(7 + 8) \times 8 = 120$

43 ③

각 조합의 세 개의 숫자 중, 첫 번째와 두 번째 숫자의 십의 자리와 일의 자리 수를 바꾸어 두 수를 더하면 세 번째 숫자가 된다. 72 + 34 = 106, 21 + 53 = 74, 15 + 19 = 34, 6 + 18 = 24, 따라서 22 + 21 = 43이 된다.

44 ①

앞 분수의 $\dfrac{분모 - 분자}{분모 + 분자}$의 규칙이 반복된다.

따라서 $\dfrac{120 - 88}{120 + 88} = \dfrac{32}{208}$

45 ①

늘어난 비율을 x라 하면, 다음 공식이 성립한다.

$20x \times 15x = 432 \rightarrow (5x)^2 = 6^2, \therefore x = 1.2$

따라서 x의 비율로 확장된 가로, 세로의 길이는 각각 24m($=20 \times 1.2$), 18m($=15 \times 1.2$)가 된다.

46 ④

전 직원의 수를 x라 하면, 과민성대장증상을 보이는 직원의 수는 $\dfrac{2}{3}x$가 된다. 이 중 아침 식사를 하는 직원의 수 $\dfrac{2}{3}x \times \dfrac{3}{4} = 144$에서 전 직원 수 x를 구하면 288명이 된다.

47 ③

재작년 기본급은 1,800만 원이고, 재작년 성과급은 그 해의 기본급의 1/5이므로 1,800×1/5=360만 원이다.

작년 기본급은 재작년보다 20%가 많은 1,800×1.2=2,160만 원이고, 작년 성과급은 재작년보다 10%가 줄어든 360×0.9=324만 원이다.

정리하면 재작년의 연봉은 1,800+360=2,160만 원이고, 작년의 연봉은 2,160+324=2,484만 원이다.

따라서 작년 연봉의 인상률은

$\dfrac{2,484 - 2,160}{2,160} \times 100 = 15\%$이다.

48 ④

편차는 변량에서 평균을 뺀 값이므로 편차의 총합은 항상 0이 된다는 사실을 이용하여 계산할 수 있다. 따라서 '병'의 편차는 −1임을 알 수 있다.

분산은 편차를 제곱한 값들의 합을 변량의 개수로 나눈 값이므로 (9+1+1+4+0+9)÷6=4가 되어 분산은 4이다. 분산의 양의 제곱근이 표준편차가 되므로 표준편차는 2가 되는 것을 알 수 있다. 따라서 분산과 표준편차를 합한 값은 6이 된다.

49 ④

2011년까지는 증가 후 감소하였으나 이후 3.2% → 3.7% → 5.4%로 줄곧 증가하고 있음을 알 수 있다.

① 2010년, 2012년에는 전년대비 증감 추세가 다르게 나타나고 있다.

② 2012년, 2013년에는 50%p보다 적은 차이를 보인다.

③ 줄곧 증가한 것은 아니며, 급격하게 변화하지도 않았다.

50 ①

수계별로 연도별 증감 추이는 다음과 같다.

• 한강수계 : 감소 – 감소 – 감소 – 감소
• 낙동강수계 : 증가 – 감소 – 감소 – 감소
• 금강수계: 증가 – 증가 – 감소 – 감소
• 영·섬강수계 : 증가 – 감소 – 감소 – 감소

따라서 낙동강수계와 영·섬강수계의 증감 추이가 동일함을 알 수 있다.

51 ④

① 소득의 증가와 소비지출의 증가가 반드시 일치하지는 않는다.

② 월평균 소득과 평균소비성향은 서로 반비례적인 관계를 보이지 않는다.

③ 우리나라 도시 근로자 가구는 대개 소득의 70 ~ 76% 정도를 지출하고 있다.

52 ②

연도별 농가당 평균 농가인구의 수는 비례식을 통하여 계산할 수 있으나, 성인이나 학생 등의 연령대별 구분은 제시되어 있지 않아 확인할 수 없다.

① 제시된 농가의 수에 대한 산술평균으로 계산할 수 있다.

③ 총인구의 수를 계산할 수 있으므로 그에 대한 남녀 농가인구 구성비도 확인할 수 있다.

④ 증감내역과 증감률 역시 해당 연도의 정확한 수치를 통하여 계산할 수 있다.

53 ①

① 재배면적은 고추가 2016년 대비 2017년에 감소하였고, 참깨는 증가하였음을 확인할 수 있다.

② 고추는 두 가지 모두 지속 감소, 참깨는 두 가지 모두 지속 증가하였다.

③ 고추는 123.5천 톤에서 55.7천 톤으로, 참깨는 19.5천 톤에서 14.3천 톤으로 감소하였다.

④ 고추는 대체적으로 감소세라고 볼 수 있으나, 참깨는 증감을 반복하고 있는 추세이므로 적절한 설명이라고 볼 수 있다.

54 ③

㉠ 2015~2017년 동안의 유형별 최종에너지 소비량 비중이므로 전력 소비량의 수치는 알 수 없다.

㉡ 2017년의 산업부문의 최종에너지 소비량은 115,155천TOE이므로 전체 최종 에너지 소비량인 193,832천TOE의 50%인 96,916천TOE보다 많으므로 50% 이상을 차지한다고 볼 수 있다.

㉢ 2015~2017년 동안 석유제품 소비량 대비 전력 소비량의 비율은 $\dfrac{전력}{석유제품}$ 으로 계산하면

2015년 $\dfrac{18.2}{53.3}\times100=34.1\%$,

2016년 $\dfrac{18.6}{54}\times100=34.4\%$,

2017년 $\dfrac{19.1}{51.9}\times100=36.8\%$이므로 매년 증가함을 알 수 있다.

㉣ 2017년 산업부문과 가정·상업부문에서 $\dfrac{무연탄}{유연탄}$ 을 구하면 산업부문의 경우 $\dfrac{4,750}{15,317}\times100=31\%$,

가정·상업부문의 경우 $\dfrac{901}{4,636}\times100=19.4\%$이므로 모두 25% 이하인 것은 아니다.

55 ①

㉠ 2016년의 총사용량은 전년대비 46,478m³ 증가하여 약 19%의 증가율을 보이며, 2017년의 총사용량은 전년대비 35,280m³ 증가하여 약 12.2%의 증가율을 보여 모두 전년대비 15% 이상 증가한 것은 아니다.

㉡ 1명당 생활용수 사용량을 보면 2015년 0.36m³/명 $\left(\dfrac{136,762}{379,300}\right)$, 2016년은 0.38m³/명 $\left(\dfrac{162,790}{430,400}\right)$, 2017년은 0.34m³/명 $\left(\dfrac{182,490}{531,250}\right)$이 되어 매년 증가하는 것은 아니다.

㉢ 45,000 → 49,050 → 52,230으로 농업용수 사용량은 매년 증가함을 알 수 있다.

㉣ 가정용수와 영업용수 사용량의 합은 업무용수와 욕탕용수의 사용량의 합보다 매년 크다는 것을 알 수 있다.

• 2015년 65,100 + 11,000
  = 76,100 > 39,662 + 21,000 = 60,662

• 2016년 72,400 + 19,930
  = 92,330 > 45,220 + 25,240 = 70,460

• 2017년 84,400 + 23,100
  = 107,500 > 47,250 + 27,740 = 74,990

56 ④

丁 인턴은 甲, 乙, 丙 인턴에게 주고 남은 성과급의 1/2보다 70만 원을 더 받았다고 하였으므로, 전체 성과급에서 甲, 乙, 丙 인턴에게 주고 남은 성과급을 x라고 하면

丁 인턴이 받은 성과급은 $\dfrac{1}{2}x+70=x$ (∵ 마지막에 받은 丁 인턴에게 남은 성과급을 모두 주는 것이 되므로), ∴ $x=140$이다.

丙 인턴은 甲, 乙 인턴에게 주고 남은 성과급의 1/3보다 60만 원을 더 받았다고 하였는데, 여기서 甲, 乙 인턴에게 주고 남은 성과급의 2/3는 丁 인턴이 받은 140만 원 + 丙 인턴이 더 받을 60만 원이 되므로, 丙 인턴이 받은 성과급은 160만 원이다.

乙 인턴은 甲 인턴에게 주고 남은 성과급의 1/2보다 10만 원을 더 받았다고 하였는데, 여기서 甲 인턴에게 주고 남은 성과급의 1/2은 丙, 丁 인턴이 받은 300만 원 + 乙 인턴이 더 받을 10만 원이 되므로, 乙 인턴이 받은 성과급은 320만 원이다.

甲 인턴은 성과급 총액의 1/3보다 20만 원 더 받았다고 하였는데, 여기서 성과급 총액의 2/3은 乙, 丙, 丁 인턴이 받은 620만 원 + 甲 인턴이 더 받을 20만 원이 되므로, 甲 인턴이 받은 성과급은 340만 원이다. 따라서 네 인턴에게 지급된 성과급 총액은 340 + 320 + 160 + 140 = 960만 원이다.

57 ③

3/4 분기 성과평가 점수는 $(10 \times 0.4) + (8 \times 0.4) + (10 \times 0.2) = 9.2$로, 성과평가 등급은 A이다. 성과평가 등급이 A이면 직전 분기 차감액의 50%를 가산하여 지급하므로, 2/4 분기 차감액인 20만 원(∵ 2/4 분기 성과평가 등급 C)의 50%를 가산한 110만 원이 성과급으로 지급된다.

58 ②

㈎ [×] 30세 미만 연령대에서 80세 이상 연령대보다 일반가구 수가 더 많지만 주택소유가구 수는 80세 이상 연령대에서 더 많다. 따라서 일반가구 수가 더 많은 연령대라고 해서 주택소유가구 수도 더 많다고 할 수 없다.

㈏ [×] 50~59세와 60~69세, 60~69세와 70~79세를 각각 비교해보면, 전자가 주택소유가구 수는 더 많지만, 주택소유율은 더 낮음을 알 수 있다.

㈐ [○] '부부&미혼자녀' 세대의 막대그래프 높이가 가장 높으며, '3세대 이상'에서 가장 낮다.

㈑ [○] 일반가구 수와 주택소유가구 수를 나타내는 두 막대그래프가 '3세대 이상' 세대 구성에서 가장 낮고, 주택소유율을 나타내는 꺾은선 그래프는 가장 높게 나타난다.

59 ②

② A, B, C 3개 회사의 '갑' 제품 점유율 총합은 2012년부터 순서대로 38.4%, 39.9%, 39.6%, 40.8%, 43.0%이다. 2014년도에는 전년도에 비해 3개 회사의 점유율이 감소하였으므로, 반대로 3개 회사를 제외한 나머지 회사의 점유율은 증가하였음을 알 수 있다. 따라서 나머지 회사의 점유율이 2012년 이후 매년 감소했다고 할 수 없다.

① A사는 지속 증가, B사는 지속 감소, C사는 증가 후 감소하는 추이를 보인다.

③ C사는 $\dfrac{7.8 - 9.0}{9.0} \times 100 ≒ -13.3\%$이며, B사는 $\dfrac{10.5 - 12.0}{12.0} \times 100 ≒ -12.5\%$로 C사의 감소율이 B사보다 더 크다.

④ 2015년은 점유율의 합이 40.8%이며, 2016년에는 43%이므로 점유율의 증가율은 $\dfrac{43.0 - 40.8}{40.8} \times 100 ≒ 5.4\%$에 이른다.

60 ④

3/4분기의 변화율은 $\dfrac{60 - 70}{70} \times 100 ≒ -14.3(\%)$이며, 4/4분기의 변화율은 $\dfrac{51 - 60}{60} \times 100 = -15(\%)$가 된다. 둘 다 음수이므로 변화율은 곧 감소율을 나타내며, 감소율의 크고 작음은 수치의 절댓값으로 알 수 있으므로 감소율의 크기는 3/4분기가 더 작다.

① 4/4분기 A, B 각 제품의 판매량을 a, b라고 할 때, A제품의 연간 판매량은 60 + 40 + 50 + a = 150 + a이고, B제품의 연간 판매량은 20 + 70 + 60 + b = 150 + b이다. 막대그래프에서 'a < b'이므로 B제품이 A제품보다 연간 판매량이 더 많다.

② 세 분기 동안(1/4분기, 2/4분기, 3/4분기) 두 제품의 평균을 구해보면, A 평균 판매량 = $\dfrac{60 + 40 + 50}{3} = 50$, B 평균 판매량 = $\dfrac{20 + 70 + 60}{3} = 50$으로, 두 제품의 평균 판매량은 동일하다.

③ 1/4분기에는 40, 2/4분기에는 30, 3/4분기에는 10, 4/4분기에는 10미만의 판매량 차이를 보이며 연말이 다가올수록 점점 감소한다.

61 ②

H가 이용할 수 있는 상품에 따라 관광비용을 계산해 보면 다음과 같다(지하철 두 번 이용).

| 상품 | 상품 가격 | 입장료 | | | | 지하철 | 합산 금액 |
		경복궁	서울시립 미술관	서울타워 전망대	국립중앙 박물관		
스마트 교통카드	1,000	1,000	5,000	5,000	1,000	0	13,000
시티투어 A	3,000	700	3,500	7,000	700	0	14,900
시티투어 B	5,000	0	5,000	0	0	2,000	12,000

따라서 H가 시티투어B를 선택했을 때 최소비용인 12,000원으로 관광할 수 있다.

62 ①

모든 사람이 한 국가 이상 출장을 가야 한다고 했으므로 김 과장은 꼭 중국을 가야 하며, 장 과장은 일본을 가야 한다. 또한 영국으로 4명이 출장을 가야 되고, 출장 가능 직원도 4명이므로 이 과장, 신 과장, 류 과장, 임 과장이 영국으로 가야 한다. 4개 국가 출장에 필요한 직원은 12명인데 김 과장과 장 과장이 1개 국가밖에 가지 못하므로 나머지 5명이 2개 국가씩 출장을 가야 한다는 것에 주의한다.

출장지	출장 가는 직원
미국(1명)	이 과장
영국(4명)	류 과장, 이 과장, 신 과장, 임 과장
중국(3명)	김 과장, 최 과장, 류 과장
일본(4명)	장 과장, 최 과장, 신 과장, 임 과장

63 ④

정은 홍보자료 작성 업무가 23일에 예정되어 있으며 3일간의 시간이 걸리는 업무이므로 25일에 월차 휴가를 사용하는 것은 바람직하지 않다.

64 ④

넷째 주에는 을의 매출부진 원인 분석 업무, 정의 홍보자료 작성 업무, 갑의 부서 인사고과 업무가 예정되어 있다. 따라서 출장자로 가장 적합한 두 명의 직원은 병과 무가 된다.

65 ③

유진이는 하루를 계획적으로 사용하려고 애쓰는 '시간 절약형'에 해당한다.

66 ②

각 프로젝트의 연도별 소요 예산을 정리하면 다음과 같다.

				1	2	3	4	5
A	1	4						
B	15	18	21					
C	15							
D	15	8						
E	6	12	24					
				20	24	28	35	40

B, E 프로젝트의 기간은 3년이므로 가장 길다. 가용 예산을 초과하지 않도록 하기 위해서 E프로젝트는 3년차에 시작하여야 한다. B 프로젝트는 1년 또는 2년차에 시작할 수 있으나 E 프로젝트의 예산을 따져보면 2년 차에 시작하여야 한다.

				1	2	3	4	5
A	1	4		1	4			
B	15	18	21		15	18	21	
C	15							15
D	15	8		15	8			
E	6	12	24			6	12	24
				20	24	28	35	40

67 ④

경제성을 먼저 계산해 보면

- 렌터카 $= (50 + 10) \times 3 = \$180$
- 택시 $= 1 \times (100 + 50 + 50) = \$200$
- 대중교통 $= 40 \times 4 = \$160$

위 결과를 평가표에 반영하면

이동수단	경제성	용이성	안전성	합계
렌터카	중→2	상→3	하→2	7
택시	하→1	중→2	중→4	7
대중교통	상→3	하→1	중→4	8

A팀은 대중교통을 선택하게 되며, 비용은 $160이다.

68 ④

- 갑 $= (145 \times 3) + (72 \times 4) = 435 + 288 = 723\$$
- 을 $= (170 \times 3 \times 0.8) + (72 \times 4 \times 1.2)$
  $= 408 + 345.6 = 753.6\$$
- 병 $= (110 \times 3) + (60 \times 5 \times 1.2) = 330 + 360 = 690\$$
- 정 $= (100 \times 4 \times 0.8) + (45 \times 6) = 320 + 270 = 590\$$
- 무 $= (75 \times 5) + (35 \times 6 \times 1.2) = 375 + 252 = 627\$$

순서대로 나열하면 을, 갑, 병, 무, 정

69 ②

매몰비용은 이미 매몰되어 다시 되돌릴 수 없는 비용으로 의사결정을 하고 실행한 후에 발생하는 비용 중 회수할 수 없는 비용을 말한다.

70 ③

다음 달의 첫째 날이 금요일이므로 아래와 같은 달력을 그려 볼 수 있다.

일	월	화	수	목	금	토
					1	2
3	4	5	6	7	8	9
10	11	12	13	14	15	16
17	18	19	20	21	22	23
24	25	26	27	28	29	30

3박 4일 일정이므로 평일에 복귀해야 하며 주말이 모두 포함되는 일정을 피하기 위해서는 출발일이 일, 월, 화요일이어야 한다. 또한 출장 결과 보고를 위해서는 금요일에 복귀하게 되는 화요일 출발 일정도 불가능하다. 따라서 일요일과 월요일에만 출발이 가능하다. 그런데 27일과 13일이 출장 일정에 포함될 수 없으므로 10, 11, 24, 25일은 제외된다. 따라서 3, 4, 17, 18일에 출발하는 4가지 일정이 가능하다.

71 ①

미연이의 선호 사항을 정리하면,

㉠ 8월 15일(수)에 레슨이 가능한 강사 : 박준표, 김수연, 유진성, 이선주

㉡ 8월 16일(목) 또는 17일(금)에 레슨이 가능한 강사 : 박준표, 김수연, 유진성, 이선주

㉢ 오전에 레슨이 가능한 강사 : 박준표, 김수연, 안승혜

㉣ 남성 강사 : 박준표, 유진성

㉠㉡㉢㉣을 모두 충족하는 강사 : 박준표

72 ③

은주의 변경 사항을 정리하면,

㉠ 8월 13일(월)에 레슨이 가능한 강사 : 박준표, 김수연, 유진성

㉡ 8월 17일(금) 또는 18일(토)에 레슨이 가능한 강사 : 박준표, 유진성, 이선주, 안승혜

㉢ 오후에 레슨이 가능한 강사 : 유진성, 이선주

㉠㉡㉢을 모두 충족하는 강사 : 유진성

∴ 유진성 강사의 레슨 시간은 13:00~15:00이다.

73 ①

보기의 내용은 계획의 중요성을 다루고 있다.

따라서 ① Specific(목표를 구체적으로 계획)이 적절한 답이다.

74 ②

책정비용과 실제비용과의 관계는 다음과 같이 정리할 수 있다.

책정비용 > 실제비용 → 경쟁력 손실

책정비용 < 실제비용 → 적자 발생

책정비용 = 실제비용 → 이상적

따라서 보기 ②와 같은 경우 예상되는 예산을 많이 책정하여 실제 비용을 예상보다 덜 집행한 경우가 되므로 적자가 발생하지는 않으나, 가격경쟁력이 약해지는 결과를 초래하게 된다.

75 ④

업체별 평가기준에 따른 점수는 다음과 같으며, D업체가 65점으로 선정된다.

	시장매력도	정보화수준	접근가능성	합계
A	15	0	40	55
B	15	30	0	45
C	0	15	20	35
D	30	15	20	65
E	15	15	20	50

76 ②

먼저 '층별 월 전기료 60만 원 이하' 조건을 적용해 보면 2층, 3층, 5층에서 각각 6대, 2대, 1대의 구형 에어컨을 버려야 한다. 다음으로 '구형 에어컨 대비 신형 에어컨 비율 1/2 이상 유지' 조건을 적용하면 4층, 5층에서 각각 1대, 2대의 신형 에어컨을 구입해야 한다. 그런데 5층에서 신형 에어컨 2대를 구입하면 구형 에어컨 12대와 신형 에어컨 6대로 월 전기료가 60만 원이 넘는다. 따라서 5층은 구형 에어컨 총 3대를 버리고 신형 에어컨 1대를 구입하여야 한다. 즉 A상사가 구입해야 하는 신형 에어컨은 총 2대이다.

77 ③

③ A시는 인구 1,000명당 자동차 대수가 205대이기 때문에 인구수가 108만 명인 것을 계산해 보면, A시에서 운행되는 자동차는 221,400대라는 것을 알 수 있다. 같은 방식으로 계산하면 B시에는 97,500대, C시에는 217,300대, D시에는 140,000대의 자동차가 운행되고 있다.

78 ④

전 구성원의 일정이 비어있는 16:00~17:00가 팀 회의시간으로 가장 효율적인 시간대이다.

79 ④

① 총 인원이 250명이므로 블루 연회장과 골드 연회장이 적합하다.
② 송년의 밤 행사이니 저녁 시간대에 진행되어야 한다.
③ 평일인 4~5일과 11~12일은 블루, 골드 연회장 모두 예약이 잡혀 있으므로 예약이 불가능하다.
④ 모든 조건을 고려했을 때 예약 가능한 연회장은 6일 블루, 7일 골드, 13일 블루, 14일 블루 또는 골드이다.

80 ①

A본부에서 사이즈 조사 못한 2명은 L사이즈에, B본부의 1명은 XXL사이즈에, C본부의 3명은 S 혹은 L사이즈로 주문하게 된다. 할인 전 A부서 티셔츠 총 구매금액은 168,500원(= 6,000원 × 27개+6,500원), B부서의 할인 전 총 구매금액은 로고인쇄를 한다고 했으므로 500원씩 추가하여 (6,500원 × 9개) + (7,000원 × 7개) = 107,500원이다. 또, C부서는 130,000원(= 6,500원 × 20개)이다. 세 본부 모두 색상을 통일했으므로 동일 색상으로 총 64벌이 되어 10%의 할인을 받을 수 있다. 따라서 H회사에서 지원해야 하는 금액은 365,400원이다.

제3회 정답 및 해설

1 ④

① 초청장은 회신을 요하지 않으므로 '회신 요망'을 기재하지 않는다.

② 우편번호는 5자리로 작성해야 한다.

③ 발신자명은 회사명과 한 줄 정도의 간격을 두고 작성해야 한다. 수신자명도 동일하다.

2 ④

④ 예능 프로그램 2회 방송의 총 소요 시간은 1시간 20분으로 1시간짜리 뉴스와의 방송 순서는 총 방송 편성시간에 아무런 영향을 주지 않는다.

① 채널1은 3개의 프로그램이 방송되었는데 뉴스 프로그램을 반드시 포함해야 하므로, 기획물이 방송되었다면 뉴스, 기획물, 시사정치의 3개 프로그램이 방송되었다.

② 기획물, 예능, 영화 이야기에 뉴스를 더한 방송시간은 총 3시간 40분이 된다. 채널2는 시사정치와 지역 홍보물 방송이 없고 나머지 모든 프로그램은 1시간 단위로만 방송하므로 정확히 12시에 프로그램이 끝나고 새로 시작하는 편성 방법은 없다.

③ 9시에 끝난 시사정치 프로그램에 바로 이어진 뉴스가 끝나면 10시가 된다. 기획물의 방송시간은 1시간 30분이므로, 채널3에서 영화 이야기가 방송되었다면 정확히 12시에 기획물이나 영화 이야기 중 하나가 끝나게 된다.

3 ④

④ 채널2에서 영화 이야기 프로그램 편성을 취소하면 3시간 10분의 방송 소요시간만 남게 되므로 정각 12시에 프로그램을 마칠 수 없다.

① '기획물 1시간 30분 + 뉴스 1시간 + 시사정치 2시간 30분 = 5시간'으로 정각 12시에 마칠 수 있다.

② '뉴스 1시간 + 기획물 1시간 30분 + 예능 40분 + 영화 이야기 30분 + 지역 홍보물 20분 = 4시간'이므로 1시간짜리 다른 프로그램을 추가하면 정각 12시에 마칠 수 있다.

③ '시사정치 2시간 + 뉴스 1시간 + 기획물 1시간 30분 + 영화 이야기 30분 = 5시간'으로 정각 12시에 마칠 수 있다.

4 ①

주어진 조건을 표로 정리하면 다음과 같다.

	A	B	C	D	E
빨간색		×	C/D		×
파란색		B/E	×	×	
검은색			×	×	B/E
흰색		×	C/D		×

흰색과 빨간색은 C와 D가, 검은색과 파란색은 B와 E가 각각 입고 있다. 네 번째와 다섯 번째 조건에 의해서 같은 색 옷을 입고 있는 사람은 A와 E가 되는 것을 알 수 있다. 따라서 선택지 ①에서 언급한 바와 같이 B가 검은색 옷을 입고 있다면 E는 파란색 옷을 입고 있는 것이 되므로, A도 파란색 옷을 입고 있는 것이 되어 파란색 옷을 입고 있는 사람은 2명이 된다.

5 ①

㉠은 [연구개요] 중 '3시간 이상 폭력물을 시청한 아동과 청소년들은 텔레비전 속에서 보이는 성인들의 폭력행위를 빠른 속도로 모방하였다.'와 같은 맥락으로 볼 수 있는 자료로, [연구결과]를 뒷받침하는 직접적인 근거가 된다.

㉡ 성인의 범죄행위 유발과 관련 자료이다.

㉢ 이미 범죄행위를 저지르고 난 후 폭력물을 시청하는 조건이다.

㉣ 텔레비전 프로그램 시청이 선행에 영향을 미침을 증명하는 자료가 아니다.

㉤ 아동과 청소년을 대상으로 한 폭력범죄가 아닌, 아동과 청소년이 일으키는 범죄행위가 초점이 되어야 한다.

6 ④

영국인은 반드시 왼쪽에서 세 번째 자리에 앉아야 하며, 한국인 사이에는 외국인 한 명이 꼭 사이에 끼어 앉아야 한다. 또한 중국인은 중국인끼리 붙어 앉아야 하며 일본인은 가장자리에 앉아야 하므로

| 중국인 | 중국인 | 영국인 | 한국인 | 미국인 | 한국인 | 일본인 |

7 ②

D	F	E	–	
				엘리베이터
B	A	C	G	

8 ①

을이 찬성한다면 병과 정은 반대하고, 기와 경은 찬성한다. 또 신이 찬성이라면 갑도 찬성인데 그렇게 되면 찬성 인원이 4명보다 많아지므로 신은 반대하고, 무도 반대하므로 갑은 찬성이 된다.

	갑	을	병	정
A조	찬성	찬성	반대	반대
	무	기	경	신
B조	반대	찬성	찬성	반대

9 ①

甲과 丙의 진술로 볼 때, C = 삼각형이라면 D = 오각형이고, C = 원이라면 D = 사각형이다. C = 삼각형이라면 戊의 진술에서 A = 육각형이고, 丁의 진술에서 E ≠ 사각형이므로 乙의 진술에서 B = 오각형이 되어 D = 오각형과 모순된다. 따라서 C = 원이다. C = 원이라면 D = 사각형이므로, 丁의 진술에서 A = 육각형, 乙의 진술에서 B = 오각형이 되고 E = 삼각형이다. 즉, A = 육각형, B = 오각형, C = 원, D = 사각형, E = 삼각형이다.

10 ③

1. 키가 110cm 미만인 아동이 10명, 심한 약시인 아동이 10명 있지만, 이 학교의 총 학생 수가 20명인지는 알 수 없다. → ×

2. 키가 110cm 미만인 아동은 모두 특수 스트레칭 교육을 받는데, 이 학교에는 키가 110cm 미만인 아동이 10명 있으므로 특수 스트레칭 교육을 받는 아동은 최소 10명이다. → ○

3. 약시인 어떤 아동은 특수 영상장치가 설치된 학급에서 교육을 받는데, 특수 스트레칭 교육을 받는 아동 중에는 약시인 아동이 없으므로 특수 스트레칭 교육을 받는 아동은 특수 영상장치가 설치된 학급에서 교육을 받지 않는다. → ×

4. 이 학교의 학급 수는 알 수 없다. → ×

5. 석이의 키가 100cm라면, 석이는 특수 스트레칭 교육을 받고 약시가 아니다. → ○

6. 약시인 어떤 아동은 특수 영상장치가 설치된 학급에서 교육을 받으므로, 약시인 아동이라고 해서 모두 특수 영상장치가 설치된 학급에서 교육을 받는 것은 아니다. 따라서 숙이, 철이, 석이 모두 약시라도, 세 사람은 같은 교실에서 교육을 받는지는 알 수 없다. → ×

11 ④

결과를 유심히 보면 덕현이가 가장 많이 낸 바위 9번이 힌트가 됨을 알 수 있다. 무승부가 없으므로 덕현이가 바위를 9번 내는 동안 희선이는 가위 5번과 보 4번을 낸 것이 된다. 이 경우 희선이가 가위를 낸 5번은 덕현이가 승리하고, 희선이가 보를 낸 4번은 희선이가 승리한다.

희선이가 바위를 6번 낼 때 덕현이는 가위 2번과 보 4번을 낸 것이 되는데, 이 경우 덕현이가 가위를 낸 2번은 희선이가 승리하고 덕현이가 보를 낸 4번은 덕현이가 승리하게 된다.

따라서 총 15번 중 덕현이가 승리한 게임은 5 + 4 = 9번이고, 희선이가 승리한 게임은 4 + 2 = 6번이다. 즉, 덕현의 9승 6패 또는 희선의 6승 9패가 됨을 알 수 있다.

12 ③

③ 희선이가 가위를 낸 5번은 모두 패하였으므로 이 중 2번이 보로 바뀔 경우 희선이의 승수가 2번 추가되어 8승 7패로 덕현을 누르고 최종 승자가 된다.

① 덕현의 바위가 보로 바뀌면 1승→1패 또는 1패→무승부로 바뀌는 두 가지 경우가 생긴다. 희선의 보가 바위로 바뀌면 1승→무승부가 된다. 따라서 1패→무승부, 1승→무승부의 조합이 되는 경우 덕현은 9승 6패에서 8승 2무 5패가, 희선은 6승 9패에서 5승 2무 8패가 되어 최종 승자와 패자가 뒤바뀌지 않는다.

② 덕현의 바위가 가위로 바뀌면 1승→무승부 또는 1패→1승으로 바뀌는 두 가지 경우가 생긴다. 희선의 바위가 가위로 바뀌면 1승→무승부 또는 1패→1승으로 바뀌는 두 가지 경우가 생긴다. 희선이에게 가장 유리한 결과로 덕현은 1승→무승부, 희선은 1패→1승의 조합이 되더라도 둘 다 7승 1무 7패로 최종 승자와 패자가 뒤바뀌지는 않는다.

④ 희선이 바위를 내서 패한 게임에서 가위로 2번 바뀔 경우 2승이 추가되어 최종 승자가 되지만 희선이 바위를 내서 승리한 게임에서 가위로 2번 바뀔 경우 2무승부가 되어 최종 승자와 패자는 뒤바뀌지 않는다.

13 ②

B팀은 자신들이 제작한 K부서 정책홍보책자를 서울에 모두 배포하거나 부산에 모두 배포한다는 지침에 따라 배포하였는데, B팀이 제작·배포한 K부서 정책홍보책자 중 일부를 부산에서 발견하였으므로, B팀의 책자는 모두 부산에 배포되었다.

A팀이 제작·배포한 책자 중 일부를 서울에서 발견하였지만, A팀은 자신들이 제작한 K부서의 모든 정책홍보책자를 서울이나 부산에 배포한다는 지침에 따라 배포하였으므로, 모두 서울에 배포되었는지는 알 수 없다.

따라서 항상 옳은 평가는 ⓒ뿐이다.

14 ③

조건에 따라 순서에 맞게 정리하여 보면 B→E→[D →A→G]→F→H→C

여기서 [] 안의 세 명의 순위는 바뀔 수 있다.

① A의 순위는 4위 또는 5위가 될 수 있다.
② H보다 늦게 골인한 사람은 C 1명이다.
③ D는 3, 4, 5위를 할 수 있다.
④ G는 3위가 될 수 있다.

15 ①

갑 : 총기허가증이 없으므로 사냥총을 사용해서는 안 된다. 사냥총 사용 여부를 조사해야 한다.
을 : 사냥총을 사용하고 있으므로 총기허가증이 꼭 있어야 한다. 총기허가증의 유무를 조사해야 한다.
병 : 사냥총을 사용하고 있지 않으므로 총기허가증이 있는지 확인하지 않아도 된다.
정 : 총기허가증이 있으므로 사냥총을 사용해도 된다.

16 ④

회의 시간이 런던을 기준으로 11월 1일 9시이므로, 이때 서울은 11월 1일 18시, 시애틀은 11월 1일 2시이다.

• 甲은 런던을 기준으로 말했으므로 甲이 프로젝트에서 맡은 업무를 마치는 시간은 런던 기준 11월 1일 22시로, 甲이 맡은 업무를 마치는 데 필요한 시간은 22 − 9 = 13시간이다.

• 乙은 시애틀을 기준으로 이해하고 말했으므로 乙은 甲이 말한 乙이 말한 다음날 오후 3시는 시애틀 기준 11월 2일 15시이다. 乙은 甲이 시애틀을 기준으로 11월 1일 22시에 맡은 일을 끝내 줄 것이라고 생각하였으므로, 乙이 맡은 업무를 마치는 데 필요한 시간은 2 + 15 = 17시간이다.

• 丙은 서울을 기준으로 말했으므로 丙이 말한 모레 오전 10시는 11월 3일 10시이다. 丙은 乙이 서울을 기준으로 11월 2일 15시에 맡은 일을 끝내 줄 것이라고 생각하였으므로, 丙이 맡은 업무를 마치는 데 필요한 시간은 9 + 10 = 19시간이다.

따라서 계획대로 진행될 경우 甲, 乙, 丙이 맡은 업무를 끝내는 데 필요한 총 시간은 13 + 17 + 19 = 49시간으로, 2일하고 1시간이라고 할 수 있다. 이를 서울 기준으로 보면 11월 1일 18시에서 2일하고 1시간이 지난 후이므로, 11월 3일 19시이다.

17 ①

A~D 차량의 차량별 실구매 비용을 계산하면 다음과 같다.

(단위 : 만 원)

차량	차량 가격	충전기 구매 및 설치비용	정부 지원금 (완속 충전기 지원금 제외)	실구매 비용
A	5,000	2,000	2,000	5,000 + 2,000 − 2,000 = 5,000
B	6,000	0 (정부지원금)	1,000	6,000 + 0 − 1,000 = 5,000
C	8,000	0 (정부지원금)	3,000	8,000 + 0 − 3,000 = 5,000
D	8,000	0 (정부지원금)	2,000	8,000 + 0 − 2,000 = 6,000

이 중 실구매 비용이 동일한 A, B, C에 대하여 '점수 계산 방식'에 따라 차량별 점수를 구하면 A는 승차 정원에서 2점의 가점을, B는 최고속도에서 4점의 감점과 승차 정원에서 4점의 가점을 받게 되고 C는 감점 및 가점이 없다. 따라서 甲이 선정하게 될 차량은 점수가 가장 높은 A가 된다.

18 ④

방식 1~3에 따른 甲, 乙, 丙 신문사가 받을 광고비는 다음과 같다.

구분	甲	乙	丙
방식 1	0원	300만 원	500만 원
방식 2	200만 원	400만 원	400만 원
방식 3	375만 원	375만 원	250만 원

④ 방식 1로 선정할 경우, 甲은 80점 미만을 득점하여 광고비를 지급받지 못한다.

19 ③

③ 회의록에 따르면 1/4분기 매출 보고 회의는 5월 1일 예정이다. 1/4분기 매출 보고 지시에 대한 내용은 회의 안건으로 상정되지 않았다.

20 ①

10주년 이벤트 경품 선호도 조사 건의 협력부서는 경영지원팀이다. 따라서 수신은 경영지원팀이 되어야 한다.

21 ②

본문의 전체적인 내용은 '생물 종의 감소는 인류의 생존 문제와 직결된다.'는 내용이다. 이 내용을 포괄할 수 있는 제목은 ②가 적절하다.

22 ④

물은 취침 30분 전에 마시게 되면 우리 몸속의 적정한 수분 상태를 유지하여 숙면을 유도하는 데 많은 도움을 준다.

23 ②

"위생적으로 마시기 위해서 물은 냉장보관하고 끓인 물은 5일 이내에 드세요."라고 명시되어 있으므로 위생적으로 물을 마실 수 있는 시간은 보기의 날짜를 기준으로 오늘이 월요일이면 이에 해당하는 금주 금요일까지이다.

24 ④

④ 세 번째 문단을 보면 객관적인 성취의 크기로 보자면 은메달 수상자가 동메달 수상자보다 더 큰 성취를 이룬 것이 분명하나, 은메달 수상자와 동메달 수상자가 주관적으로 경험한 성취의 크기는 이와 반대로 나왔다고 언급하고 있다. 따라서 주관적으로 경험한 성취의 크기는 동메달 수상자가 은메달 수상자보다 더 큰 것을 알 수 있다.

25 ④

제시된 문서는 보도자료이다.
④ 보도자료는 정부기관이나 기업체 등이 언론을 상대로 자신들의 정보를 기사화 되도록 하기 위해 보내는 자료이다.
① '보고서'에 대한 설명이다.
② '기안서'에 대한 설명이다.
③ '기획서'에 대한 설명이다.

26 ②

② 그 어떤 학습 시스템도 아무런 가정 없이 학습을 시작할 수는 없는 법이다. 자신이 어떤 문제에 부딪히게 될지, 그 문제로부터 어떻게 학습할 수 있을지 등의 가정도 없는 시스템이라면 그 시스템은 결국 아무 것도 배울 수 없다.(2문단)
①③ 1문단
④ 2문단

27 ③

ⓒ 미네랄은 지구상에 존재하는 110가지의 원소 중에 인체의 96.5%를 차지하는 산소(65%), 탄소(18%), 수소(10%), 질소(3.5%)를 제외한 나머지 3.5%(칼슘 1.5%, 인 1%, 기타 1%)의 모든 원소이다.

ⓒ 유해원소는 체내로 들어가면 배출이 안 되고 독성을 발생시키는데 비소, 수은 등이 있다.

28 ②

B가 말하는 부분은 "제15조(인수거절) 2"에 나타나 있다. 물품 인도예정일로부터 3일이 경과하는 시점까지 수취인이 물품을 인수하지 아니 하는 경우 초과일수에 대하여는 보관료를 수취인에게 징수할 수 있으며, 그 보관료는 '인도 초과 일수 × 운송요금 × 0.2'로 한다고 하였으므로 3일이 경과하는 시점까지 수취인이 물품을 인수하지 아니하는 경우이므로 해당 물품에 대한 보관료는 '4일 분량(4일, 5일, 6일, 7일) × 15,700 × 0.2 = 12,560원'이 된다.

29 ①

"희생제의의 기원이나 형식을 밝히기 위한 종교현상학적 연구들이 시도되어 왔다. 그리고 인류학적 연구에서는 희생제의에 나타난 인간과 문화의 본질에 대한 탐색이 있어 왔다."를 보면 인간 사회의 특성과 사회 갈등 형성 및 해소를 희생제의와 희생양의 관계를 통해 설명하는 것은 인류학적 연구이다.

30 ④

국내 통화량이 증가하여 유지될 경우 장기에는 자국의 물가도 높아져 장기의 환율은 상승한다.

31 ①

㉠ 지지도 방식은 적극적 지지자만 지지자로 분류하고 나머지는 기타로 분류하므로, 적극적 지지자의 수가 많은 A후보가 더 많은 지지를 받는다.

ⓒ 선호도 방식은 적극적으로 지지하는 사람들과 소극적으로 지지하는 사람들을 모두 지지자로 계산하는 방식이므로, 주어진 정보만으로는 A후보가 B후보보다 많은 지지를 받을지 알 수 없다.

ⓒ A후보가 B후보보다 적극적 지지자와 소극적 지지자의 수가 각각 더 많다면, 적극적 지지자만 지지자로 분류하는 지지도 방식에 비해 적극적 지지자와 소극적 지지자를 모두 지지자로 계산하는 선호도 방식에서 A후보와 B후보 사이의 지지자 수의 격차가 더 크다.

32 ④

제시된 글은 국민경제는 소득의 창출, 분배, 처분의 단계를 순환하면서 지속적으로 영위된다는 것이 주제라고 볼 수 있으며, 글 말미에 이러한 국민경제의 순환을 효과적으로 파악할 수 있는 수치에 대한 언급이 시작되는 것을 알 수 있다. 따라서 다음에 이어질 글에서는 예컨대, 통계나 표와 같은 계정체계를 제시함으로써 국민경제 순환 파악의 효율적인 툴(tool)이 언급될 것이라고 보는 것이 가장 합리적인 판단이라 할 수 있다.

33 ①

배경지식이 전혀 없던 상태에서는 X선 사진을 관찰하여도 아무 것도 찾을 수 없었으나 이론과 실습 등을 통하여 배경지식을 갖추고 난 후에는 X선 사진을 관찰하여 생리적 변화, 만성 질환의 병리적 변화, 급성 질환의 증세 등의 현상을 알게 되었다는 것을 보면 관찰은 배경지식에 의존한다고 할 수 있다.

34 ②

② A-8 구매 고객에게는 50만 원 상당 백화점 상품권 또는 5년 소모품 무상 교체 서비스 혜택을 준다. 5년 소모품 무상 교체 이용권을 증정하는 것은 아니다.

35 ②

첫 번째 문단에서 '아날로그 연산은 소자의 물리적 특성에 의해 진행된다.'고 언급하였다.

36 ③

③ 3kW 설치 시 정부보조금을 현행 420만 원에서 500만 원으로 인상한다고 하여도 소비자 부담금이 420만 원으로 여전히 소비자의 초기투자 부담이 남아 있다. 또한 보조금 지원사업의 A/S 기간을 10년으로 늘린다고 하여도 설비 수명이 20년이므로 이후의 유지·보수 문제가 남는다.

37 ④

① 애벌랜치 광다이오드의 흡수층에서 생성된 전자와 양공은 각각 양의 전극과 음의 전극으로 이동하며, 이 과정에서 전자는 애벌랜치 영역을 지나게 된다.
② 저마늄은 800~1,600nm 파장 대역의 빛을 검출하는 것이 가능하다.
③ 애벌랜치 광다이오드는 약한 광신호를 측정이 가능한 크기의 전기 신호로 변환해 주는 반도체 소자로서, 충돌 이온화를 반복적으로 일으킴으로써 전자의 수를 크게 늘린다.

38 ③

③ 양자 효율은 흡수층에 입사되는 광자 수 대비 생성되는 전자 – 양공 쌍의 개수이다.

39 ③

③ 주채무자의 전세보증금 반환의무 지체에 따른 이자 및 지연손해금은 보증 채무를 이행하지 아니한다(제7조 제2호).

40 ④

보증채권자가 서류 중 일부를 누락하여 이행을 청구한 경우 보증회사는 서면으로 기한을 정하여 서류보완을 요청할 수 있다.

41 ②

앞의 두 항을 더한 결과가 다음 항의 값이 되는 피보나치 수열이다.
$21 + 34 = 55$, $34 + 55 = 89$이므로 빈칸에 들어갈 수는 55가 된다.

42 ④

$+2$, -4, $+6$, -8, $+10$, -12 규칙을 가진다. 따라서 $9 - 12 = -3$이다.

43 ①

첫 번째 숫자를 두 번째 숫자로 나누었을 때의 나머지가 세 번째 숫자가 된다.
$22 \div 4 = 5 \cdots 2$, $19 \div 3 = 6 \cdots 1$, $37 \div 5 = 7 \cdots 2$, $5 \div 3 = 1 \cdots 2$, $54 \div 6 = 9 \cdots \underline{0}$

44 ②

제시된 숫자를 제곱 형태로 나타낼 수 있다. 마지막 행은 첫 번째와 두 번째 행에 있는 숫자의 밑을 더한 값의 제곱임을 알 수 있다. 가장 오른쪽에 있는 열 또한 같은 규칙을 가진다. 따라서 괄호 안에 들어갈 숫자는 11의 제곱수인 121이 된다.

45 ①

2단계에 따라 5개 이상의 구슬이 있던 한 묶음에서 다른 묶음으로 5개의 구슬을 옮기면 10개, 6개의 묶음이 되는데, 3단계에 따라 두 묶음을 각각 두 묶음씩으로 다시 나누어 각각 1개, 5개, 5개, 5개의 네 묶음이 되도록 할 수 있다.

46 ④

실제중량 40kg 용적중량 $\left(\dfrac{80 \times 60 \times 70}{6,000} \right) = 56\text{kg}$ 중 더욱 큰 중량인 56kg을 적용하여 항공운임을 계산하면 $56 \times 13 = 728$이다.

47 ①

작년의 송전 설비 수리 건수를 x, 배전 설비 수리 건수를 y라고 할 때, $x + y = 238$이 성립한다. 또한 감소 비율이 각각 40%와 10%이므로 올해의 수리 건수는 $0.6x$와 $0.9y$가 되며, 이것의 비율이 $5 : 3$이므로 $0.6x : 0.9y = 5 : 3$이 되어 $1.8x = 4.5y (\rightarrow x = 2.5y)$가 된다.
따라서 두 연립방정식을 계산하면, $3.5y = 238$이 되어 $y = 68$, $x = 170$건임을 알 수 있다. 그러므로 올 해의 송전 설비 수리 건수는 $170 \times 0.6 = 102$건이 된다.

48 ①

㉠ 제시된 정보를 정리하면,

	작년 생산량	올해 생산량
A	400개	420개
B		
총계	730개	750개

㉡ B의 생산량을 구하면,

	작년 생산량	올해 생산량
A	400개	420개
B	330개	330개
총계	730개	750개

따라서 B의 생산량은 작년과 올해 모두 330개로 동일하다.

49 ④

선입선출법을 사용하여 먼저 매입한 자재를 먼저 출고하는 방식으로 계산하면 아래와 같다.

- 5월 15일 60개 출고 = 50 × 100 + 10 × 120 = ₩6,200
- 5월 24일 70개 출고 = 40 × 120 + 30 × 140 = ₩9,000
- 5월 출고 재료비 = ₩15,200

50 ④

㈎ 4국의 2019년 대비 2023년의 도입률 증가율을 구하면 다음과 같다.

한국	$\dfrac{44.6-5.5}{5.5} \times 100 = 710.9$
일본	$\dfrac{55.5-1.1}{1.1} \times 100 = 4,945.5$
미국	$\dfrac{53.9-0.4}{0.4} \times 100 = 13,375$
중국	$\dfrac{27.4-0.4}{0.4} \times 100 = 6,750$

따라서 2019년 대비 2023년의 도입률의 증가율은 미국 > 중국 > 일본 > 한국 순이다.

㈏ 4국의 2023년의 전년대비 도입률 증가율을 구하면 다음과 같다.

한국	$\dfrac{44.6-33.6}{33.6} \times 100 = 32.7$
일본	$\dfrac{55.5-34.9}{34.9} \times 100 = 59$
미국	$\dfrac{53.9-46.9}{46.9} \times 100 = 14.9$
중국	$\dfrac{27.4-20.8}{20.8} \times 100 = 31.7$

따라서 2023년의 전년대비 도입률 증가율은 일본 > 한국 > 중국 > 미국 순이다.

㈐ 그래프의 기울기는 증가율이다. 따라서 증가율을 구하지 않아도 그래프의 기울기와 주어진 수치의 변화로도 확인할 수 있다.

㈑ 연도별 4국의 도입률 전망치의 순위변동을 보면 다음과 같다.

구분	2019년	2020년	2021년	2022년	2023년
1위	한국	한국	미국	미국	일본
2위	일본	일본/미국	한국	일본	미국
3위	미국/중국	–	일본	한국	한국
4위	–	중국	중국	중국	중국

51 ③

③ 전체 기업 수의 약 99%에 해당하는 기업은 중소기업이며, 중소기업의 매출액은 1,804조 원으로 전체 매출액의 약 1,804 ÷ 4,760 × 100 = 약 37.9%를 차지하여 40%를 넘지 않는다.

① 매출액과 영업이익을 각 기업집단의 기업 수와 비교해 보면 계산을 하지 않아도 쉽게 확인할 수 있다.

② 매출액 대비 영업이익률은 '영업이익 ÷ 매출액 × 100'으로 구할 수 있다. 각각을 구하면 대기업이 177 ÷ 2,285 × 100 = 약 7.7%로 가장 높고, 그 다음이 40 ÷ 671 × 100 = 약 6.0%의 중견기업, 마지막이 73 ÷ 1,804 × 100 = 약 4.0%인 중소기업 순이다.

④ 전체 기업 수의 약 1%에 해당하는 대기업과 중견기업이 전체 영업이익인 290조 원의 약 74.8%(= 217 ÷ 290 × 100)를 차지한다.

52 ②

〈보기〉1에 의해 ㉠과 ㉡ 중 하나는 암이고, 다른 하나는 심장질환임을 알 수 있다.

〈보기〉2에 의해 ㉣이 당뇨병이 되며, 따라서 남는 하나인 ㉢은 보기에 제시된 뇌혈관 질환이 된다.

〈보기〉3에 의하면 2006년 대비 2016년의 사망자 증감률은 심장질환이 암보다 더 크다고 하였다. ㉠의 증감률은 $\frac{153.0-134.0}{134.0}\times 100 ≒ 14.2(\%)$이며, ㉡의 증감률은 $\frac{58.2-41.1}{41.1}\times 100 ≒ 41.6(\%)$으로, '㉠ 〈 ㉡'이 되어 ㉡이 심장질환, ㉠이 암이 된다. 따라서 ㉠ ~ ㉣에 들어갈 병명을 순서대로 나열하면, '암 - 심장질환 - 뇌혈관 질환 - 당뇨병'이 된다.

53 ②

2)와 4)의 정보에 따라
- 해당국가의 피인용비 = 영향력지수 × 10

3)의 식을 정리하면
- 해당국가의 특허피인용건수
  = 특허등록건수 × 피인용비
  = 특허등록건수 × (영향력지수 × 10)
  = 기술력지수 × 10

② 특허피인용건수는 프랑스 39, 태국 14, 핀란드 63이므로 프랑스와 태국의 차이(25)가 프랑스와 핀란드의 차이(24)보다 크다.

① 1)에 따라 영향력지수는 미국이 $1.2(=\frac{600.0}{500})$, 캐나다가 $1.4(=\frac{30.8}{22})$이다.

③ 특허피인용건수는 기술력지수에 비례하므로 기술력지수의 순위에 따라 한국은 여섯 번째로 특허피인용건수가 많은 국가이다.

④ 네덜란드 특허등록건수는 $30(=\frac{24}{0.8})$이므로 한국의 특허등록건수 59의 50% 이상이다.

54 ②

② 강북구의 미세먼지(44), 초미세먼지(23) 농도는 평균(각각 51, 24)보다 낮고, 이산화질소의 농도(0.042)는 평균(0.033)보다 높다.

①		용산구	성동구
오염물질별 대기환경지수	미세먼지	0.9 × 49 = 44.1	1.0 × 67 = 67
	초미세먼지	1.5 × (35−25) + 51 = 66	2.0 × 23 = 46
	이산화질소	1,200 × 0.034 = 40.8	1,200 × 0.029 = 34.8
통합대기환경지수		66	67

③ 중랑구의 대기환경지수 중 미세먼지 43.2(=0.9×48), 초미세먼지 44(=2.0×22), 이산화질소 51.8[= 800×(0.041−0.04)+51]이므로 최댓값을 가지는 이산화질소의 대기환경지수가 통합대기환경지수가 된다.

④ 세 가지 오염물질 농도가 모두 평균보다 높은 것은 동대문구뿐이다.

55 ④

④ $\frac{15.0}{7.0+15.0+7.2+5.1}\times 100 ≒ 43.73\%$

① 단기금융상품(3위), 재고자산(8위), 유형자산(1위), 기타비유동자산(5위)의 4개 항목이 2011년과 2012년 순위가 동일하다.

② 2011년 238억 원(=3,400억 원 × 0.07) 〉 2012년 228억 원(=2,850억 원 × 0.08)

③ 전체에서 차지하는 비율이 4.3% 감소한 것이며, 2011년과 2012년의 자산총액이 다르므로 '금액'이 4.3%의 비율만큼 감소했다고 말할 수 없다.

56 ③

③ A직업을 가진 자녀는 (200 × 0.35) + (300 × 0.25) + (400 × 0.25) = 245명이며, B직업을 가진 자녀는 (200 × 0.2) + (300 × 0.25) + (400 × 0.4) = 275명이다.

① A직업의 경우는 200명 중 35%이므로 200 × 0.35 = 70명, C직업의 경우는 400명 중 25%이므로 400 × 0.25 = 100명이 부모와 동일한 직업을 갖는 자녀의 수가 된다.

② B와 C직업 모두 75%(= 100 − 25)로 동일함을 알 수 있다.

④ 기타 직업을 가진 자녀의 수는 각각 200 × 0.05 = 10명, 300 × 0.15 = 45명, 400 × 0.1 = 40명으로 B직업을 가진 부모가 가장 많다.

57 ②

- ㉠ **A의 최대보상금액** : 3,800만 원 + 1,500만 원
  = 5,300만 원

  E의 최대보상금액 : 1,000만 원 + 700만 원
  = 1,700만 원

- ㉡ **B의 최대보상금액** : 1억 1,300만 원 + 300만 원
  = 1억 1,600만 원

  B의 최소보상금액 : 1억 1,600만 원 × 50% = 5,800
  만 원 → 감액된 경우 가정

- ㉢ **C의 최소보상금액** : (1,000만 원 + 2,100만 원) × 50%
  = 1,550만 원 → 감액된 경우 가정

- ㉣ B의 최대보상금액은 1억 1,600만 원이고, 다른 4
  명의 최소보상금액의 합은 1억 200만 원(A 2,650
  만 원, C 1,550만 원, D 4,300만 원, E 1,700만
  원)이다.

58 ③

감면액이 50%일 경우 최소보상금액은 5,800만 원이
고, 감면액이 30%일 경우 최소보상금액은 8,120만 원
이므로 2,320만 원이 증가한다.

59 ④

- ㉠ 단순이동평균법 $= \dfrac{15+13+9+14}{4} = 12.75$대

  (∵ 이동평균법에서 주기는 4개월로 하므로)

- ㉡ 가중이동평균법

  $= 15 \times 0.4 + 13 \times 0.3 + 9 \times 0.2 + 14 \times 0.1 = 13.1$대

- ㉢ 단순지수평활법에서 5월의 예측치가 없으므로 단
  순이동평균법에 따른 예측치를 구하면

  $\dfrac{13+9+14+10}{4} = 11.5$이다.

  단순지수평활법 $= 11.5 + 0.4(15 - 11.5) = 12.9$대

따라서 ㉡ > ㉢ > ㉠ 순이다.

60 ②

각 대안별 월 소요 예산을 구하면 다음과 같다.

A안 : 모든 빈곤 가구에게 전체 가구 월 평균 소득의
25%에 해당하는 금액을 가구당 매월 지급한다고
하였으므로, $(300 \times 0.2 + 600 \times 0.2 + 500 \times 0.2 + 100 \times 0.2) \times (2,000,000 \times 0.25) = 300 \times 500,000 = 150,000,000$원이 필요하다.

B안 : 한 자녀 가구에는 10만 원, 두 자녀 가구에는 20만
원, 세 자녀 이상 가구에는 30만 원을 가구당 매월
지급한다고 하였으므로, $(600 \times 100,000 + 500 \times 200,000 + 100 \times 300,000) = 60,000,000 + 100,000,000 + 30,000,000 = 190,000,000$원이 필
요하다.

C안 : 자녀가 있는 모든 맞벌이 가구에 자녀 1명당 30
만 원을 매월 지급하고 세 자녀 이상의 맞벌이
가구에는 일률적으로 가구당 100만 원을 매월
지급한다고 하였으므로, $\{(600 \times 0.3) \times 300,000\} + \{(500 \times 0.3) \times 2 \times 300,000\} + \{(100 \times 0.3) \times 1,000,000\} = 54,000,000 + 90,000,000 + 30,000,000 = 174,000,000$원이
필요하다.

따라서 A < C < B 순이다.

61 ④

직원	성공추구 경향성과 실패회피 경향성		성취행동 경향성
A	성공추구 경향성 = $3 \times 0.7 \times 0.2$ = 0.42		= 0.42 − 0.24
	실패회피 경향성 = $1 \times 0.3 \times 0.8$ = 0.24	= 0.18
B	성공추구 경향성 = $2 \times 0.3 \times 0.7$ = 0.42		= 0.42 − 0.21
	실패회피 경향성 = $1 \times 0.7 \times 0.3$ = 0.21	= 0.21
C	성공추구 경향성 = $3 \times 0.4 \times 0.7$ = 0.84		= 0.84 − 0.36
	실패회피 경향성 = $2 \times 0.6 \times 0.3$ = 0.36	= 0.48

62 ④

평가 점수를 계산하기 전에, 제안가격과 업계평판에서
90점 미만으로 최하위를 기록한 B업체는 선정될 수
없다. 따라서 나머지 A, C, D업체의 가중치를 적용한
점수를 계산해 보면 다음과 같다.

- A업체 : $84 \times 0.4 + 92 \times 0.3 + 92 \times 0.15 + 90 \times 0.15 = 88.5$점
- C업체 : $93 \times 0.4 + 91 \times 0.3 + 91 \times 0.15 + 94 \times 0.15 = 92.25$점
- D업체 : $93 \times 0.4 + 92 \times 0.3 + 90 \times 0.15 + 93 \times 0.15 = 92.25$점

C와 D업체가 동점이나, 가중치가 높은 순으로 제안가격의 점수가 같으며, 다음 항목인 위생도 점수에서 D업체가 더 높은 점수를 얻었으므로 최종 선정될 업체는 D업체가 된다.

63 ②

"특히 이 같은 젊은 층의 파산자 및 신용회복 지원자는 직장 취업이나 금융권의 카드, 통장 개설 등이 어려워지는 등 사실상의 경제적 사형선고로까지 이어지고 있어 그 심각성을 더해주고 있다."와 "과거에 주로 사업실패나 빚보증 등으로 인해 40대 이상의 개인파산이 많았으나, 최근에는 젊은 층의 취업난과 과소비 문화 등으로 인한 신용카드대금 등의 연체에 따른 것으로 분석되고 있다."에서 알 수 있듯이 제한된 예산을 가지고 적절하게 관리하지 못할 경우 기업 조직에 있어서 경쟁력의 손실을 불러올 수 있다. 그만큼 오늘날의 예산관리는 상당히 중요하다는 것을 알 수 있다.

64 ④

3월 11일에 하루 종일 비가 온다고 했으므로 복귀하기까지 총 소요 시간은 9시간이므로 복귀 시간은 부상자가 없을 경우 17시가 된다. 부상이 있는 A가 출장을 갈 경우, 17시 15분에 사내 업무가 있는 B, 17시 10분부터 당직 근무를 서야 하는 D는 A와 함께 출장을 갈 수 없다. ③의 경우 1종 보통 운전면허 소지자가 없다.

65 ③

주어진 도로를 이용하여 이동할 수 있는 경로는 다음 두 가지만 가능하다.
1. **회사-A-D-E-C-B-회사**(반대 순서 포함)
   : 150 + 172 + 148 + 120 + 100 + 170 = 860km
2. **회사-B-C-E-A-D-회사**(반대 순서 포함)
   : 170 + 100 + 120 + 187 + 172 + 175 = 924km
따라서 최단 거리로 갈 경우 860km를 이동하게 된다.

66 ③

앞 문제에서 최단 경로가 회사-A-D-E-C-B-회사로 확인되었으므로 이 경로를 고속도로와 국도로 구분하면 다음과 같다.
1) **고속도로 구간** : 회사-A, D-E, B-회사
   고속도로 구간의 총 거리는 150 + 148 + 170 = 468km이다. 따라서 연비에 의해 총 주유량은 468 ÷ 20 = 23.4L가 된다.
2) **국도 구간** : A-D, E-C, C-B
   국도 구간의 총 거리는 172 + 120 + 100 = 392km이다. 따라서 연비에 의해 총 주유량은 392 ÷ 10 = 39.2L가 된다.
따라서 총 주유량은 23.4 + 39.2 = 62.6L가 되어, 연료비는 62.6 × 1,000 = 62,600원이 된다.

67 ②

기준에 따라 각 상담원의 점수를 계산해 보면 다음과 같다.

구분	응대 친절	의사 소통	신속 처리	전문성	사후 피드백	합계
상담원 A	1×1.3 =1.3	2×1.3 =2.6	2×1.2 =2.4	4×1.2 =4.8	3×1.1 =3.3	14.4
상담원 B	4×1.3 =5.2	4×1.3 =5.2	2×1.2= 2.4	2×1.2 =2.4	4×1.1 =4.4	19.6
상담원 C	2×1.3 =2.6	2×1.3 =2.6	3×1.2= 3.6	4×1.2 =4.8	5×1.1 =5.5	19.1
상담원 D	2×1.3 =2.6	4×1.3 =5.2	4×1.2= 4.8	4×1.2 =4.8	2×1.1 =2.2	19.6

따라서 동일한 점수를 얻은 상담원B, D 중 응대친절 항목에서 높은 점수를 얻은 상담원B가 최우수 상담원이 된다.

68 ③

③ 평가 항목당 가중치가 없다면 상담원B, C, D가 모두 16점이 되나 응대친절 항목에서 높은 점수를 얻은 상담원B가 최우수 상담원이 된다.
① 대면 상담 항목의 가중치가 비대면 상담 항목의 가중치보다 높으므로 대면 상담 항목을 더 중요하게 여긴다고 볼 수 있다.
② 가중치와 동일 점수 시의 기준으로 볼 때, 고객에게 친절하게 응대하는 것을 가장 중요시하는 평가 기준이라고 볼 수 있다.

④ 응대친절, 의사소통 항목은 상담원B, 신속처리 항목은 상담원D, 전문성, 사후피드백 항목은 상담원C가 고객이 부여한 득점 결과 1위이다.

69 ④

① 거리만을 고려한 최적의 물류거점의 입지

A = 50 + 50 + 40 = 140km

B = 50 + 60 + 45 = 155km

C = 50 + 45 + 35 = 130km

D = 40 + 60 + 35 = 135km

② 거리 및 물동량을 고려한 최적의 물류거점의 입지

A = 50 × 30 + 50 × 20 + 40 × 40 = 4,100톤/km

B = 50 × 50 + 60 × 40 + 45 × 20 = 5,800톤/km

C = 50 × 50 + 45 × 30 + 35 × 40 = 5,250톤/km

D = 40 × 50 + 60 × 30 + 35 × 20 = 4,500톤/km

70 ④

장소별로 계산해 보면 다음과 같다.

• 분수광장 후면 1곳(게시판) : 120,000원

• 주차 구역과 경비초소 주변 각 1곳(게시판) : 120,000원 × 2 = 240,000원

• 행사동 건물 입구 1곳(단독 입식) : 45,000원

• 분수광장 금연 표지판 옆 1개(벤치 2개 + 쓰레기통 1개) : 155,000원

• 주차 구역과 경비초소 주변 각 1곳(단독) : 25,000 × 2 = 50,000원

따라서 총 610,000원의 경비가 소요된다.

71 ④

참석인원이 800명이므로 800장을 준비해야 한다. 이 중 400장은 2도 단면, 400장은 5도 양면 인쇄로 진행해야 하므로 총 인쇄비용은 (5,000 × 4) + (25,000 × 4) = 120,000원이다.

72 ②

	시행 전 요금	시행 후 요금	정책 시행 후 절감액	연간환승 유형이용 건수	총 절감액
A	1,900	1,100	800	1,650	1,320,000
B	1,900	1,150	750	1,700	1,275,000
C	1,900	1,150	750	1,150	862,500
D	2,850	1,250	1,600	800	1,280,000
E	2,850	1,350	1,500	600	900,000

73 ④

2월 행사는 4번이 예약되어 있으며, 행사주제별로 기본 사용료를 계산해 보면 다음과 같다.

• B동아리 : 450,000원 + 50,000원 = 500,000원

• D국 무역관 : 300,000원 + 60,000원 = 360,000원

• F사 동호회 : 350,000원 + 100,000원 = 450,000원

• H기업 : 450,000원 + 50,000원 = 500,000원

따라서 이를 모두 더하면 1,810,000원이 되는 것을 알 수 있다.

74 ④

월별 인원 추가 비용은 다음과 같이 구분하여 계산할 수 있다.

2월	3월	4월
• B동아리 450,000원×0.2 =90,000원	• A대학 350,000원×0.15 =52,500원	• C연구소 인원 미초과
• D국 무역관 인원 미초과	• E제품 바이어 인원 미초과	• G학회 300,000원×0.1 =30,000원
• F사 동호회 350,000원×0.15 =52,500원		
• H기업 인원 미초과		

따라서 각 시기별 인원 추가 비용은 2월 142,500원, 3월 52,500원, 4월 30,000원이 되어 2월, 3월, 4월 순으로 많게 된다.

75 ①

총 3가지의 경로가 나오게 되는데 이는 다음과 같다.

- 경로 A→C→D→F→H : 3 + 3 + 7 + 6 = 19일
- 경로 A→C→E→G→H : 3 + 6 + 2 + 6 = 17일

하지만 문제에서 구하고자 하는 것은 주공정 경로이고 이는 다음과 같다.

- 주공정 경로 : A→B→D→F→H : 5 + 2 + 7 + 6 = 20

∴ 위 공정도표로 보았을 시에 공사기간은 최대 20일이 걸리게 된다.

76 ④

ⓒ 2의 '전자·통신관계법에 의한 전기·전자통신기술에 관한 업무'에 해당하므로 丙은 자격 취득 후 경력 기간 15개월 중 80%인 12개월을 인정받는다.

ⓔ 1의 '전력시설물의 설계·공사·감리·유지보수·관리·진단·점검·검사에 관한 기술업무'에 해당하므로 丁은 자격 취득 전 경력 기간 2년의 50%인 1년을 인정받는다.

77 ③

평가 기준에 따라 점수를 매기면 다음과 같다.

평가항목 \ 음식점	음식 종류	이동 거리	가격 (1인 기준)	맛 평점 (★ 5개 만점)	방 예약 가능여부	총점
자금성	2	3	4	1	1	11
샹젤리제	3	2	3	2	1	11
경복궁	4	4	1	3	1	13
도쿄타워	5	1	2	4	–	12

따라서 A그룹의 신년회 장소는 경복궁이다.

78 ③

예약 가능한 비행기 스케줄 중 항공기의 안전이 위협받고 있는 카자흐스탄 영공을 지나지 않는 노선은 중국 홍콩을 경유하는 501편뿐이다.

79 ③

A~G까지의 최단거리의 경로(루트)는 A − B − D − E − G로 총 소요거리는 5 + 5 +20 +10 = 40km이다.

80 ③

- A : 구성원이 6명 미만으로 지원금을 받을 수 없다.
- B : 기본지원금 1,500 + 추가지원금 600 = 2,100천 원
- C : 기본지원금 1,500 + 추가지원금 960 + 협업 장려금 738 = 3,198천 원
- D : 기본지원금 2,000 + 추가지원금 700 = 2,700천 원